Andreas Werner

Nahe

Mit Nordpfälzer Bergland

Wandern für die Seele

20 Wohlfühlwege

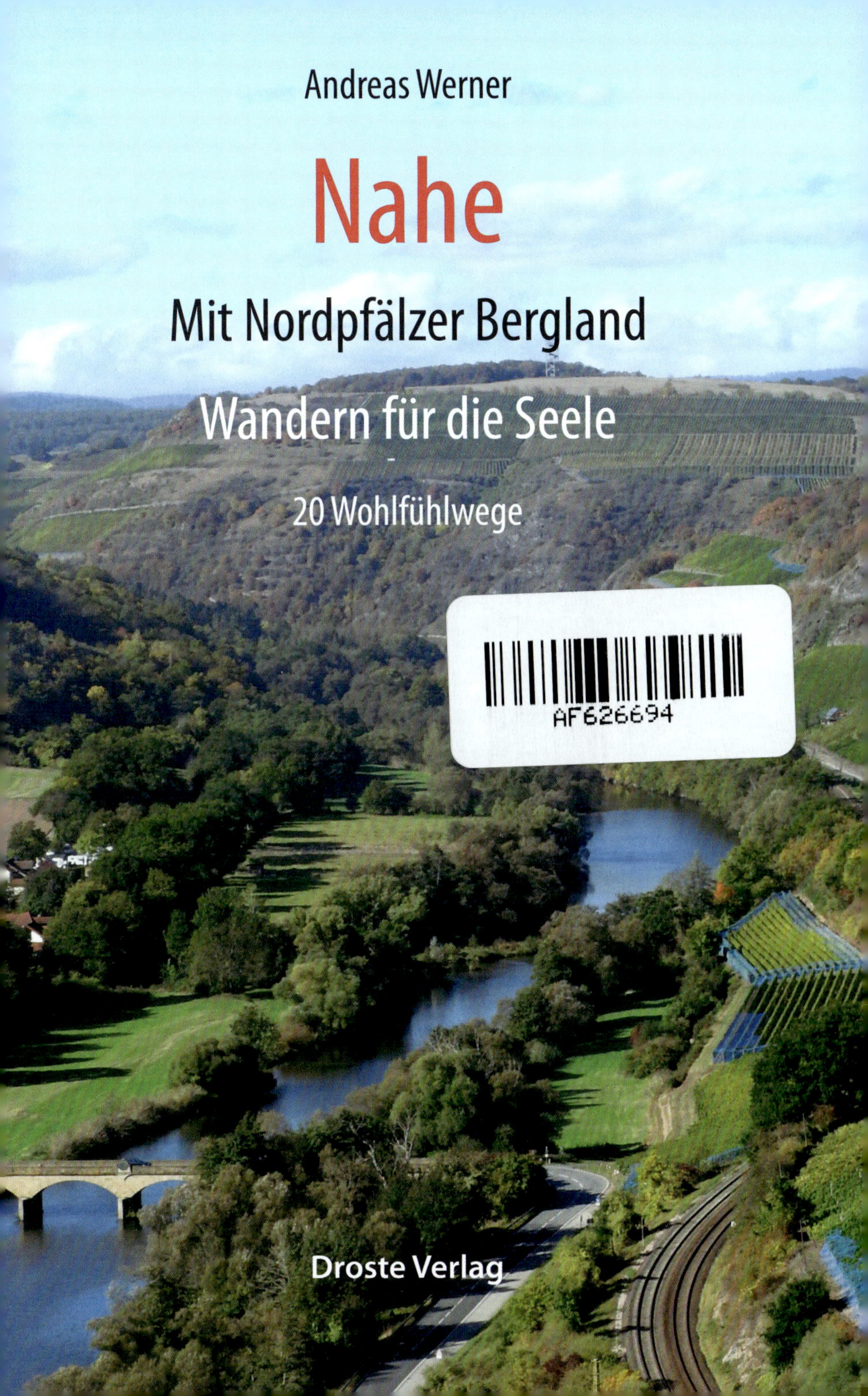

Droste Verlag

ALLE WANDERUNGEN AUF EINEN BLICK

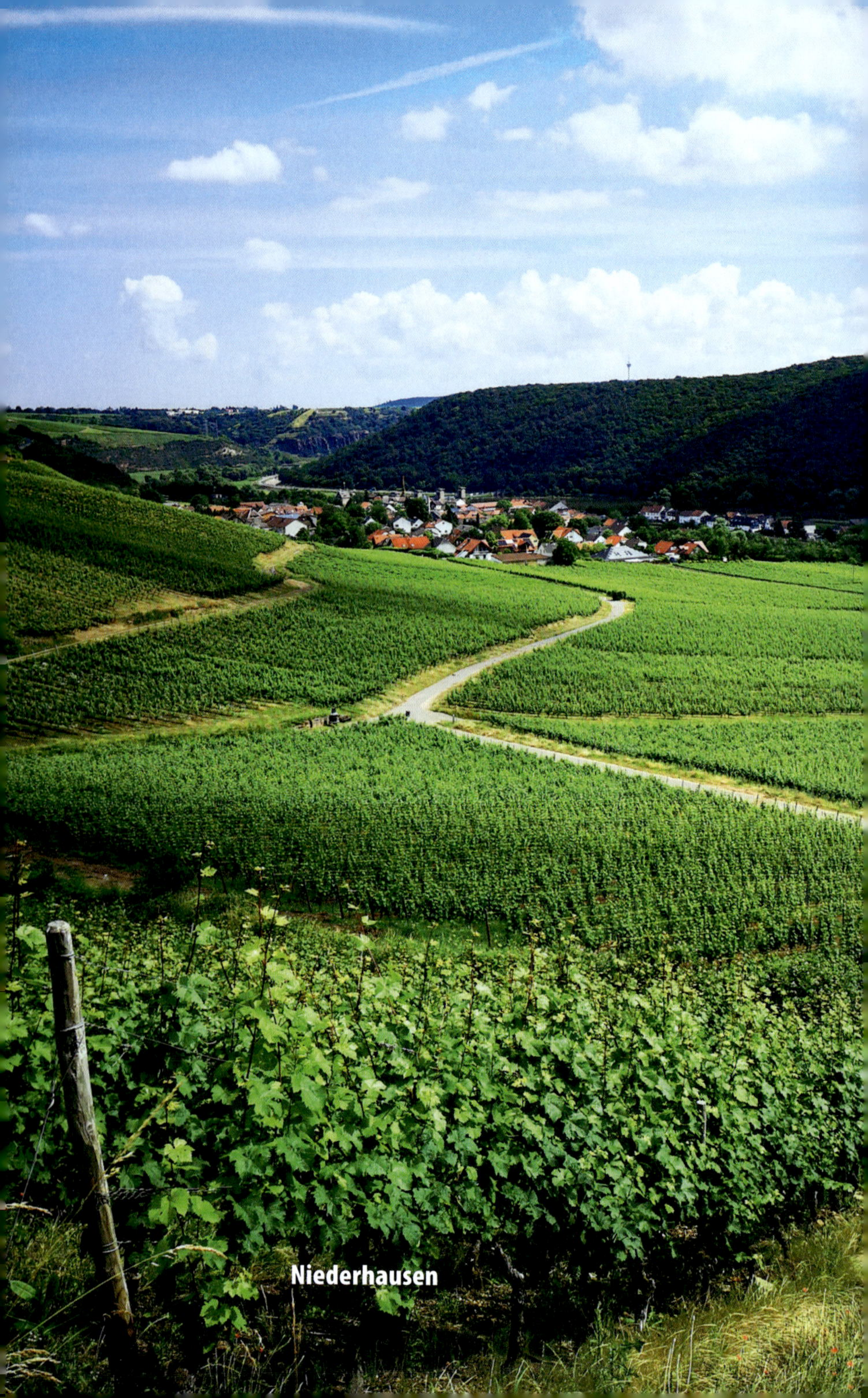
Niederhausen

Liebe Wanderfreunde,

ich möchte Sie mitnehmen auf Wanderungen an der Nahe und im Nordpfälzer Bergland, die Gegend, aus der ich komme, in der ich meine Jugend verbrachte und in die ich immer wieder gerne zurückkehre. Deshalb ist dieses Buch eine Herzensangelegenheit für mich – auch, weil die Region häufig unterschätzt wird und doch so viel zu bieten hat. Neben leckerem Wein und Essen ist die Landschaft mit Hügeln, Felsen, Flüssen, Bächen und natürlich Burgen einfach erkundenswert.

Wandern tut der Seele gut. Picknicken – wie soll ich sagen – beschert uns zusätzliche Wohlfühlmomente. Gerade wenn wir in den Weinbergen an der Nahe unterwegs sind, sollten wir Kleinigkeiten zum Essen und Trinken dabeihaben. Wenn wir unterwegs Menschen beim Picknicken sehen, dann ist nicht selten Wein das Getränk, das wir erblicken. Draußen Pausen zu machen ist einfach wichtig – gleich ob im Weinberg, im Wald, am Bach oder auf der Wiese. Gemächlichkeit hilft!

Die Arbeit an diesem Buch war der überaus willkommene Anlass, mit Freunden und Familie viele Touren zu erkunden. Vielen Dank auch an Heike, Lilian, Martina G., Paul und natürlich an meine Frau!

Wandern Sie also los, nehmen Sie Ihre Liebsten mit, picknicken Sie ausführlichst oder besuchen Sie Restaurants. Ich wünsche Ihnen viele glückliche Stunden an der Nahe und in der Nordpfalz!

Andreas Werner

NATUR-INFO

KULTUR-INFO

TOUREN-/EVENT-INFO

GENUSS-INFO

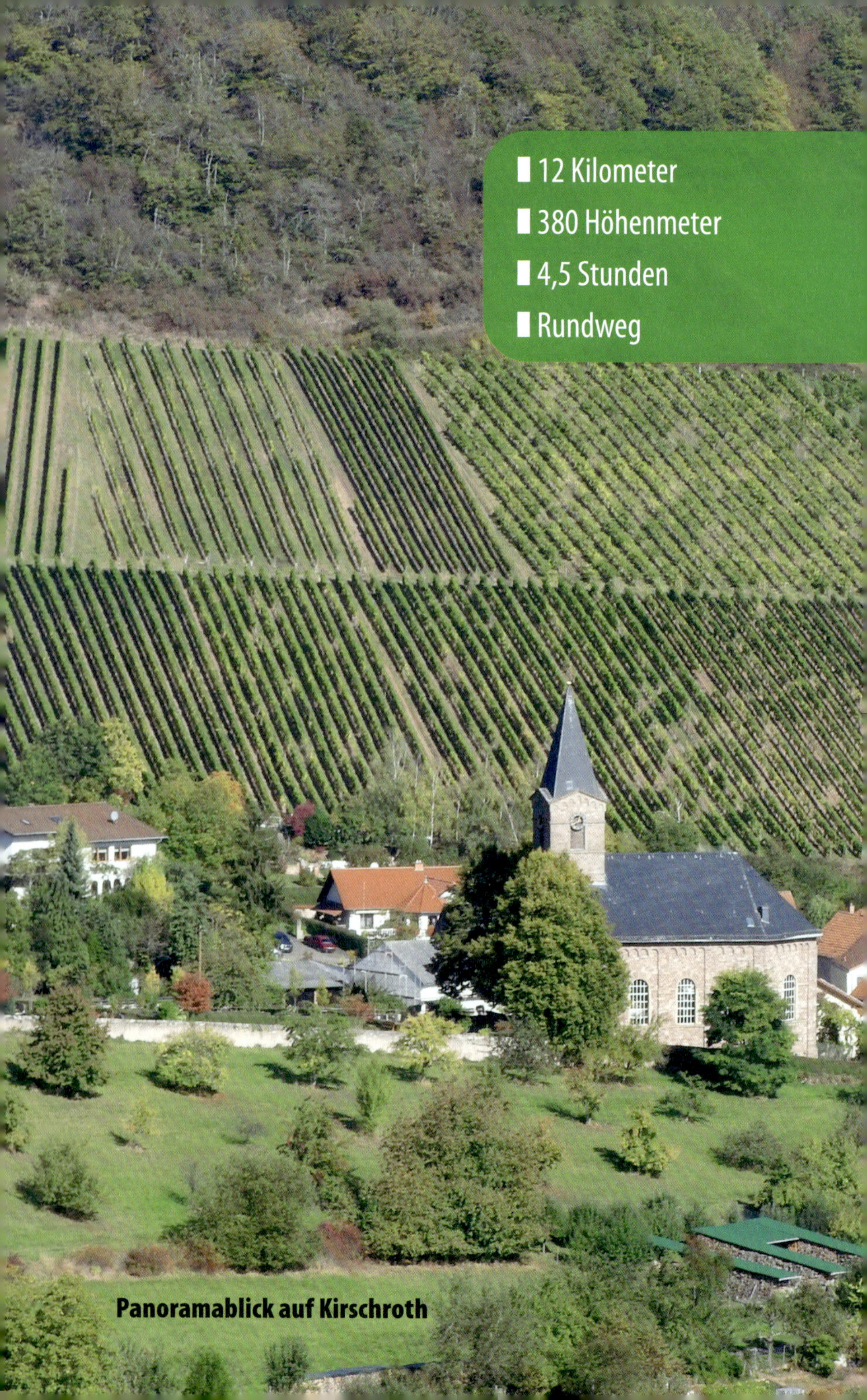

- 12 Kilometer
- 380 Höhenmeter
- 4,5 Stunden
- Rundweg

Panoramablick auf Kirschroth

Durch die Weinberge

Auf Kirschroths Fuchspfad

Wir beginnen unsere Tour am **Parkplatz am Bärweilerweg** und gehen durch die Häuserreihe des Weinbergblicks. So gelangen wir auf den Fuchspfad und wandern bergauf. Schon gehen wir auf Rebenreihen zu – die gelungene Einstimmung auf unsere Auszeittour. Wir lassen unseren Blick über die sanften Hügel schweifen, wandern nach links am Weinberg entlang, um nach 200 Metern gleich zweimal rechts abzubiegen. Auf dem Wiesenweg zwischen den Reben zu gehen, fühlt sich leicht an. Im Herbst sehen wir hier **rote und weiße Trauben,** hören das Wasser des im Tal fließenden Rheinertbachs rauschen – genau so sollen sich Mußestunden anfühlen.

__Kirschroth__ ist eine kleine Weinbaugemeinde mit knapp 300 Einwohnern bei Bad Sobernheim in einem südlichen Seitental der Nahe. Im Ort gibt es acht Weingüter.

Wir stoßen auf eine kleine Landstraße, biegen rechts ab und nach einigen Metern wieder links auf einen Wirtschaftsweg, dabei folgen wir der **Markierung Fuchspfad.** Rechts von uns stehen nun Tannenbäume, im Sommer sehen wir Wildrosen, im Herbst Hagebutten, links die inzwischen vertrauten Reben. So gehen wir etwa 1,2 Kilometer. Mal liegen Felder neben uns, mal Wald, im Herbst sehen wir Pilze auf den Wiesen und stachelig eingehüllte Nüsse an den **Edelkastanien** hängen – eine durchaus angenehme Abwechslung.

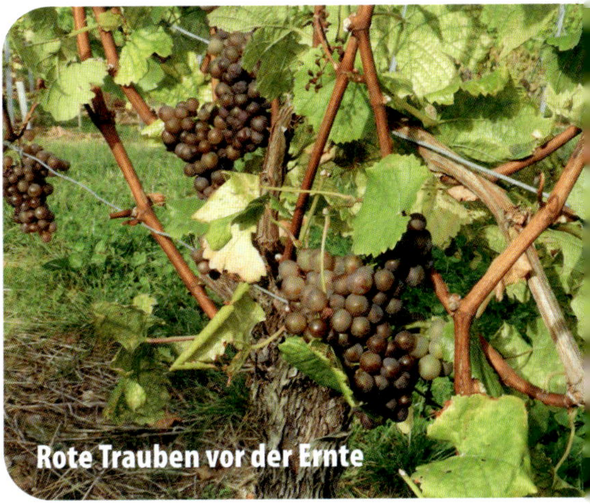

Rote Trauben vor der Ernte

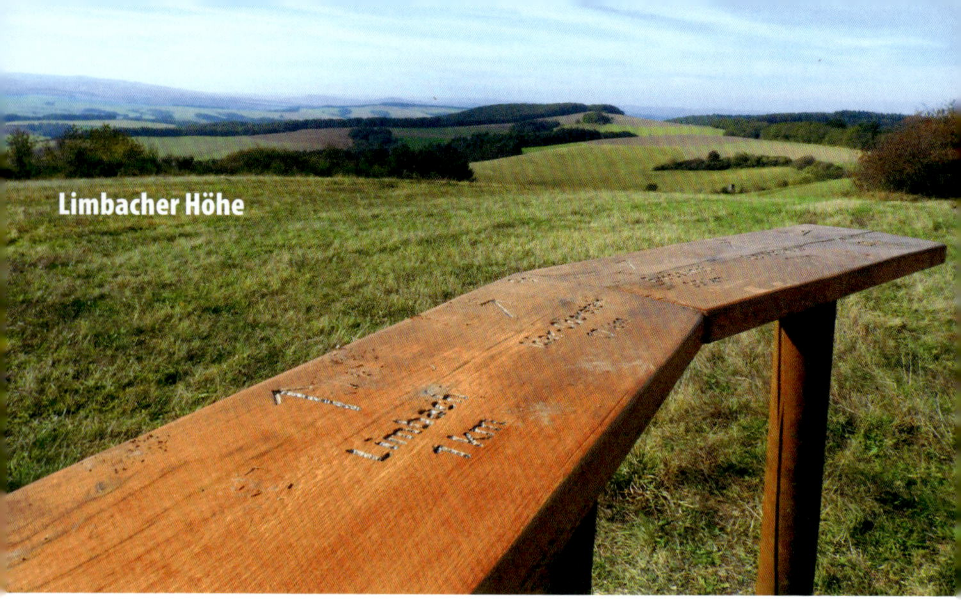

Limbacher Höhe

An einer Gabelung möchte uns die Markierung des Fuchspfades nach links leiten, wir jedoch gehen geradeaus am Waldrand weiter. So haben wir mitunter ein wenig Schatten und sparen eine Winzigkeit an Höhenmetern. An der nächsten Kreuzung biegen wir rechts ab und steigen 400 Meter etwas steiler bergauf zu einem Höhepunkt unserer Tour, der **Limbacher Höhe ①** mit einer hervorragenden Fernsicht auf die umliegenden Orte. Die Bänke bieten sich allemal für eine Pause an, zumal wir knapp den höchsten Punkt unserer Runde erreicht haben – es ist Picknick-Zeit!

*Meist Mitte August findet das **Kirschrother Weinwander-Wochenende** mit vielen Weinständen, Kuchenbüfett und Frühschoppen statt.*

*An der **Weintankstelle** des Weinguts Theis gibt es im Boden deponierten und damit wohltemperierten Wein im Selfservice zu kaufen.*

Wir folgen jetzt wieder der Beschilderung Fuchspfad, rechts neben uns liegt Wald, links ist das Gelände offen, bis wir nach etwa einem halben Kilometer an einem **Pinienwäldchen ②** vorbeikommen. Dort gibt es im Oktober wunderbare Zapfen zu entdecken. Wir erkunden das Wäldchen ein wenig – wir haben Zeit, und es geht bergab bis zur **Weintankstelle ③**. Dies ist ein Platz mit herrlicher Aussicht auf Kirschroth und das Tal. Wozu also Hektik, wenn die Pause so verführerisch ist? Mit diesem Blick, dem Wein und Schatten spendenden Bäumen lässt es sich hier selbst im Hochsommer entspannt verweilen und die Auszeit genießen.

Für die Seele

Wir genießen die herrlich hügelige Landschaft um Kirschroth. Dort lassen wir uns von einer Weintankstelle überraschen und entdecken die kleinen Köstlichkeiten des Ortes.

Sollte uns hier die Lust am Wandern verlassen oder haben wir zu lange Pause gemacht, führt der Weg bergab direkt ins Dorf. Sind wir noch fit und haben genügend Zeit mitgebracht, dann lohnt sich der Fuchspfad 1 Kilometer bergauf. Die Vegetation wird licht, und wir dürfen ins Nachbartal blicken, dann erreichen wir den Gipfel des **Wingertsberg ❹.** Möglicherweise bedauern wir an dieser Stelle, dass sich zwischen uns und den Weinbergen Bäume befinden – bald tauchen wir auf unserem Weg zur **Weinbergsschaukel** wieder in die Rebenwelt ein und wandern 2 Kilometer bergab.

Die Weinbergsschaukel steht an der **Schönsten Weinsicht 2016 ❺** am Meddersheimer Altenberg, ja, wir befinden uns auf der **Gemarkung Meddersheim.** Auch wenn die Weinbergsschaukel toll aussieht – die Panoramaliegen sind möglicherweise noch ein wenig netter für unsere nächste Pause, ob wir noch Wein dabeihaben oder nicht. Knapp 9 Kilometer liegen hinter uns, und es sind noch 3 Kilometer bis Kirschroth auf dem Fuchspfad. Wir sollten die Gelegenheit zu einer weiteren ausführlichen Pause bei einer solch ausgezeichneten Sicht nutzen. Sollte uns doch ein wenig zu warm sein: Hier steht ein großer Baum, der Schatten spendet.

*Das Deutsche Weininstitut zeichnet alle vier Jahre die **„Schönsten Weinsichten“** der deutschen Weinbaugebiete aus. 2016 war es der Meddersheimer Altenberg.*

Der Rückweg nach Kirschroth steht an. Dazu folgen wir der Markierung des Fuchswegs. Prinzipiell könnten wir, wenn wir den Wald erreichen, auch geradeaus gehen und 200 Meter sowie einige Höhenmeter sparen – aber wozu? Lasst uns einfach die ver-

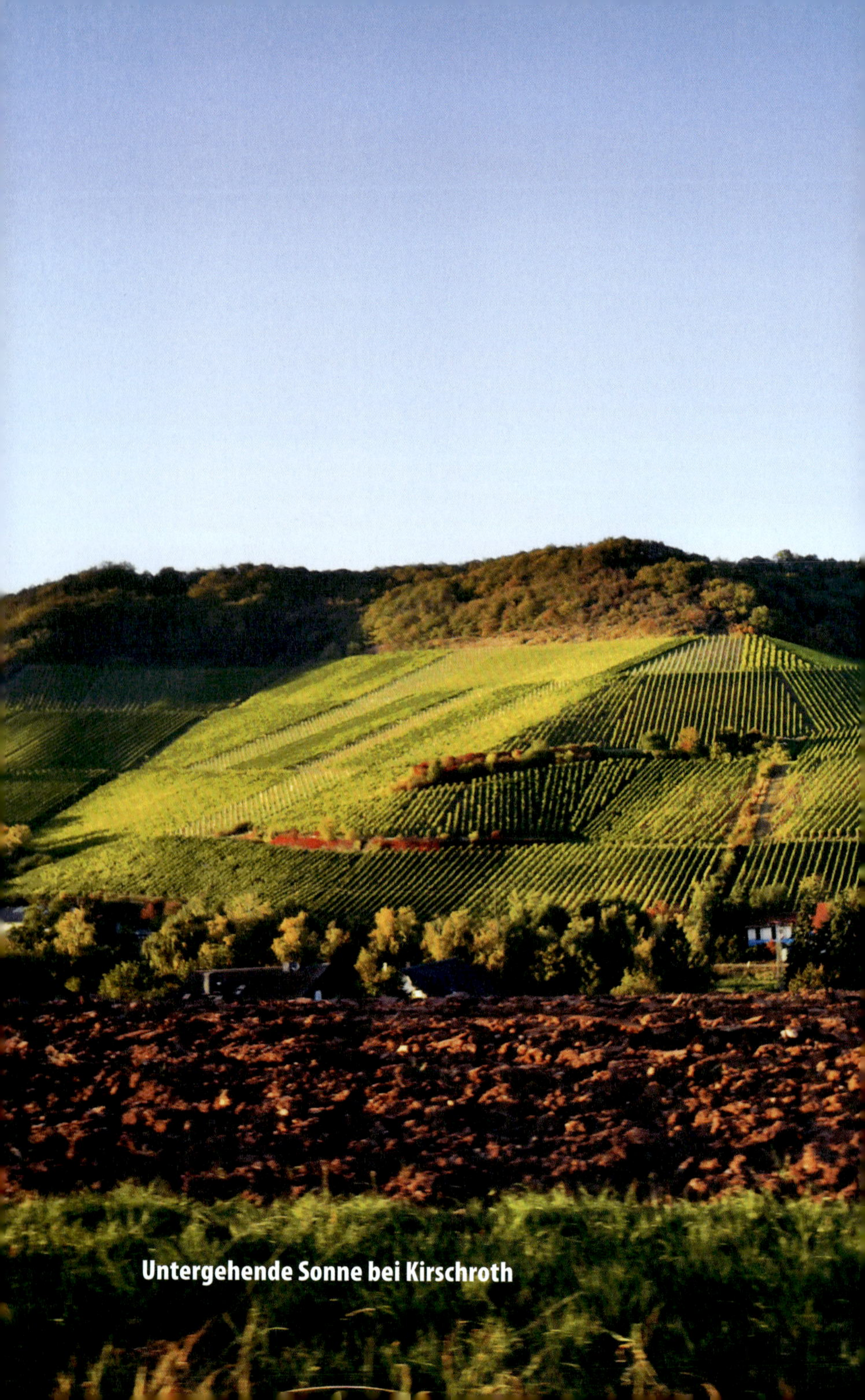

Untergehende Sonne bei Kirschroth

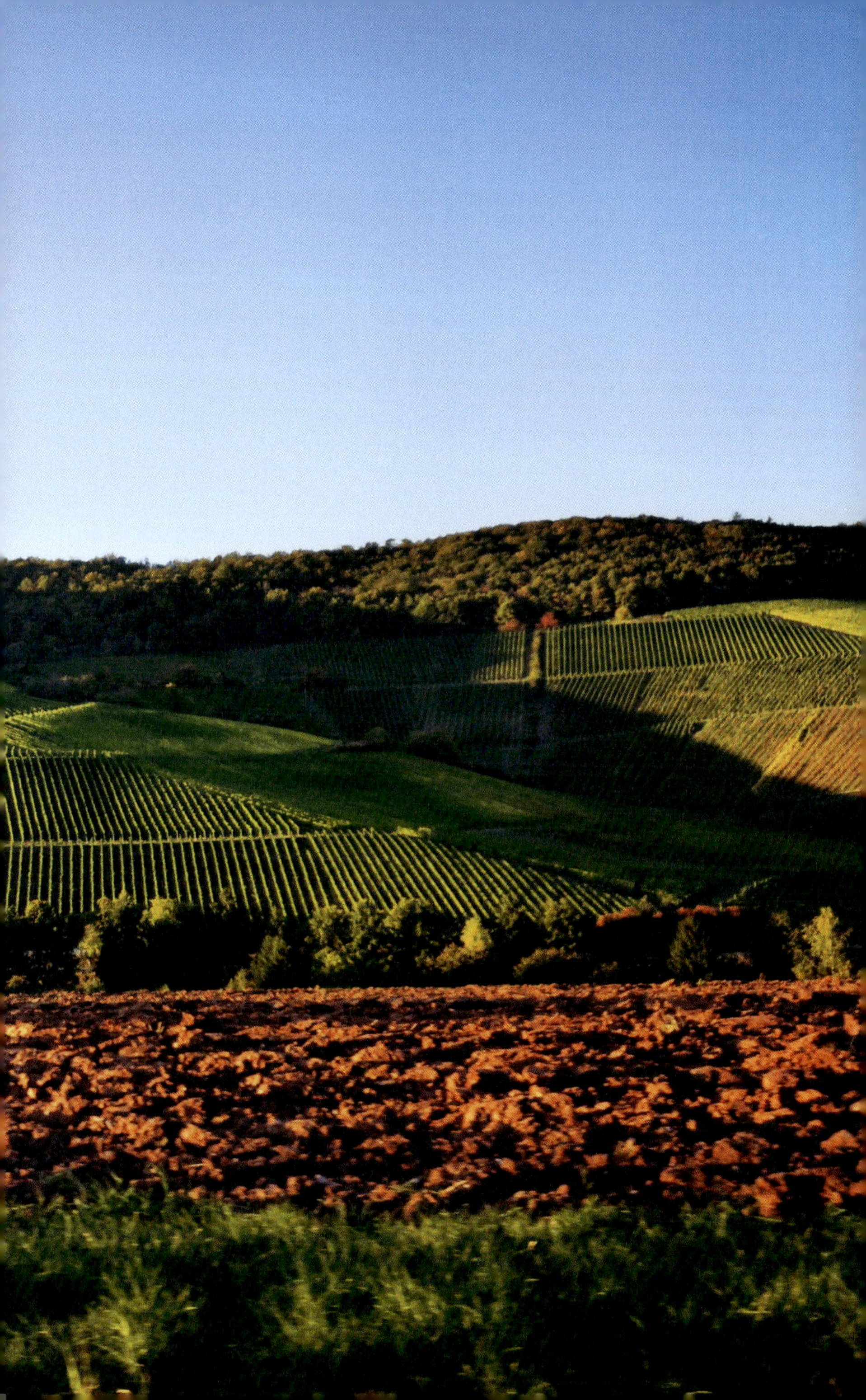

bleibenden 3 Kilometer dem Fuchspfad folgen, durch die Weinberge schlendern – vielleicht schon der Abendsonne entgegen.

In Kirschroth warten Weinstuben und Winzer auf uns, um einen völlig entspannten Tag ausklingen zu lassen, zum Beispiel die **Weinstube Allenbacher 6**, der **Winzerhof Kleine Auszeit 7** und das **Weingut Werner 8**. Etwas Zeit werden wir ohnehin noch im Ort benötigen, in der Gemeinde gibt es einige Winzer, die im Herbst Federweißen anbieten. Lassen wir uns treiben und genießen wir das einfache Leben in den Dörfern an der Nahe. Und – sollten wir bei einem Winzer vor verschlossenen Türen stehen, dann fragen wir einfach bei den Einheimischen, wer heute offen hat.

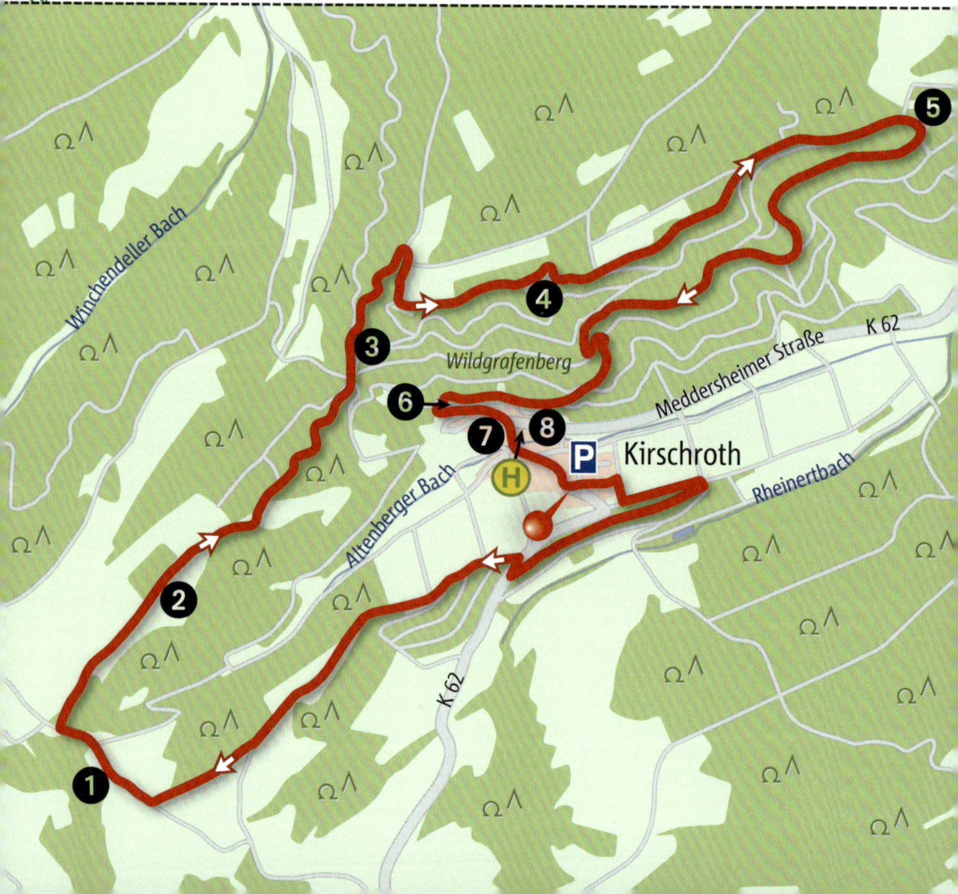

Entspannung ★★★★☆
Genuss ★★★★☆
Romantik ★★★☆☆

WIE & WANN:
Hauptsächlich Wirtschaftswege, mal Gras-, mal Waldwege, gelegentlich auch geteerte Wege durch die Weinberge und schwach befahrene Straßen im Ort. Am schönsten ist der Weg von September bis in den November hinein. An den Wochenenden haben Straußwirtschaften und Weinstuben offen. Auch im Mai und Juni sehr schön; im Hochsommer sollten es keine zu heißen Tage sein, da die Tour nur wenig Schatten bietet.

HIN & WEG:
Auto: Parkplatz Bärweilerweg/Weinbergsblick, 55566 Kirschroth
(GPS: 49.759728, 7.575654)
ÖPNV: Kirschroth liegt an der Buslinie 262 des RNN von Bad Sobernheim nach Meisenheim und wird von Montag bis Freitag angefahren. Bad Sobernheim hat einen Zuganschluss.

ESSEN & ENTSPANNEN:
Weinstube Allenbacher ❻ Merxheimer Straße 16, 55566 Kirschroth, Tel. (0 67 51) 54 22
Winzerhof Kleine Auszeit / Weingut Theis ❼ Kirchstraße 11, 55566 Kirschroth, Tel. (0 67 51) 13 47, www.weingut-theis.de
Weingut Werner ❽ Meddersheimer Straße 13, 55566 Kirschroth, Tel. (0 67 51) 52 87, werner-weingut.de (bietet auch Planwagenfahrten durch die Weinberge an)

ENTDECKEN & ERLEBEN:
Limbacher Höhe ❶
Pinienwäldchen ❷
Weintankstelle ❸
Wingertsberg ❹
Schönste Weinsicht 2016 ❺

- 15 Kilometer
- 650 Höhenmeter
- 5,5 Stunden
- Rundweg

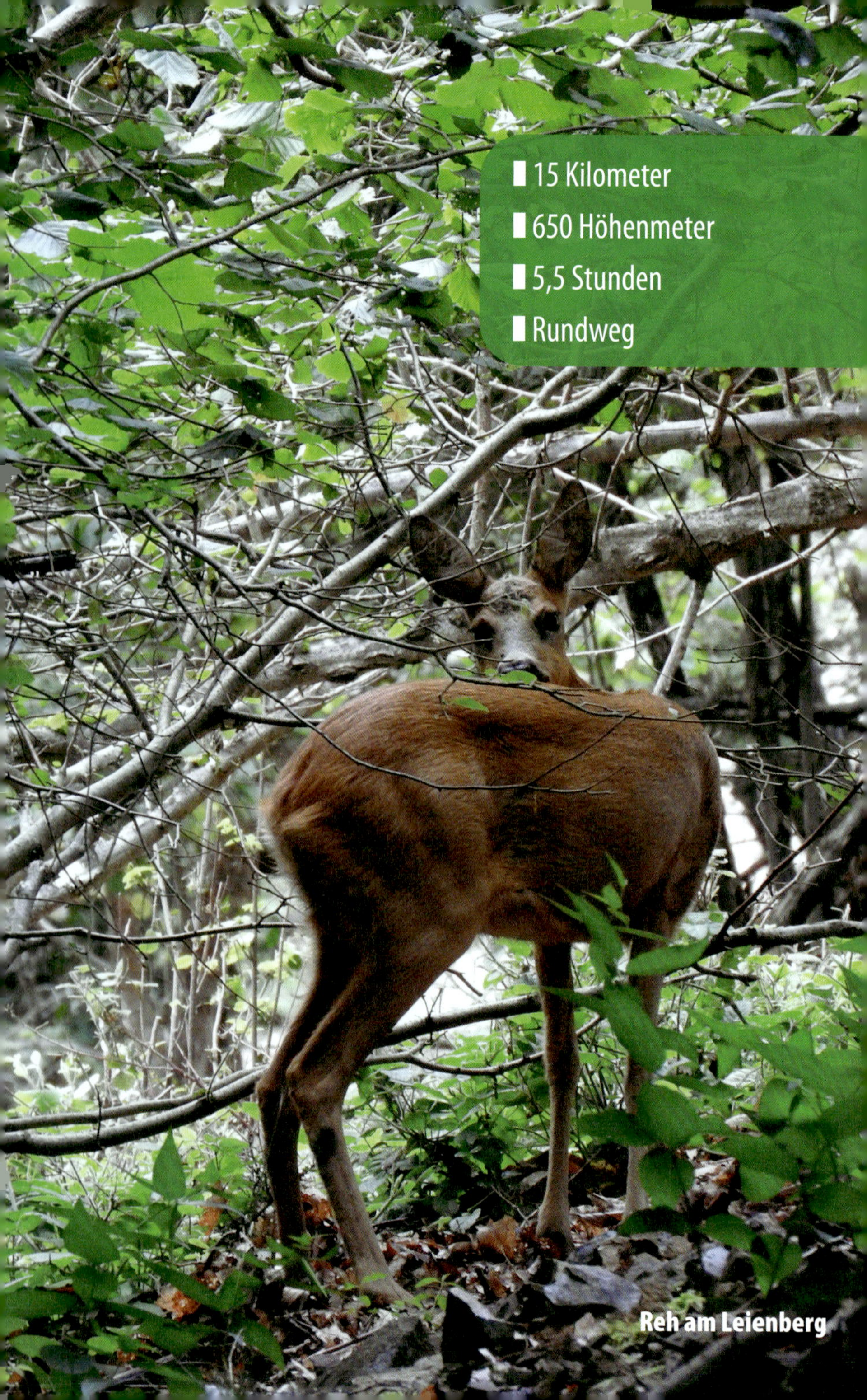

Reh am Leienberg

Viel zu entdecken

Gipfelglück am Königsberg

Oberweiler im Tal ist ein Dörfchen mit 160 Einwohnern – wirklich winzig. Dort beginnen wir unsere Wanderung am Dorfgemeinschaftshaus in der Brückenstraße. Einen Spielplatz gibt es hier auch. Wir folgen der Straße etwa 100 Meter weiter und biegen dann nach links ab. Die Stelle können Sie nicht verfehlen: Der Besitzer des Hauses frönt einer wilden Sammelleidenschaft für diverse Gegenstände aus Metall. Der anfänglich geteerte Weg führt steil bergan und lässt uns rasch an Höhe gewinnen. Kurz zu verweilen und den Blick über die Landschaft schweifen zu lassen, lohnt sich schon hier – am Beginn unserer Auszeittour in einem spärlich besiedelten Gebiet. Malerisch gelegen sind der **Königsberg** und der **Herrmannsberg** auf der anderen Talseite. Kurz bevor wir den Wald erreichen, haben wir die beste Aussicht über das enge Tal.

Sobald wir nach einigen Minuten eine Kreuzung erreichen, gehen wir geradeaus über eine Wiese, auf der sich leicht erkennbar ein Trampelpfad befindet. In Karten ist dieses Wegstück nicht eingezeichnet, es wird aber von Einheimischen gerne benutzt und ist nie durch Zäune versperrt. Dann geht es an ein wenig Nadelgehölz vorbei, bis wir auf einen etwas breiteren Weg stoßen, nach rechts abbiegen und nach etwa 100 Metern wieder nach links abbiegen. Wir folgen der Forststraße, bis wir auf die recht große **Hütte des Pfälzerwaldvereins Hinzweiler** **1** stoßen. Von Mai bis Oktober ist diese sonntags bewirtschaftet und lohnt die Einkehr. Wir sind bis hierher etwa 1,5 Kilometer und 20 Minuten unterwegs – und mit dem **kleinen Teich** ist

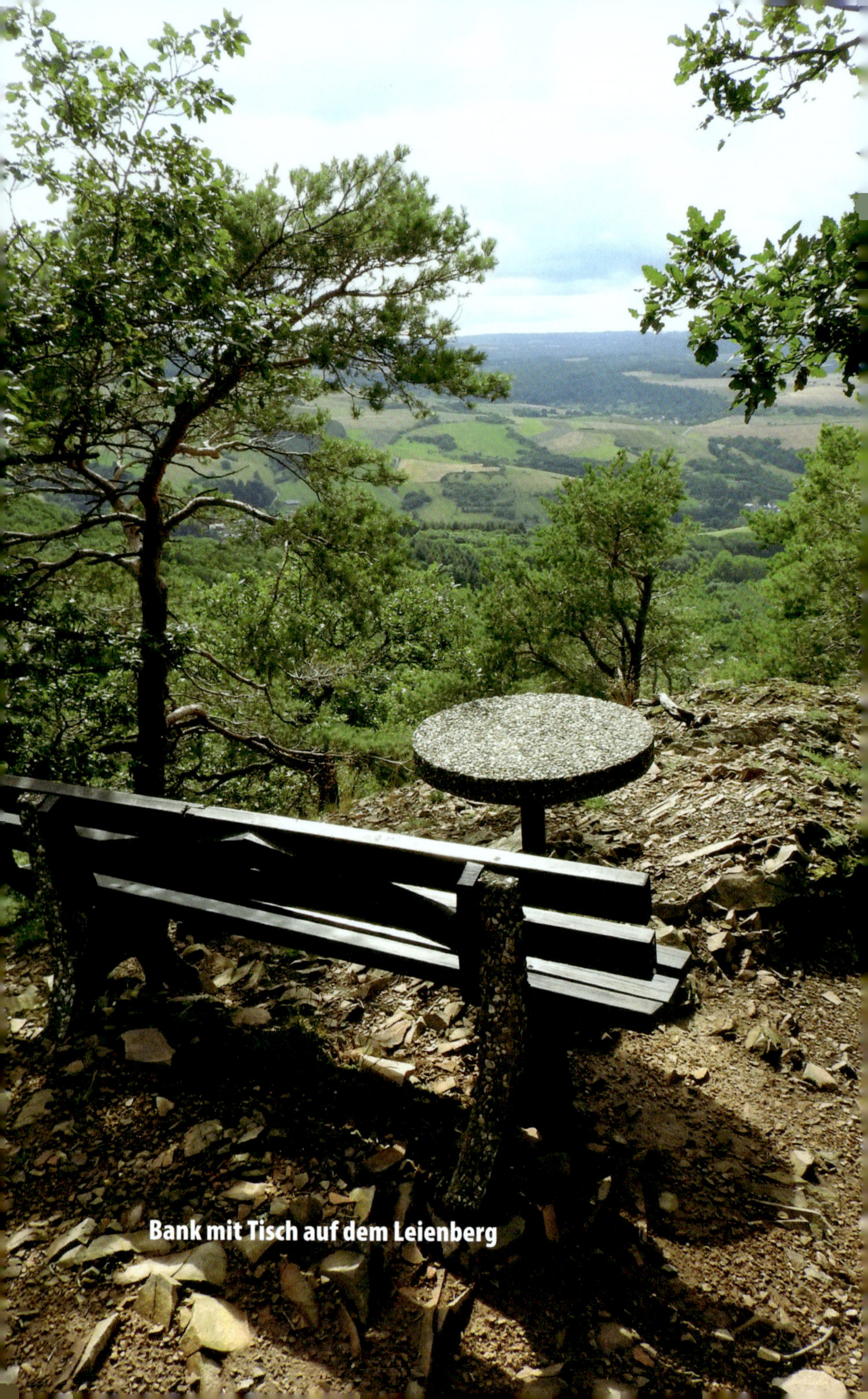

Bank mit Tisch auf dem Leienberg

Für die Seele

Wir wandern auf die zweithöchste Erhebung der Nordpfalz, sehen bizarr wachsende Bäume am Leienberg, genießen die teilweise mediterrane Atmosphäre und erfreuen uns an zwei Burgen.

die Lage im Wald charmant. Möglicherweise ist es gerade der richtige Einstieg in unsere Tour. Gleich müssen wir 500 Meter bergauf steigen.

Hier beginnt nun der geradezu spektakuläre Teil unserer Tour. Die PWV-Hütte liegt im Taufental am Fuß des **Leienbergs ②,** einem Teil des Königsbergmassivs, der höchsten Erhebung der Gegend. Es ist Rhyolith-Gestein, über das wir nun steigen werden – genauer Porphyr-Geröll. Dies kennzeichnet den vulkanischen Ursprung des Geländes. An der Hütte gehen wir den kurzen, breiten Weg vor dem Weiher vorbei und stoßen auf einen Pfad, den wir aufwärts wandern. Nach etwas mehr als 100 Metern erreichen wir einen Forstweg. Diesem folgen wir einige Meter nach links und biegen wieder rechts ab. Wir sehen schon eine weitere Hütte. Dort steigen wir in den Pfad durch die Porphyr-Geröllhalde ein. Diese ist locker mit Krüppelkiefern und mit ebenso niedrig wachsenden Eichen bewaldet. Nach etwa 100 Höhenmetern und insgesamt nur etwa 2 Kilometern Gehen erreichen wir einen Aussichtspunkt mit Bank und Tisch. Bei gutem Wetter sieht man bis in den Hunsrück. Im Hochsommer ist der kurze Anstieg schweißtreibend. Das Mikroklima an diesem der Sonne zugewandten Hang erinnert dann eher an südliche Gefilde. Es ist ein schöner und ruhiger Ort. Zumindest eine Trinkpause sollten wir einlegen und Energie tanken, bevor es weitergeht Richtung Kreuzfeld.

Dazu gehen wir den Pfad ein Stück weiter und biegen bei der folgenden Gabelung nach rechts ab auf

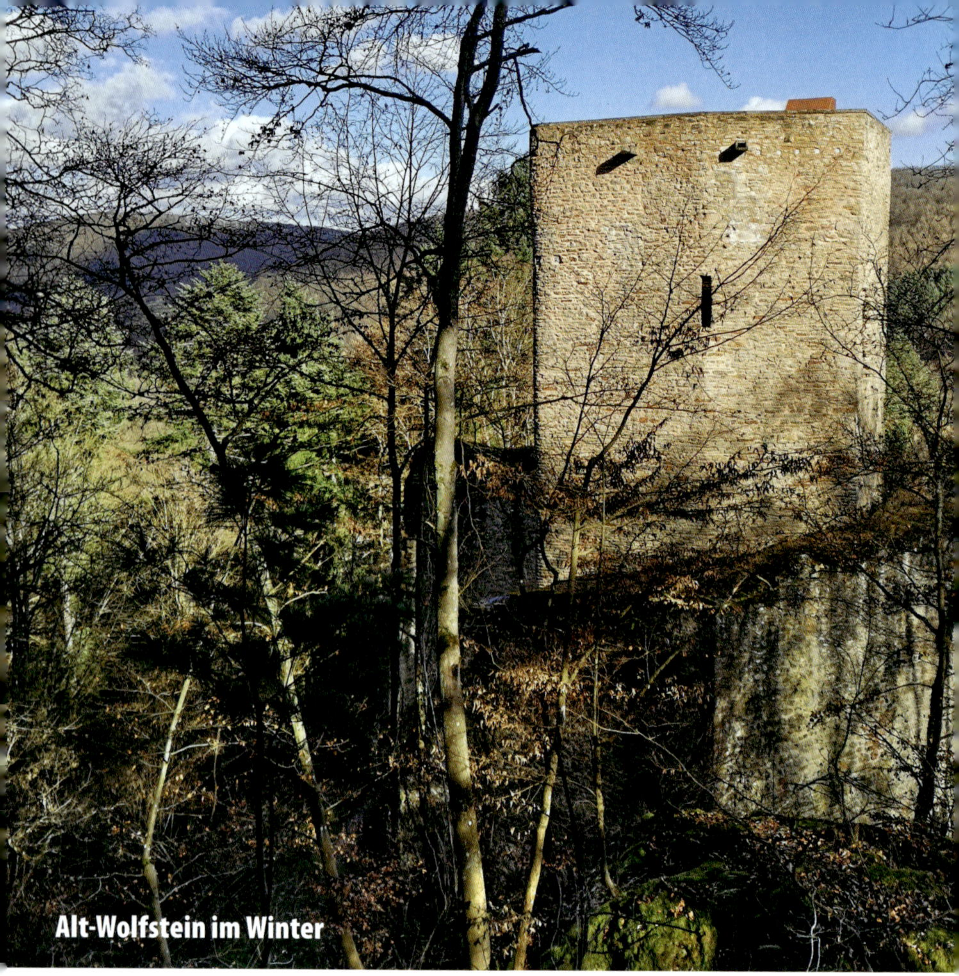

Alt-Wolfstein im Winter

Die **Burg Alt-Wolfstein** wurde 1170 von Kaiser Barbarossa gegründet. 1275 erhielt Wolfstein die Stadtrechte, und die Burg Neu-Wolfstein wurde, von den Veldenzern erbaut, vor 1330 fertiggestellt. Loretta von Sponheim lebte vor der Fertigstellung der neuen Burg auch einige Zeit in Wolfstein.

den **Leienbergweg.** Dieser ist durch drei zu einem V geformte Rauten ausgeschildert und verläuft zunächst nahezu horizontal an der von uns beschrittenen Geröllhalde entlang. Wir gehen hier langsam und achten auf die Vegetation. Manchmal sammeln sich hier Bienen zu großen Trauben an den Kiefern.

Nachdem wir einen Forstweg erreicht haben und diesem bergauf gefolgt sind, stehen wir nach wenigen Minuten am **Kreuzfeld ③.** Es ist flach, und wir dürfen den wahrscheinlich größten Schilderwald bewundern, den wir je im Wald sehen durften. Jetzt biegen wir nach links ab und folgen weiter der Beschilderung des Leinenbergwegs. Nach wenigen Minuten liegt rechts von uns das

Pfriemenhäuschen, und gegenüber können wir die **Jungen Riesen** ❹ bestaunen. Dem Weg mit seinem leichten Gefälle folgen wir dann bis zur Dümmler Hütte. Hier könnten wir – wenn notwendig – Schutz vor Regen finden. Allerdings ist die nahe gelegene Burgruine Alt-Wolfstein weitaus attraktiver.

Dorthin folgen wir dem Pfad geradeaus an der ein wenig unübersichtlichen Kreuzung. Wir stehen an einem **Gedenkstein für Eugen Müller,** der die vielen unterschiedlichen am Königsbergmassiv beheimateten Brombeerarten erfasste. Nach wenigen Minuten erreichen wir den **Pfälzer Höhenweg** – wir erkennen das weiß-blaue Schild mit Aufschrift ganz sicher. Dort biegen wir nach rechts ab und folgen diesem bis zur **Burgruine Alt-Wolfstein** ❺**.** Auch hier könnten wir rasten. Tische und Bänke gibt es. Im Burgturm wurde eine neue Treppe installiert, sodass wir diesen sicher besteigen können.

*Die **Jungen Riesen** sind seltene geschichtsträchtige Bäume, wie Bergulmen, Wildäpfel, Eiben, besondere Buchen und Eichen. 50 dieser nachgezüchteten besonders schutzwürdigen Bäume wurden hier vom Forstamt Kusel gepflanzt.*

Wenn es windig oder etwas zu kalt für eine Rast ist, gehen wir die 10 Minuten Weg bis zur **Burg Neu-Wolfstein** ❻ weiter. Es geht einfach nur bergab, weiter der Beschilderung Pfälzer Höhenweg folgend. Hier ist es bis in den späten Herbst schön warm und windgeschützt. Unterhalb der Burg befindet sich ein Weinberg. Wir machen eine Pause mit der Jahreszeit angemessener Verpflegung – Picknick-Zeit! Haben wir uns auf eine Ganztagestour eingestellt, dann liegt der Besuch eines der Restaurants in **Wolfstein** ❼ nahe.

Von Neu-Wolfstein aus folgen wir wieder dem Pfälzer Höhenweg auf dem Waldweg und machen uns auf den Rückweg zum **Kreuzfeld.**

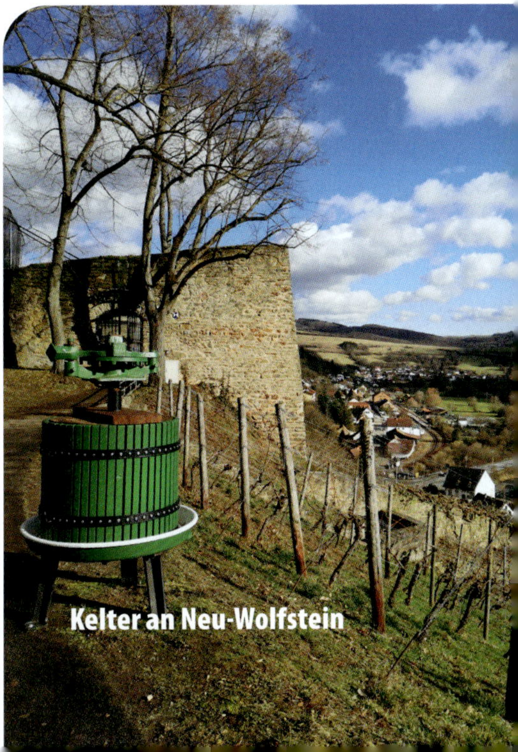

Kelter an Neu-Wolfstein

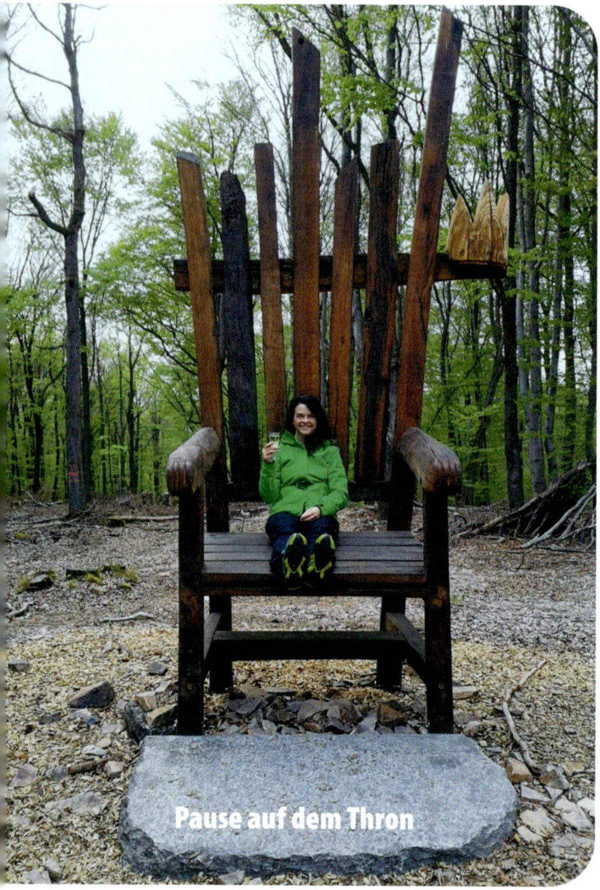
Pause auf dem Thron

Dazu gehen wir den Weg etwas zurück Richtung Alt-Wolfstein und biegen nach links ab auf einen Pfad. Auch auf dieser Seite des Königsbergs folgen wir einem Hang mit **lockerer Bewaldung** und bester Sicht auf das Lautertal. Es ist wiederum ein Südhang, den wir aufsteigen, allerdings ist der Bewuchs etwas höher als am Leienberg – aber nicht weniger attraktiv.

Aufgrund der vielen Wege ist es nicht ganz einfach, der Beschilderung zu folgen – aber keine Angst: Viele Wege führen zum Kreuzfeld. Sollten wir den Weg verloren haben oder nicht dem GPS-Track folgen können, dann gehen wir einfach bei der nächsten Kreuzung bergauf. So gelangen wir nach kurzer Zeit auf eine Forststraße, die zum Kreuzfeld führt. Vom Kreuzfeld gehen wir 600 Meter weiter auf dem leicht ansteigenden Pfälzer Höhenweg, bis wir rechts auf den **Königsberg Gipfelsteig** mit seiner grünen Markierung einknicken. Nun folgen wir seiner Markierung für 800 Meter bis zum Gipfel. Dort haben wir uns eine Pause verdient und können unsere Auszeit an dieser Stelle richtig auskosten: Es gibt einen **Thron ❽,** auf dem wir Platz nehmen dürfen, und eine lange Tafel davor für unsere Entourage. Ist das nicht herrlich? Der Thron

*Der **Königsberg** ist 568 Meter hoch und damit nach dem Donnersberg die zweithöchste Erhebung der Nordpfalz. Das Massiv hat einige Untergipfel und ein breites Vegetationsspektrum.*

wurde übrigens erst 2021 errichtet und durch Crowdfunding finanziert.

Der Gipfel ist geschafft, jetzt gehen wir bergab. Dazu folgen wir der Markierung Gipfelsteig weiter bis zur nächsten Kreuzung nach etwa 400 Metern. Dort biegen wir links ab. Ein **Schild nach Oberweiler im Tal** zeigt uns den Weg. 700 Meter weiter laufen wir direkt auf eine kleine Schutzhütte zu, die **Emils-Ruh,** benannt nach ihrem Initiator Emil Ginkel, der in der 1980er-Jahren Bürgermeister in Oberweiler war. Wir knicken nach rechts ab und gehen die verbleibenden knapp 2,5 Kilometer gemütlichen Schrittes bis zum Dorfgemeinschaftshaus zurück. Nachdem wir den Wald verlassen haben, genießen wir noch mal einen herrlichen Blick auf das Tal, Kühe, Schafe und auch Pferde. Vielleicht sehen wir auch den hier heimischen roten Milan.

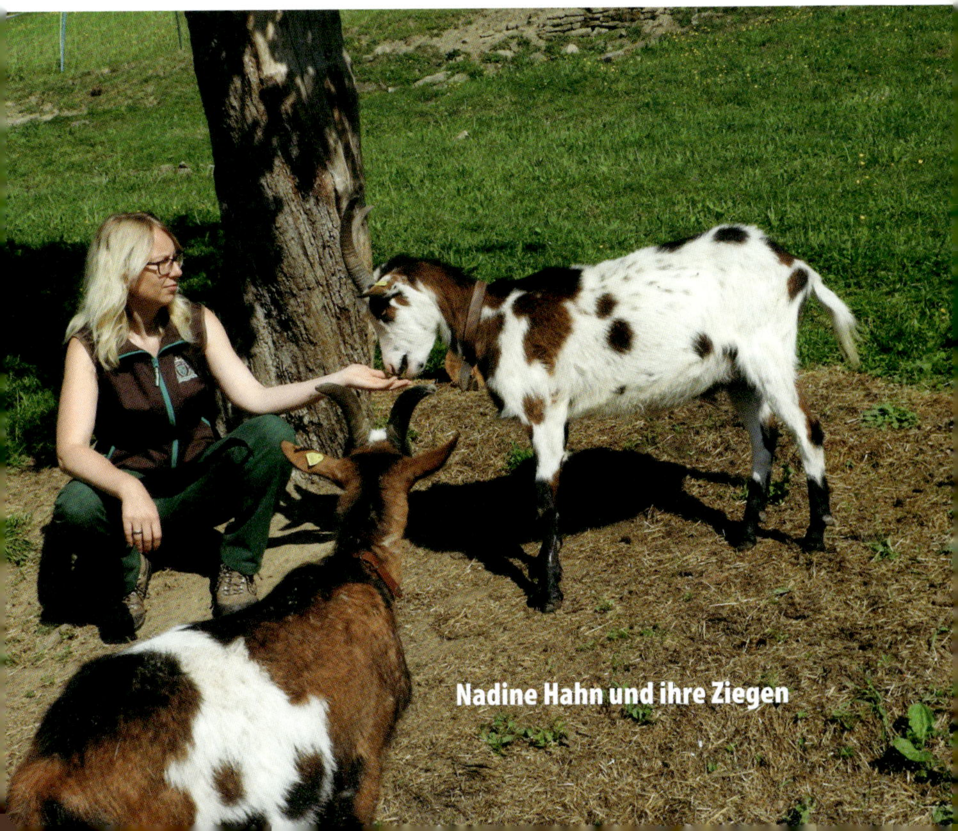

Nadine Hahn und ihre Ziegen

Auszeittour 2

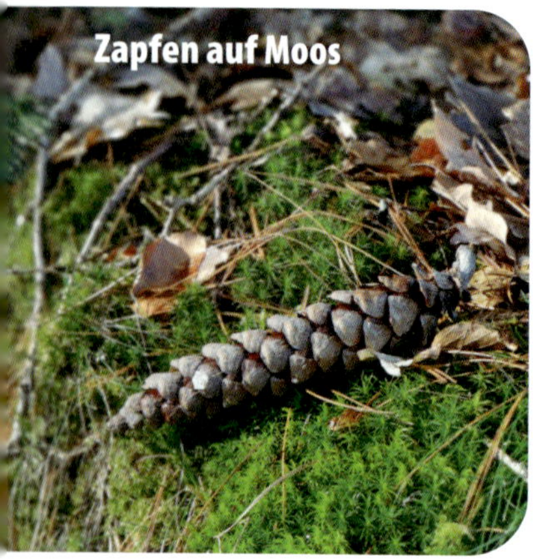

Wir haben 15 Kilometer und 650 Höhenmeter in den Beinen – die perfekte Gelegenheit, herunterzukommen und anschließend zu entspannen. Dazu gehört vielleicht auch noch ein Restaurantbesuch – Wohlfühlküche könnte es jetzt sein. Oliver Allmangs **Alter Keiler 9** im nur 4 Kilometer entfernten Horschbach ist auf jeden Fall empfehlenswert. Mit etwas Vorausplanung ist auch die Übernachtung im **Air-bnb „Hedwig" in Oberweiler im Tal** möglich oder – wenn es etwas ganz Besonderes sein soll – eine **Ziegenwanderung mit Nadine Hahn 10.**

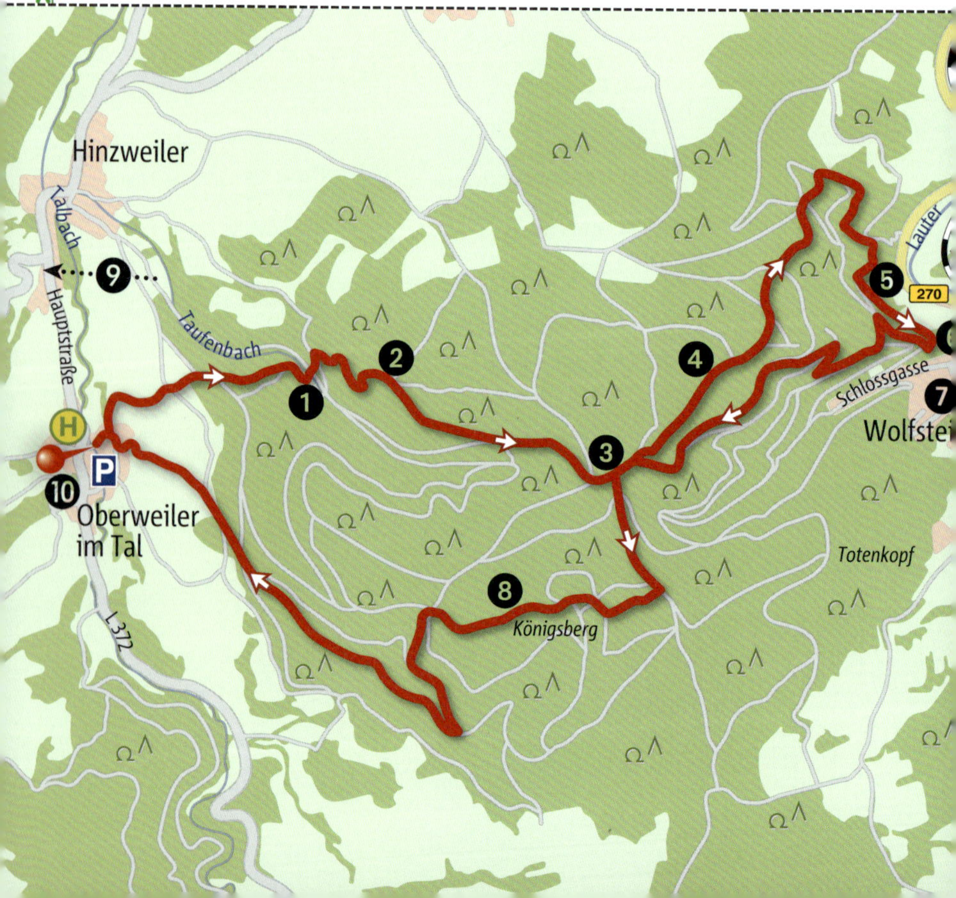

Entspannung ★★★★☆

Genuss ★★★★☆

Romantik ★★★☆☆

WIE & WANN:
Anfangs und am Ende geteerte Wirtschaftswege.
Am Leienberg ein leicht alpiner Pfad, ansonsten weiche Waldwege.
Der Weg ist ganzjährig begehbar – sofern die Sonne scheint, wirklich nett.
Da größtenteils im Laubwald gegangen wird, kann der Königsberg auch im Sommer erkundet werden.

HIN & WEG:
Auto: Dorfgemeinschaftshaus, Brückenstraße 2A, 67756 Oberweiler im Tal (GPS: 49.581278, 7.550764)
ÖPNV: Oberweiler im Tal ist nur per Ruftaxi erreichbar.

ESSEN & ENTSPANNEN:
Bitte an Utensilien für ein Picknick denken!

Abseits der Route empfehlenswert:
Zum Alten Keiler ❾ Hachenbacher Straße 9, 66887 Horschbach,
Tel. (0 63 87) 71 72, www.alterkeiler.de

ENTDECKEN & ERLEBEN:
PWV-Hütte Hinzweiler ❶
Leienberg ❷
Kreuzfeld ❸
Junge Riesen ❹
Burgruine Alt-Wolfstein ❺
Burg Neu-Wolfstein ❻
Wolfstein ❼
Königsberg-Gipfel mit Thron ❽
Ziegenwanderung mit Nadine Hahn ❿ Erlebnishof Hahn,
Hauptstraße 11, 67756 Oberweiler im Tal, www.erlebnishof-hahn.de

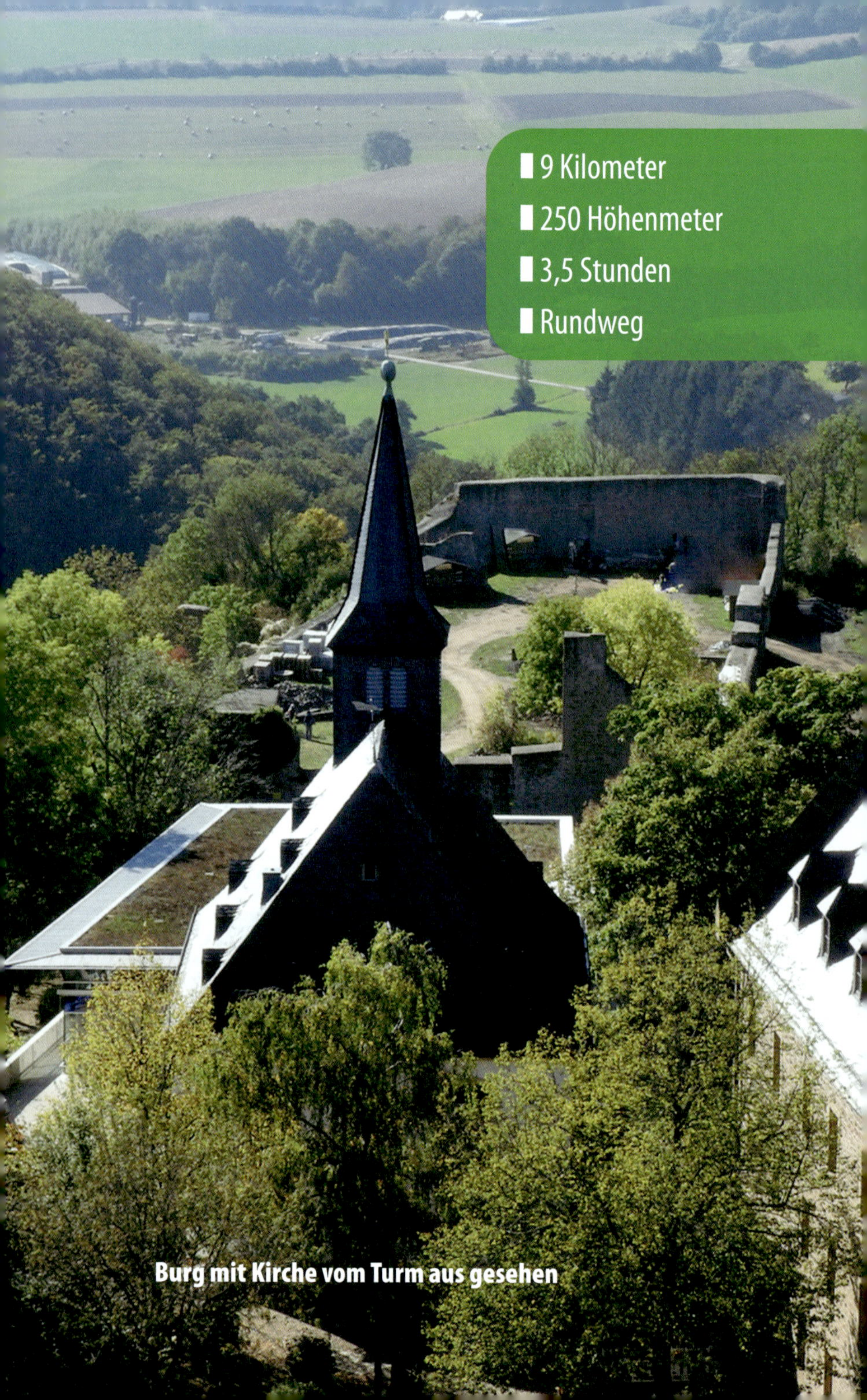

- 9 Kilometer
- 250 Höhenmeter
- 3,5 Stunden
- Rundweg

Burg mit Kirche vom Turm aus gesehen

Im Musikantenland

Lichtenberg, Burg mit Rekordlänge

Auszeit heißt auch, dass wir uns nicht so genau festlegen möchten und uns viele Möglichkeiten offenhalten. **Burg Lichtenberg** ❶ oder die Lichtenburg, wie sie bei den Menschen aus der Gegend genannt wird, bietet eine sehr gute Gelegenheit dafür. Wir starten an der Burg – der wahrscheinlich längsten Burgruine Deutschlands. Ganze 425 Meter misst die Burganlage auf dem Rücken des Lichtenbergs.

Starten wir also am Parkplatz – dort hält auch der Bus aus Kusel – in Richtung Thallichtenberg die Straße bergab. Es sind etwa 300 Meter, bis wir rechts auf einen Feldweg einknicken. Dort erkennen wir die **Wegmarkierung Preußensteig.** Dabei handelt es sich um eine über 25 Kilometer lange Rundwanderstrecke, die wir uns heute keinesfalls zumuten möchten. Also gehen wir zwischen Bäumen und Sträuchern weiter und halten uns an einer Gabelung nach 400 Metern links. Die Bäume und Hecken rechts neben uns bleiben, und wir dürfen über eine **Wiesen- und Graslandschaft** blicken. Die gelben Felder zur Blütezeit des Rapses – im Mai/Juni und auch im September/Oktober sind sie ein angenehmer Kontrast zum Grün von Wiesen.

So stellen wir fest, dass es hier genügend Gelegenheit zum Rasten gibt – mit Bänken und auch alten **Grenzsteinen** ist unsere Runde hier gut bestückt. Anschließend gelangen wir zu einem geteerten Weg, dem wir knapp 300 Meter folgen, bis wir dann links vor einem stark bewachsenen Grundstück in einen geschotterten Weg abbiegen. An dieser Stelle gibt es möglicherweise noch immer keine Beschilderung des

*Etwa um 1200 begannen die Grafen von Veldenz damit, **Burg Lichtenberg** zu bauen. Aufgrund ihrer imposanten Länge hatte die Burg eine ereignisreiche Geschichte und wurde sowohl von Frankreich als auch in Zeiten der Reformation für verschiedene Zwecke genutzt.*

Preußensteigs – wir müssen also aufpassen. Danach wird es übersichtlicher: Es geht bergan zwischen Feldern in **Richtung Wald.** Es gibt auch wieder Schilder – unsere nächste Station ist der Schlangenbrunnen.

Nach den Feldern biegen wir nach links ab und dann gleich wieder nach rechts weiter bergauf zum Wald. Weit ist das nicht – von der schlecht beschilderten Kreuzung bis zum Wald sind es 600 Meter. Dort biegen wir nach links ab und schlendern einen halben Kilometer relativ eben am **Waldrand** entlang. Etwa auf der gleichen Höhe wie Burg Lichtenberg befinden wir uns jetzt und dürfen die ganze Zeit entspannt auf die gewaltige Burganlage blicken. Ja, das ist eine Auszeit. Hier können wir runterkommen.

An der nächsten Kreuzung folgen wir der Beschilderung zum Schlangenbrunnen nach rechts und erreichen diesen nach 500 Metern. Der **Schlangenbrunnen** ❷ selbst ist eine einfache, kleine Brunnenanlage im Wald – nichts Besonderes, aber zur Orientierung geeignet. Jetzt geht es bergab aus dem Wald heraus, und wir gehen auf einen großen, frei stehenden Baum zu. Im Sommer ist hier eine gute Gelegenheit für eine

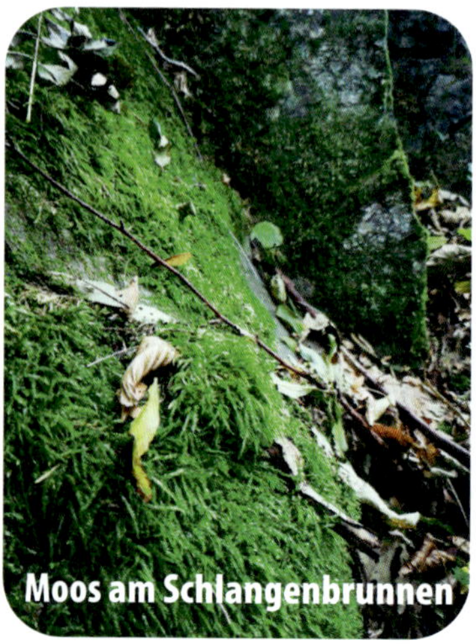
Moos am Schlangenbrunnen

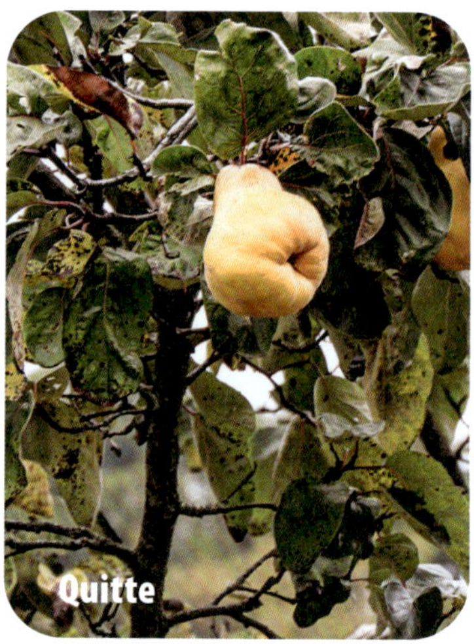
Quitte

Für die Seele

Auf dieser Wanderung behalten wir die wohl längste deutsche Burg die meiste Zeit im Blick. Das Musikantenlandmuseum informiert anschaulich über eine historische Phase der Region.

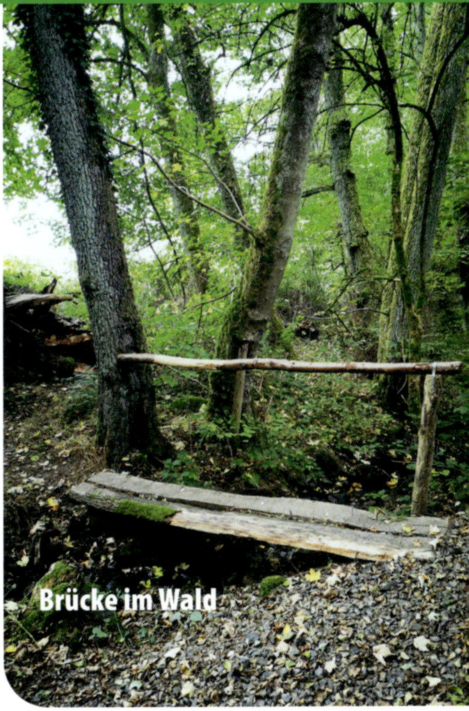

Brücke im Wald

schattige Rast, natürlich mit Blick auf die Lichtenburg. Danach geht es geradeaus über eine Straße. Wenige Meter abwärts knicken wir nach rechts ab, nun wieder ganz leicht den Hügel hoch. Ein wenig Schatten gibt es hier doch – und immer wieder sehen wir sehnsuchtsvoll zu unserem Ziel hinüber – Burg Lichtenberg.

Etwa 1 Kilometer nachdem wir die Straße überquert haben, kommen wir an einer locker mit Bäumen bepflanzten **Wiese mit einer Rastanlage ❸** vorbei. Besonders im Herbst erscheinen uns die gelben, birnenartigen Früchte an den Bäumen möglicherweise fremd und unbekannt. Es handelt sich um Quitten. Im Mai/Juni blühen diese – aber Achtung, zum rohen Verzehr sind die Früchte wegen ihrer starken Bitterstoffe nicht geeignet.

Am Ende der Wiese biegen wir nach links ab den Hügel hinunter. Dabei dürfen wir den Löschbach über eine niedliche, stark improvisiert aussehende Brücke überqueren. Nach dem Bach geht es noch ein kleines Stück aufwärts, bevor wir 1,5 Kilometer abwärts – die „Lichtenburg“ im Blick – nach Thallichtenberg schlendern. Es ist ein Westpfälzer Dorf, durch das wir schlendern, in einem Landkreis mit einer recht alten Bevölkerung und der winzigen Kreisstadt Kusel, die zusammen mit Cochem an der Mosel um den Titel der kleinsten deutschen Kreisstadt ringt. An der Hauptstraße angekommen, biegen wir nach links ab und einige Meter weiter vor einem Möbelhaus nach rechts. Auf dem Parkplatz des Möbelhauses finden wir die Beschilderung zum **Aufstieg zur Burg.** Aufstieg ist hier auch die richtige Bezeichnung – auf den verbleibenden 800 Metern zur Burg müssen wir rund 100 Höhenmeter überwinden. Auf dieser Seite ist der Burghügel bewaldet und hat eine interessante Vegetation – beispielsweise wächst hier die **Schneebeere.**

Ist es nicht toll – wir stehen jetzt vor dieser wirklich großen Burganlage und sind bereit zur Besichtigung. Eine Stärkung wäre durchaus angebracht, bevor es richtig losgeht mit der Erkundung. Nur wenige Meter nach dem offenen Eingangstor gibt es unter großen

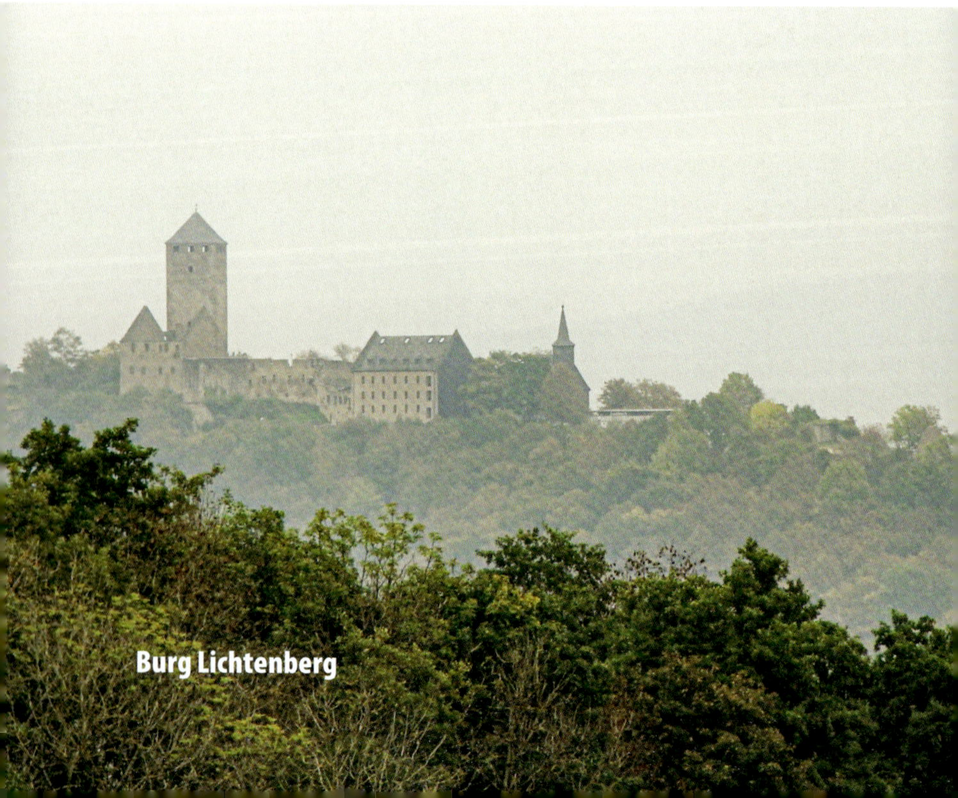

Burg Lichtenberg

Bäumen den **Burg-Kiosk ④,** der von April bis Oktober kleine Leckereien und Getränke anbietet. Auf den großen Bänken sitzt es sich ganz wunderbar. Erfreulicherweise wurde auch ein neuer Pächter für das **Burg-Restaurant ⑤** einige Meter weiter gefunden – wenn wir hier also etwas ausführlicher speisen möchten, ist auch dies möglich. Natürlich können wir auch Utensilien für ein Picknick mitbringen. Die Burganlage ist weitläufig und bietet viele angenehme Stellen, um Platz zu nehmen. Wie wäre es beispielsweise mit einer **Fensterbank ⑥** im wahrsten Sinne des Wortes – und das mit Aussicht auf unsere Wanderstrecke. Allerdings erfordert dies eine kleine Kletterleistung.

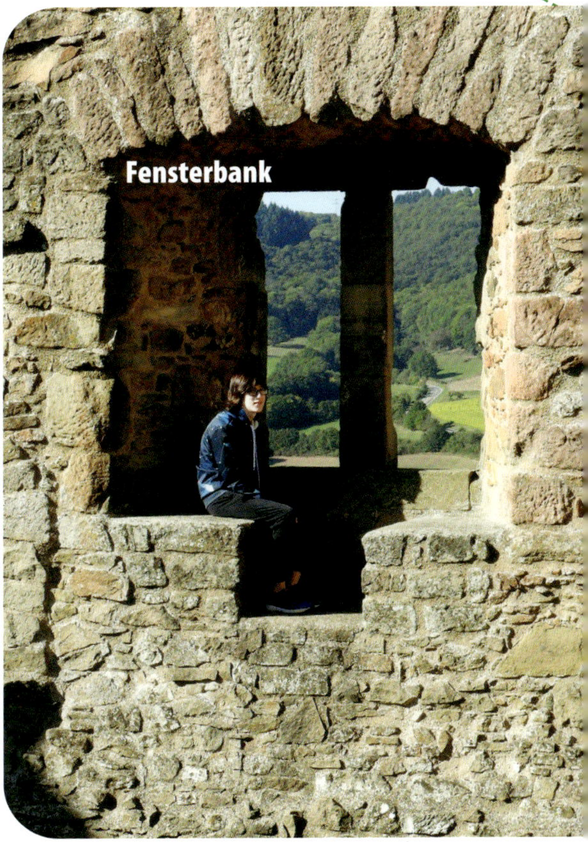
Fensterbank

Wir schlendern durch die Burganlage. Frisch gestärkt machen wir uns auf zum Burgfried – jenem 35 Meter hohen Turm, der vor etwa 40 Jahren renoviert und erhöht wurde. Von dort sehen wir rundum über das Westpfälzer Musikantenland, in dessen Zentrum wir uns befinden. Im zweiten Obergeschoss der Zehntscheune ist passend das **Musikantenlandmuseum ⑦** untergebracht. Die kulturelle Eigenheit des Wandermusikantentums wird uns staunen lassen: Wohin überall es Musikanten aus dem Kreis Kusel verschlagen hat (Musiker aus der Westpfalz waren etwa Mitglieder vieler amerikanischer philharmonischer Orchester!),

*Im 19. Jahrhundert bis zum Ersten Weltkrieg florierte in der Westpfalz das **Wandermusikantentum,** dem das Musikantenland-museum in der Zehntscheune der Burg gewidmet ist. Das Museum wurde in den vergangenen Jahren frisch renoviert.*

*Im **Geoskop** werden versteinerte Amphibien, Reptilien, Fische und Bäume von vor vielen Millionen Jahren gezeigt, aus den damals tropischen Farn- und Schachtelhalmwäldern des Perms der Urpfalz. Es sind Ergebnisse der Forschung auf dem Gebiet der heutigen Pfalz.*

wo deren Kinder geboren wurden, all das wird in uns Sehnsucht wecken und uns beflügeln.

Wir erkunden weiter die Burg – auf dem Weg vom Burgturm zur Zentscheune kommen wir an den Ruinen einiger großer Veranstaltungsräumlichkeiten vorbei. Dieser Ort muss im Mittelalter ein wichtiges Zentrum gewesen sein – so groß und weitläufig hier alles ist –, selbst eine Kirche steht auf dem Gelände. Es ist eine wahre Zeitreise, auf die wir uns hier begeben – die wir zum guten Schluss unseres Wandertages noch viele Millionen Jahre in die Vergangenheit fortsetzen können. Denn unterhalb der Kirche steht ein modernes Betongebäude – das **Geoskop 8**, ein Museum für erdgeschichtliche Vergangenheit.

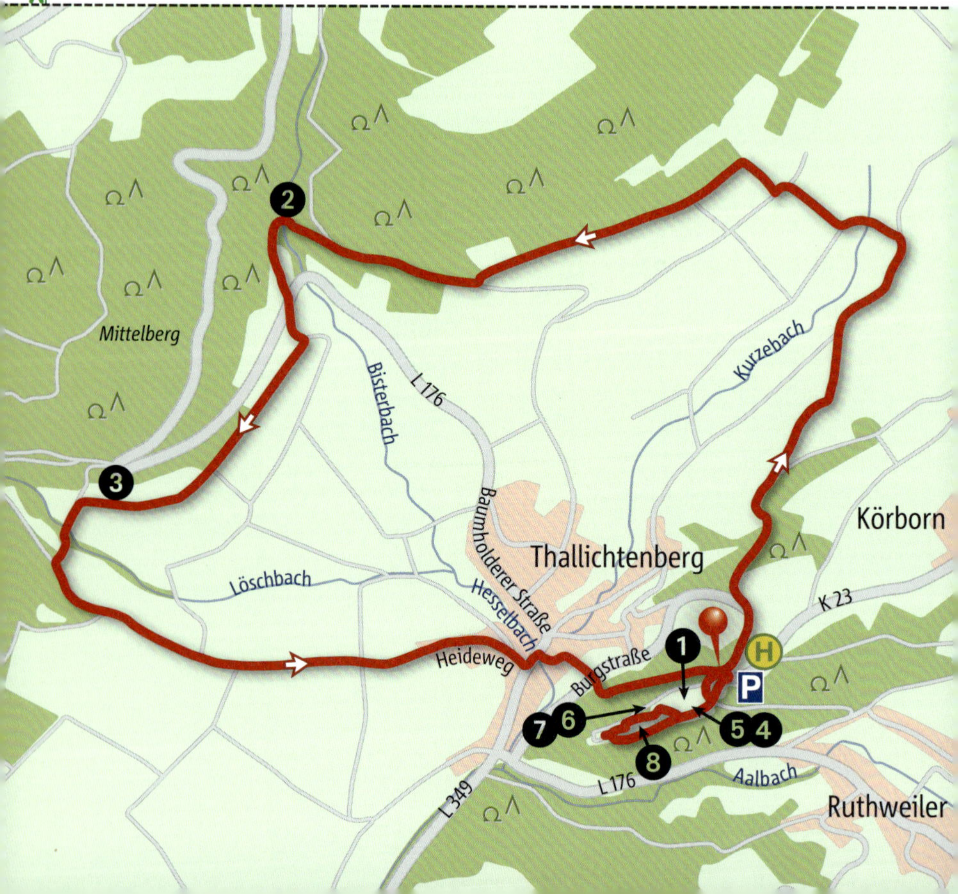

Entspannung ✱✱✱✱✱
Genuss ✱✱✱✱✱
Romantik ✱✱✱✱✱

WIE & WANN:
Wir gehen auf Teer- und Wirtschaftswegen, die Burg selbst wurde kürzlich barrierefrei umgebaut. Die Wege sind mit Leichtwander- oder Joggingschuhen gut begehbar. Die beste Zeit ist von April bis Oktober, allerdings nicht an zu heißen Tagen, denn es gibt kaum schattige Plätze.

HIN & WEG:
Auto: Parkplatz Burg Lichtenberg, Burgstraße 17, 66871 Thallichtenberg (GPS: 49.556987, 7.358519)
ÖPNV: Busverbindung zwischen Bahnhof Kusel und der Burg (Linie 297 des VRN). Kusel kann mit Zügen und Bussen aus Kaiserslautern erreicht werden.

ESSEN & ENTSPANNEN:
Burg-Kiosk ❹ (April bis Oktober bei schönem Wetter)
Burg-Restaurant ❺ Burgstraße 12, 66871 Thallichtenberg, Tel. (01 51) 56 77 96 73

ENTDECKEN & ERLEBEN:
Burg Lichtenberg ❶ burglichtenberg.pfaelzerbergland.de
Schlangenbrunnen ❷
Wiese mit Rastanlage ❸
Fensterbank ❻
Pfälzer Musikantenlandmuseum ❼, Burgstraße 17, 66871 Thallichtenberg, Tel. (0 63 81) 84 29
Geoskop ❽ Burgstraße 17, 66871 Thallichtenberg, Tel. (0 63 81) 99 34 50

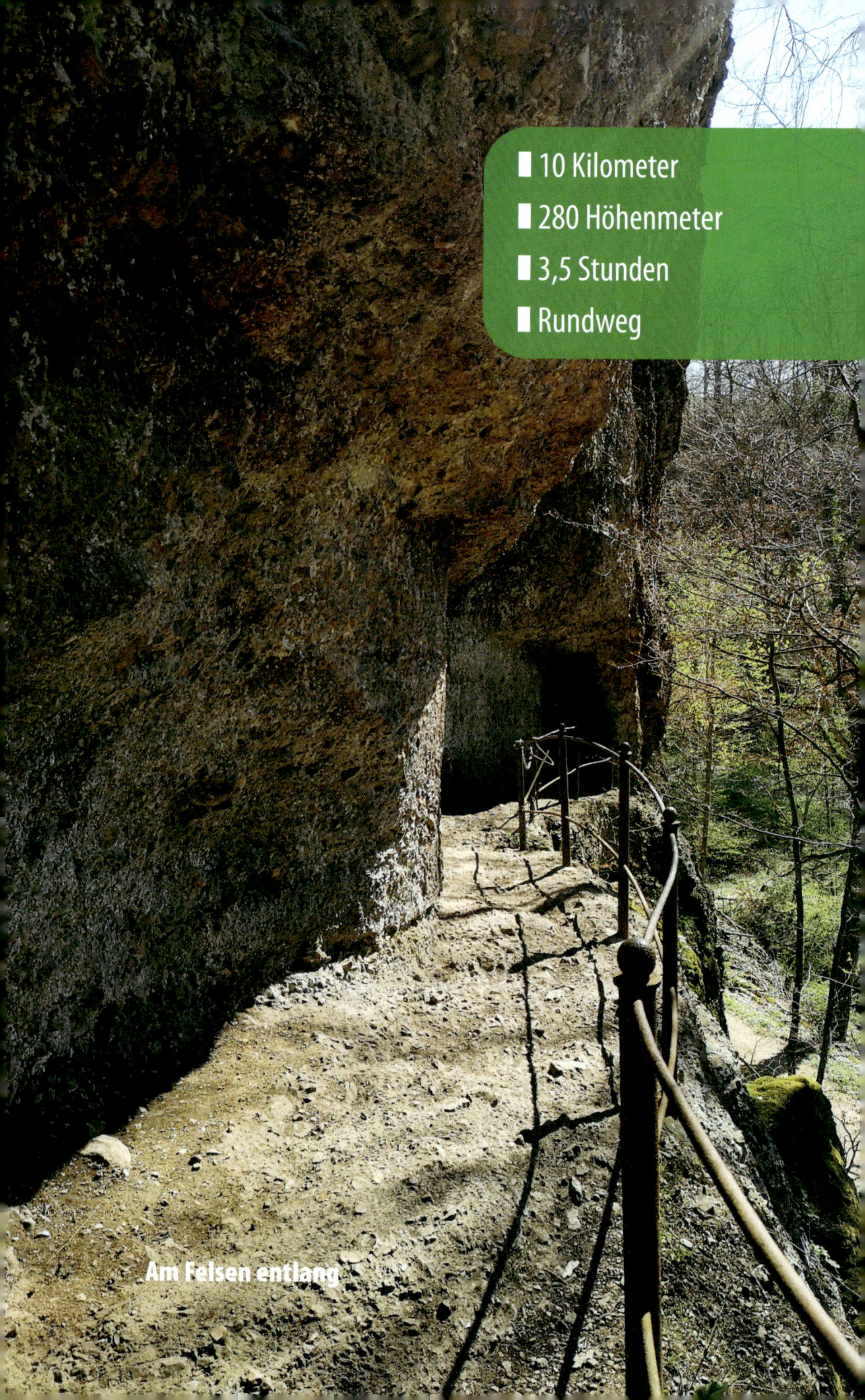

- 10 Kilometer
- 280 Höhenmeter
- 3,5 Stunden
- Rundweg

Am Felsen entlang

Schlucht und Burg

Falkenstein im Donnersberger Land

Wir starten am kleinen Wanderparkplatz in der **Falkensteiner Schlucht ①.** Dort gibt es rechts Felsen, links auch – großartig, durchaus beeindruckend, aber nicht erschlagend ist das. Die Gesteinsmasse ist nicht so gewaltig und ausladend, wie wir das aus der Südpfalz oder den Alpen kennen, es ist einfach ein kleines Juwel für den Anfang und das Ende unserer Tour.

Zunächst wandern wir ein Stück bergab und überqueren die Straße. Bevor eine Wiese beginnt, erblicken wir an einem Baum einen **blauen Punkt auf weißem Grund.** Steil bergauf führt an dieser Stelle ein Pfad. Doch schon nach 10 oder 15 Metern wird es flacher, und wir trekken einen reizvollen **Pfad mit Moosbüschen** links und rechts des Weges. Auch wenn es wirkt, als ob sich Menschen Mühe mit der Bepflanzung gegeben haben – es ist pure Natur.

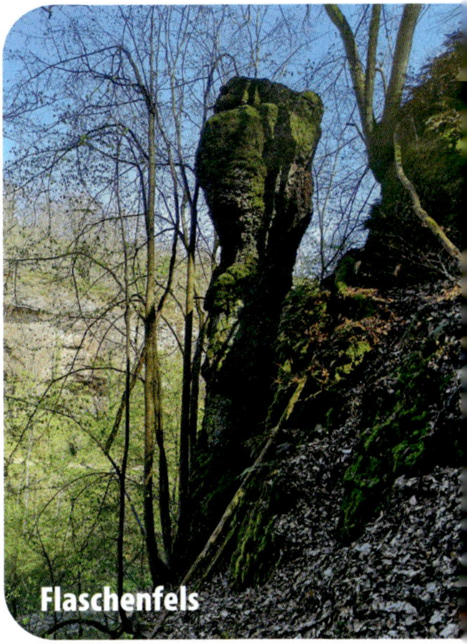
Flaschenfels

Nach 250 Metern sind wir genötigt, etwas hinabzusteigen, und erblicken rechter Hand einen Felsen – unten ist dieser schmaler als oben und sieht aus wie eine eigenartig kopfstehende Flasche, daher der Name **Flaschenfels ②.** Auch wenn wir erst wenige Minuten unterwegs sind – es ist Zeit, innezuhalten und den Anblick auf uns wirken zu lassen. Viele Menschen kommen hier augenscheinlich nicht vorbei. Unser Pfad ist auf den nächsten Metern erkennbar, aber in Phasen stärkeren Pflanzenwachstums zugewachsen. Kurze

Hosen oder Wanderröcke sind deshalb eher ungeeignet für dieses kurze Wegstück.

Bald landen wir wieder auf der Straße nach Falkenstein und biegen direkt links in den Waldweg ein. Jenem folgen wir etwa 400 Meter bis zu einer Gabelung. Wir verlassen hier die Markierung des blauen Punktes und wählen den rechten Weg. Es wird ein leicht meditatives Wandeln durch den **Mischwald.** So wandern wir etwa 2 Kilometer, bis drei Wege zusammenlaufen. Dort gehen wir nahezu geradeaus weiter, und nach 1 Kilometer mehr verlassen wir den Wald. Den höchsten Punkt unserer Wanderung haben wir hier bereits hinter uns gelassen.

Links und rechts des Weges stehen mal kleinere, mal größere **Wochenendhäuser.** Es gibt auch einen Straßennamen: Am Schinderborn. Wir erkennen deutlich, welche Bewohner einen Großteil ihrer Zeit hier ver-

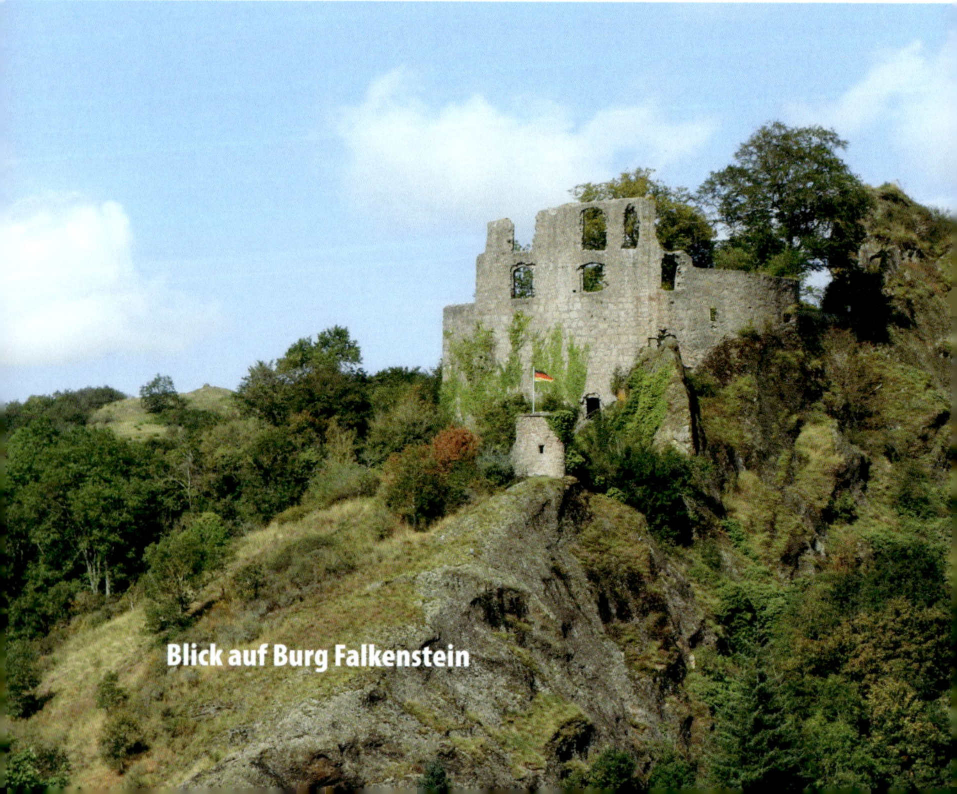

Blick auf Burg Falkenstein

Für die Seele

Von der Falkenschlucht geht es entspannt durch Wald zur Ruine Falkenstein, durch ein malerisches Dörflein mit einsamem Kirchturm zu einer beeindruckenden Felsformation.

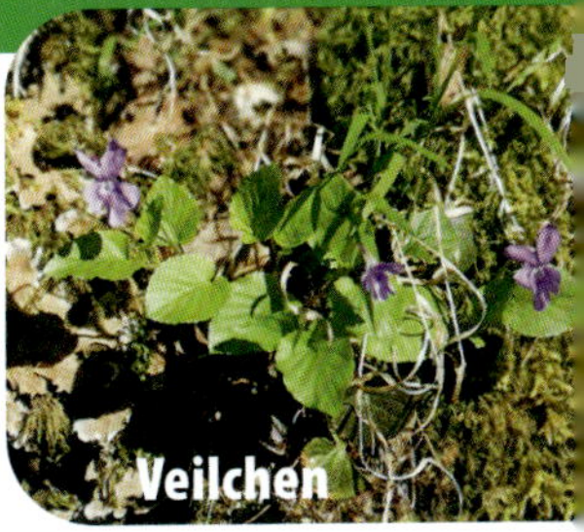

Veilchen

bringen und welche Gebäude möglicherweise schon einige Jahre nicht mehr besucht wurden. Die Siedlung trägt den Namen **„Wochenendgebiet Falkenstein"**. Neugierig blicken wir in die Gärten, gehen die kleine Straße weiter, bis wir die Drei-Morgen-Straße erreichen. In diese biegen wir rechts ein und wandern weiter. Der Blick über die Weite des Donnersberger Landes erschließt sich uns nun voll.

Quasi am Pass angekommen, schauen wir mal über die Hügel im Norden, dann wieder nach Süden. Weit weg von jeglicher Hektik einer Stadt schlendern wir leicht bergab und kommen 300 Meter, nachdem wir das Wochenendgebiet verlassen haben, am **Falkensteiner Hof** ❸ an. Dort sollten wir einkehren und auf der Terrasse unseren Blick in die Weite schweifen lassen. Bei schönem Wetter wird die Pause hier lange – wir verspüren keine Notwendigkeit, aufzubrechen. Es ist ein perfekter Ort, um Energie zu tanken.

Nur wenige Hundert Meter weiter wird die Straße steil – **Falkenstein** hat mit 25 Prozent Gefälle tatsächlich die steilste deutsche Ortsdurchfahrt. Erleichtert schlendern wir bergab – links von uns ist ein Wanderparkplatz.

Die **Burg Falkenstein** ❹, an der wir nun vorbeikommen, lassen wir uns nicht entgehen. Links eines kleinen Amphitheaters geht es durch eine offene Tür. Dunkel ist es, ohne Beleuchtung. Von oben erreichen einige wenige Lichtstrahlen den Gang. Unsere Augen müssen sich an die Dunkelheit gewöhnen. Dann treten wir hinaus in einen nicht allzu großen, von Bögen

*Die **Burg Falkenstein** wurde vermutlich im 12. Jahrhundert erbaut. Sie wechselte mehrfach den Besitzer, wurde 1647 von den Franzosen belagert und zerstört, wieder aufgebaut und 1794, während der Koalitionskriege, endgültig in eine Ruine verwandelt.*

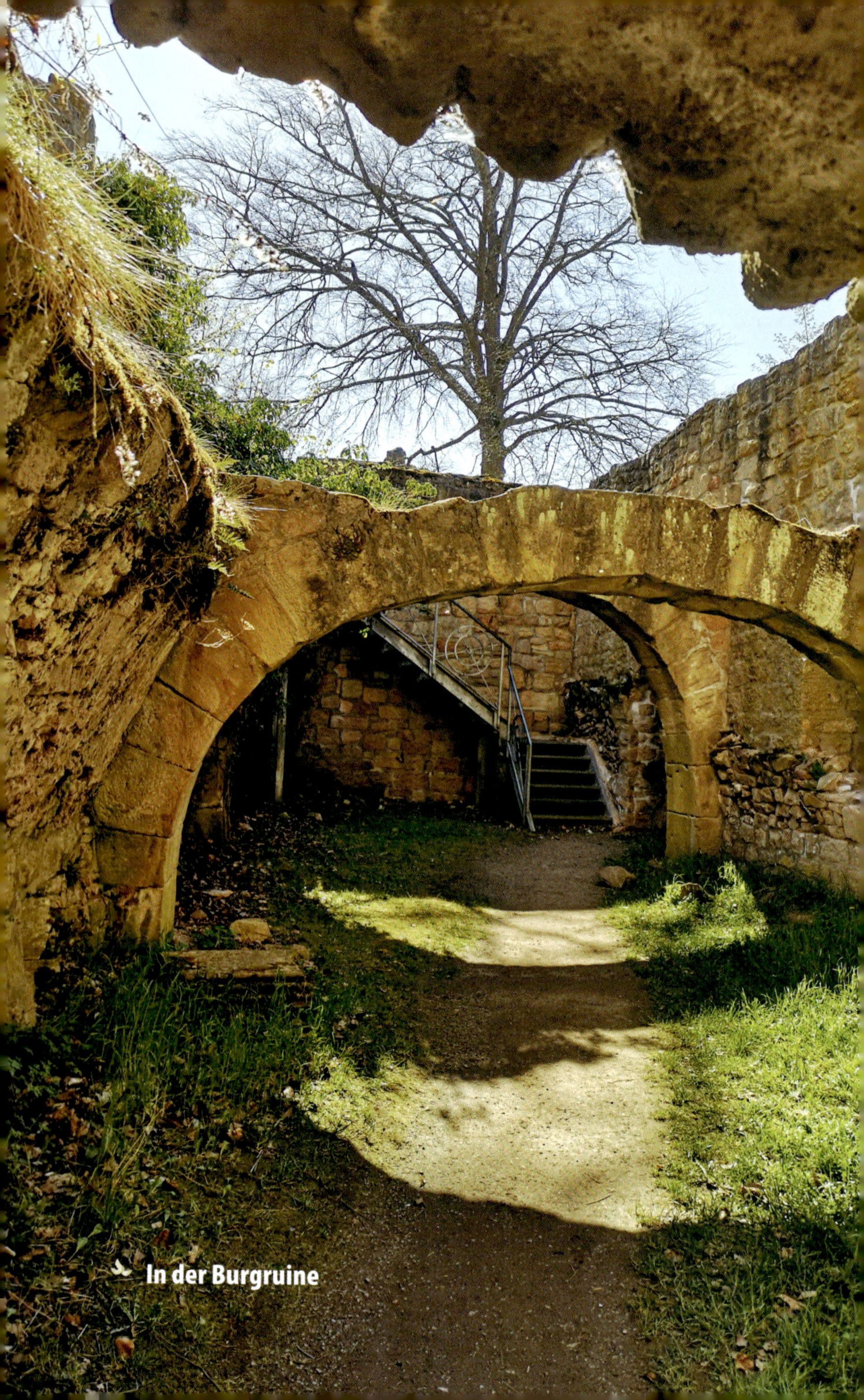

In der Burgruine

überspannten Raum – das Dach fehlt. Vor uns liegt eine Metalltreppe, die wir hinaufsteigen.

War uns vorhin nicht nach einer Einkehr im Falkensteiner Hof und sind wir wochentags unterwegs, dann bietet sich jetzt die allerbeste Gelegenheit für ein Picknick. An Wochenenden bietet die wiedereröffnete **Burgstubb** ❺ Getränke und Leckereien an. Es gibt Tische im Schatten – aber vielleicht finden wir es besinnlicher, auf der Burgmauer oder den Felsen des Burghügels Platz zu nehmen. Es ist ein Ort, um die Seele baumeln zu lassen. Wenn wir durch das linke der drei in der Burgmauer erhalten gebliebenen Fenster schauen, blicken wir auf Falkenstein. Verteilt stehen die Häuser am steilen Hang eines ehemaligen Vulkankegels. Eingebettet liegt die kleine, neue katholische Kirche. Irgendwie ist es eigenartig: Die Burgruine hier, im Ort ein Gotteshaus in moderner Architektur, und etwas abseits erblicken wir einen einzeln stehenden **Glockenturm** ❻ in der Landschaft. Gerade dies regt zum Nachdenken an – inspiriert.

*In der Nordpfalz stehen vereinzelt **Glockentürme** – so auch in Falkenstein, hier extrem exponiert auf einer kleinen Anhöhe. Mit dem 1886 eingeweihten Turm verfügte die protestantische Minderheit auch ohne Kirche über ihr eigenes Glockengeläut.*

Genau jener Glockenturm ist jetzt unser Ziel. Dazu spazieren wir aus der Burg heraus und folgen der Hauptstraße bergab. Nach etwa 300 Metern biegen wir links in die Friedhofstraße und erreichen schnell den Glockenturm. Dahinter liegt der örtliche Friedhof. Wir zweigen vorm Friedhof rechts auf den Feldweg ein. Nach 200 Metern gibt es links eine **Kneippanlage.**

Die letzten knapp 3 Kilometer unserer Wanderung geht es bergab durch den Wald. Zunächst wandern wir etwa 500 Meter auf weichem Untergrund, bis wir an einer Kreuzung eine Forststraße erreichen. Wir sind nun auf dem **Thomas-Voll-Weg,** benannt nach einem für die Gegend zuständigen früheren Forstmeister. Eine Gedenkplakette für ihn können wir an dem nach ihm benannten Felsen an der folgen-

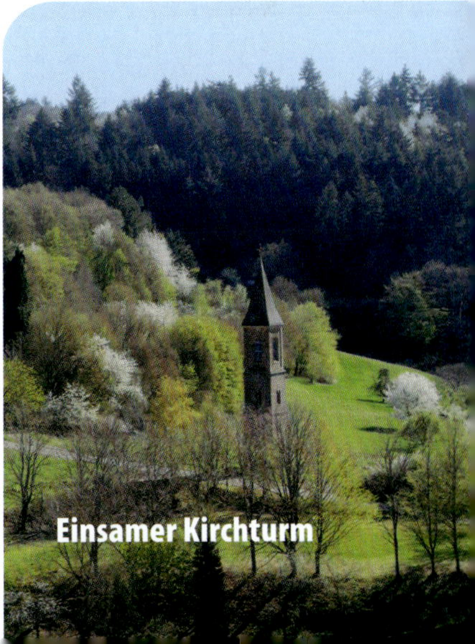

Einsamer Kirchturm

den Kreuzung erblicken. Diese erreichen wir schnell und biegen rechts ab.

Nun schlendern wir die verbleibenden 2 Kilometer bis zur **Falkensteiner Schlucht.** Je näher wir unserem Ziel kommen, umso mehr Felsen sind vorwiegend links des Weges zu sehen. Beeindruckend ist das. Zudem gibt uns der Wechsel der Vegetation immer wieder neue Impulse. An Südhängen ist der Bewuchs lichter und niedriger. Sollten wir noch etwas Zeit übrig haben, sollten wir jetzt noch die **in Fels geschlagenen Pfade der Falkensteiner Schlucht** erkunden, übersehen werden wir diese keinesfalls – es ist ein kleines Abenteuer zum Abschluss.

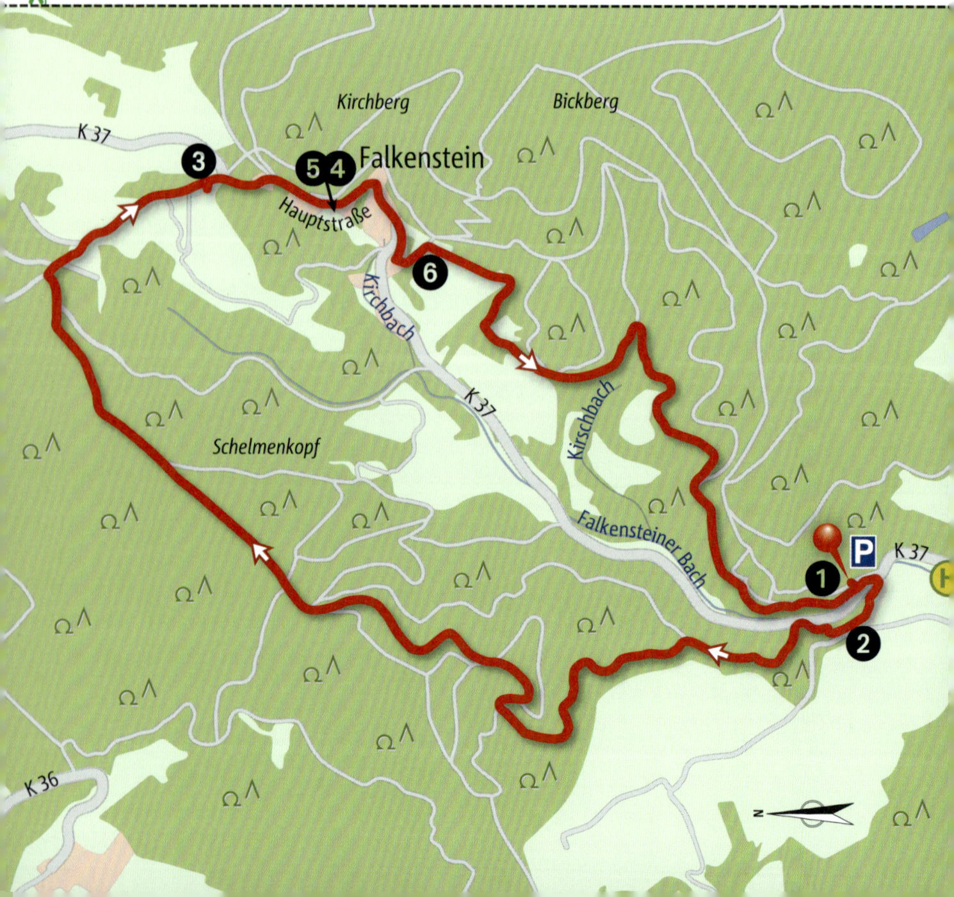

Entspannung ✱✱✱✱✱
Genuss ✱✱✱✱✱
Romantik ✱✱✱✱✱

WIE & WANN:
Weitgehend Waldwege und Pfade, ab der Wochenendsiedlung und durch Falkenstein geteerte Wege. Zu empfehlen ist die Wanderung von Frühling bis Herbst.

HIN & WEG:
Auto: Wanderparkplatz Falkensteiner Schlucht, 67817 Falkenstein (GPS: 49.592320, 7.857024)
ÖPNV: Die Ruftaxi-Haltestelle Wambacherhof (Falkenstein) ist nur wenige Hundert Meter entfernt und wird aus Winnweiler oder Kirchheimbolanden angefahren.

ESSEN & ENTSPANNEN:
Falkensteiner Hof ❸ Falkensteiner Hof 1, 67808 Falkenstein, Tel. (0 63 02) 92 45 55, www.falkensteiner-hof.com
Burgstubb Falkenstein ❺ Hauptstraße 49, 67808 Falkenstein, Tel. (0 63 61) 6 49 49 20, burgstubb-falkenstein.de

ENTDECKEN & ERLEBEN:
Falkensteiner Schlucht ❶
Flaschenfels ❷
Burg Falkenstein ❹
Protestantischer Glockenturm ❻

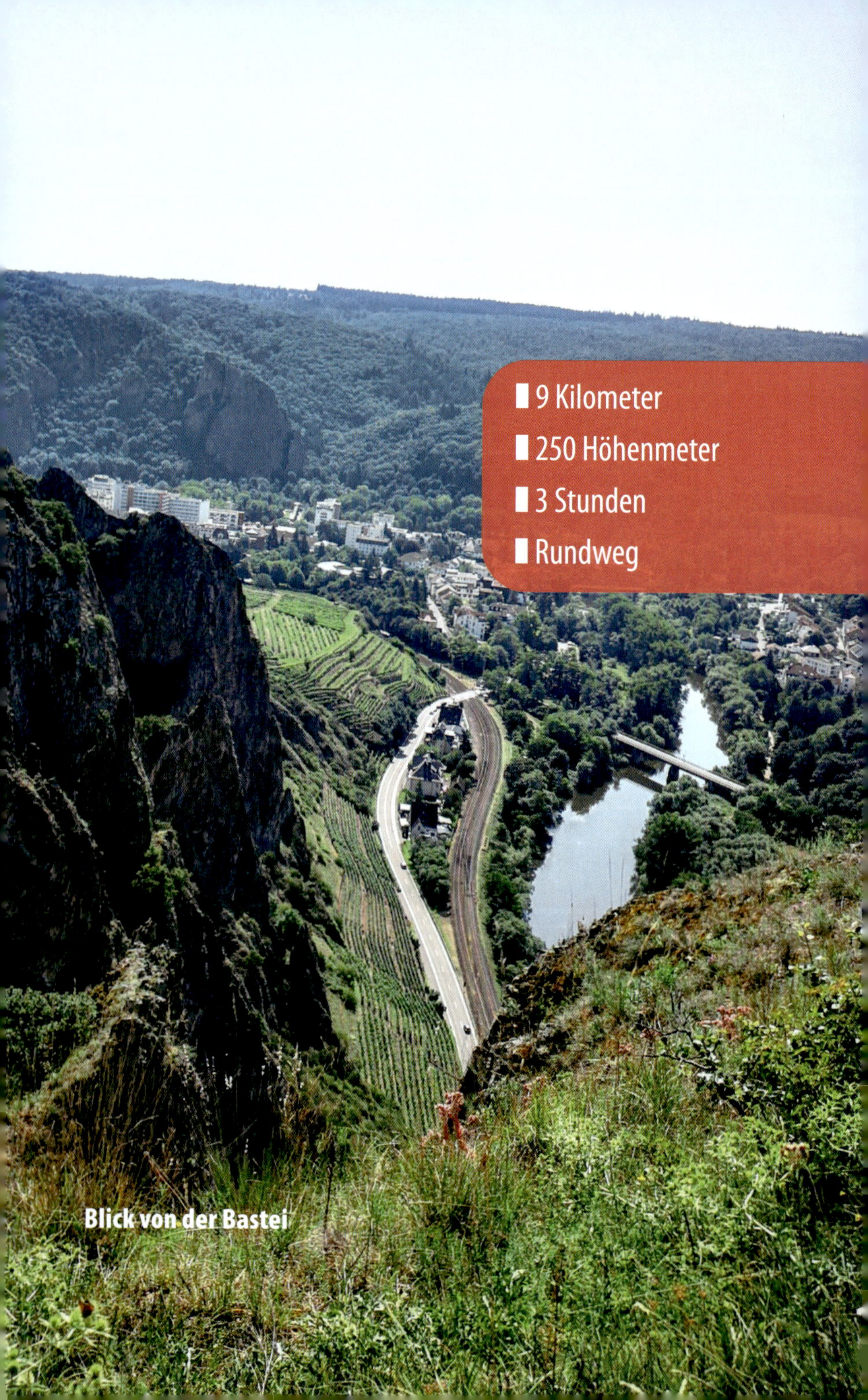

- 9 Kilometer
- 250 Höhenmeter
- 3 Stunden
- Rundweg

Blick von der Bastei

Am Wanderparkplatz Rotenfels nördlich von Bad Münster am Stein-Ebernburg beginnen wir unsere Panoramatour. Dort haben wir direkt das **Gasthaus Zur Bastei** ❶ im Blick. Bei warmem, sonnigem Wetter kann man dort wahre Ruhestunden voll süßen Nichtstuns verbringen – luftig auf dem Plateau

Auf dem Plateau

Wanderung am Rotenfels

des **Rotenfels** ❷. Es ist ein Ort, um Kraft zu tanken – unter dem Blätterdach der großen Bäume.

Schlendern wir aber zunächst los – meistens brav der **Beschilderung „Classic Tour"** folgend. Zunächst geht es zum Sportplatz, an dem wir gerade vorbeigefahren sind. Gleich, ob wir links- oder rechtsherum gehen oder den Sportplatz überqueren – es geht schräg gegenüber auf einem Pfad in den Wald hinein. Diesem folgen wir etwa 100 Meter, bis wir zu einer Straße gelangen. Diese müssen wir nur überqueren und gegenüber wieder dem Pfad folgen, direkt vor dem „Achtung"-Straßenschild. Gleich wird der Wald licht, und wir fühlen uns wohl beim Wechselspiel von Licht und Schatten. Schnell entdecken wir links von uns abknickende Pfade. Es sind meist nur wenige Meter zu einer Kante – neugierig nehmen wir einen der Pfade und blicken gleich auf einen **Steinbruch.** Von hoch oben schauen wir erstaunt auf das Treiben, von dem wir kaum etwas hören. Hinter dem Steinbruch liegen die sanften Hügel des Nahelandes. Im Frühjahr sehen wir das Gelb der Rapsfelder, im Juli und August Sonnenblumen

*Der **Rotenfels** ist mit über 200 Metern Höhe die höchste Felswand zwischen den Alpen und Skandinavien. Besonders im Abendlicht schimmert die 1200 Meter breite Wand aus Rhyolith, einem Quarzporphyr-Gestein, rötlich.*

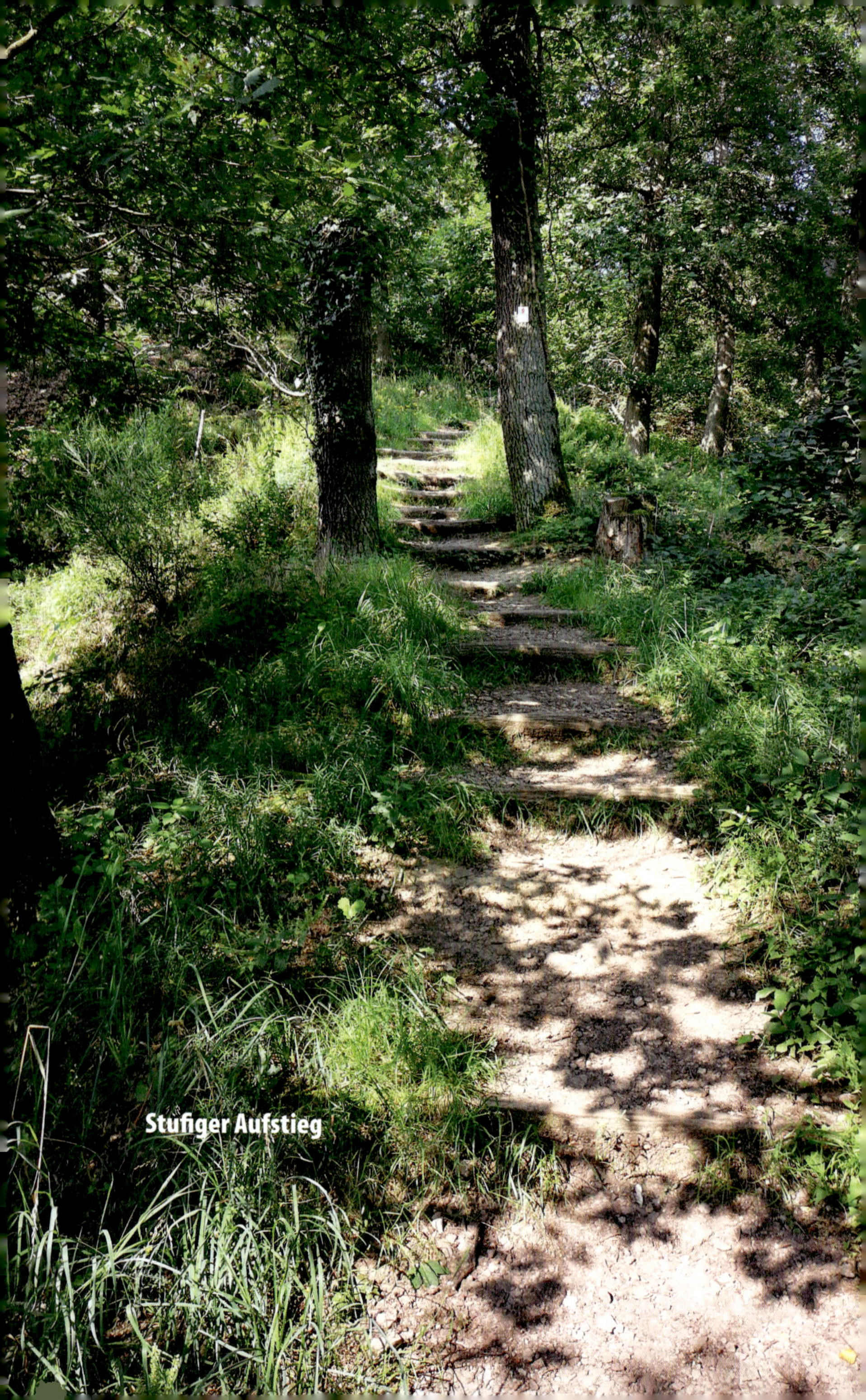

Stufiger Aufstieg

aus der Ferne. Nein – wir sind nicht in den Alpen, nein, es ist nicht anstrengend – wir gehen zurück auf den Pfad und schlendern gemütlich weiter. Wir haben gerade 1 Kilometer zurückgelegt und fühlen uns wohl beim Gehen unter Eichen und Buchen – es ist ruhig.

Für die Seele

Weitgehend ohne größere Steigungen geht es durch Mischwald am Plateaurand entlang. Lediglich mit einem kurzen Serpentinenweg durchsetzt, genießen wir attraktive Ausblicke.

Nach etwa 1,5 Kilometern kommt ein kurzes Gefällstück. Danach geht es weiter am **schattigen Waldrand.** Hin und wieder gibt es eine Bank. Immer haben wir den beruhigenden Blick über Felder und Wiesen. Hektik ist hier fehl am Platz. Das Gehen am Waldrand mit Blick in die Landschaft – Getreidefelder – lässt uns entspannen. So sind wir nach etwas mehr als 3 Kilometern überrascht, als wir an einer kleinen Umspannanlage vorbeikommen. Wir folgen dem Forstweg und der Beschilderung „Classic Tour“. So geht es gemütlicher einen leichten Anstieg hoch, als wenn wir den Pfad rechts des Weges nähmen. Auf diesem wäre die Wanderung zwar 500 Meter kürzer, aber wir würden eine nette, im Schatten liegende überdachte Bank verpassen. Falls wir bisher noch keine Pause eingelegt haben – hier ist der perfekte Ort für ein kleines Picknick. Wir haben Zeit.

Nun geht es noch ein klein wenig aufwärts. Wir stoßen auf einen Weg. Sollten uns hier Nacktwanderer oder Nacktwanderinnen begegnen, nehmen wir dies möglicherweise erstaunt zur Kenntnis. Locker biegen wir an der nächsten Kreuzung nach rechts ab und ge-

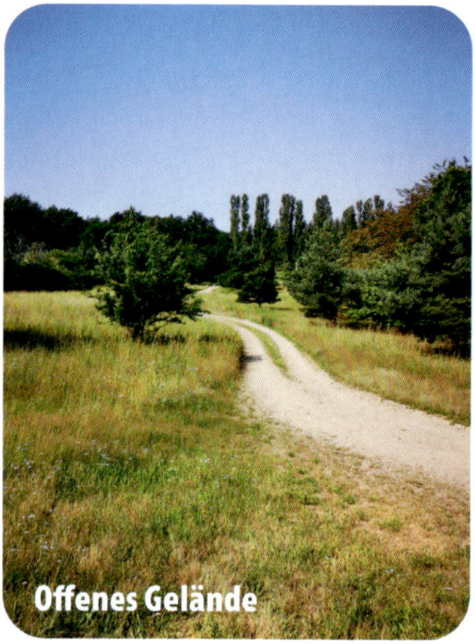

Offenes Gelände

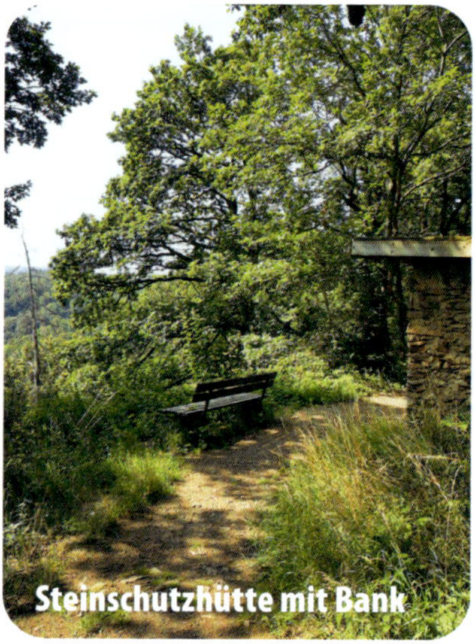

Steinschutzhütte mit Bank

hen 200 Meter, bis wir auf eine weitere Kreuzung stoßen. Dort gehen wir nach links bergab. Wiederum 500 Meter weiter geht es wieder nach rechts und wieder etwas bergauf – anstrengend ist das alles wirklich nicht, und wir erreichen nach 300 Metern die **Karlshöhe** mit einem fantastischen Blick über Bad Kreuznach und das nördliche Reinhessen, den **Dr.-Karl-Aschoff-Blick ❸.** Hier stehen wir über den Dingen, ohne dass wir uns dafür sonderlich anstrengen mussten – es ist eine Auszeit zum Genießen. Wir sind nun auch auf der Südseite des Plateaus angekommen. Der Wald riecht anders – Nadelgehölz in der Sonne duftet herrlich.

Wir gehen weiter, und es beginnt ein kleines, kurzweiliges Abenteuer: In **Serpentinen** steigen wir etwa 500 Meter steil bergauf – teilweise mit Treppenstufen im Weg. Entspannt geht es aufwärts – denn wir wissen, dass es quasi in jeder Kehre eine Bank mit Ausblick gibt. Zufrieden schlendern wir weiter und fühlen uns einfach wohl auf dem lichten Weg – aber Achtung, nicht alles, was hier nach Bärlauch aussieht, ist auch

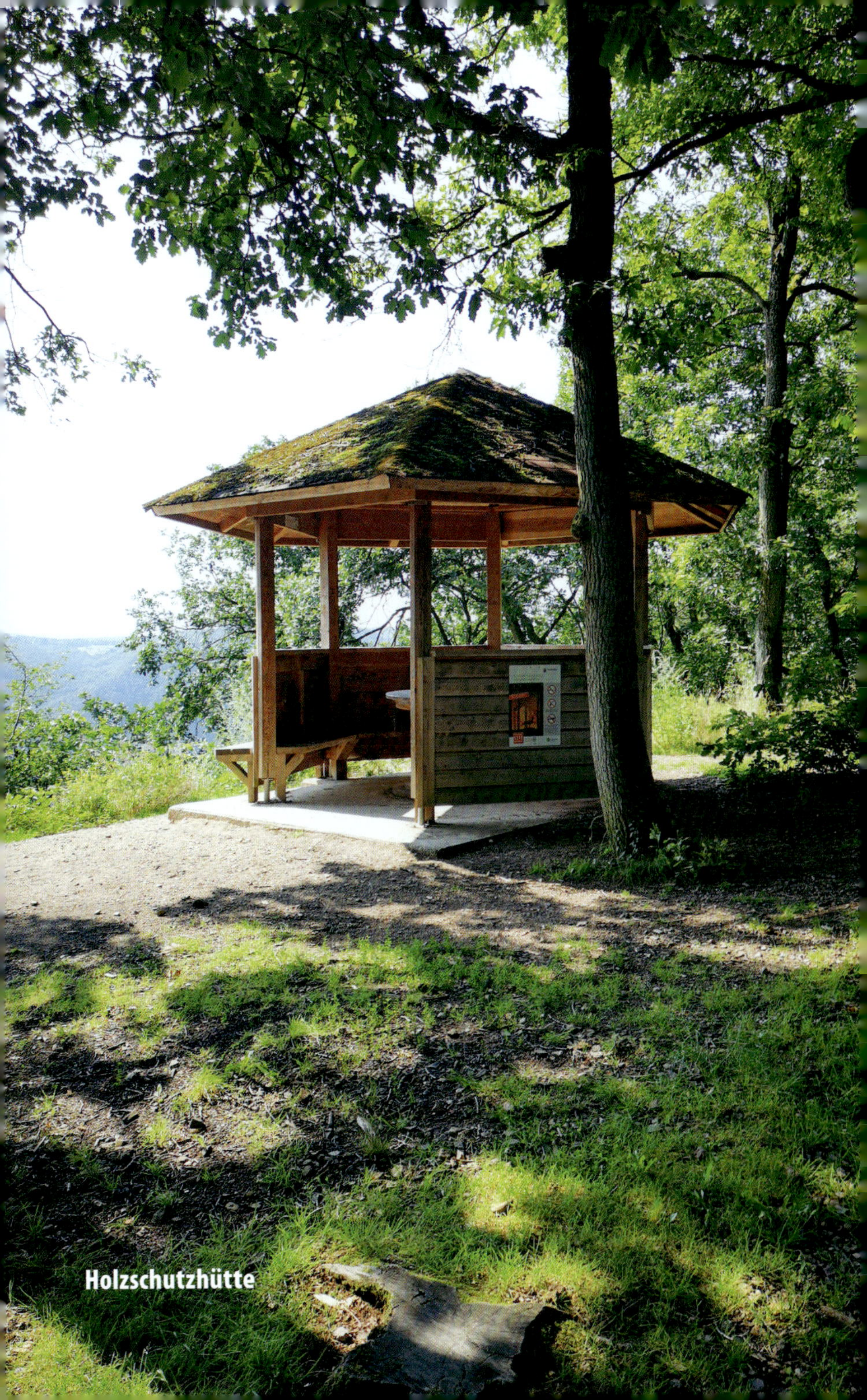

Holzschutzhütte

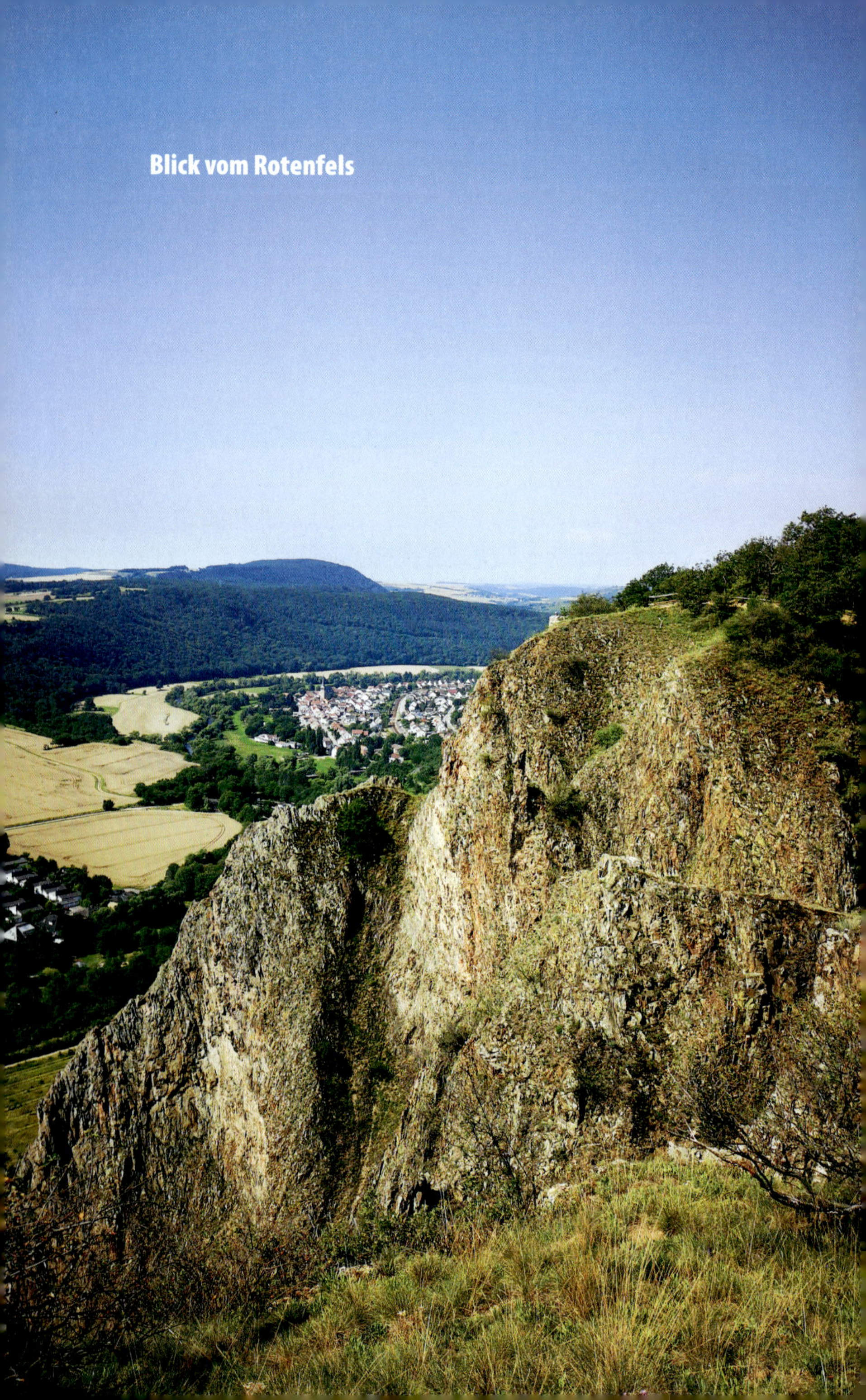

Blick vom Rotenfels

ein Knoblauchgewächs. Von Mai bis in den August sind es meistens **Maiglöckchen,** die hier hin und wieder am Wegrand stehen. Wir sind nun etwas mehr als 5 Kilometer gegangen, kommen an einer hölzernen **Schutzhütte 4** vorbei und wenig später an der steinernen **Elisabethhütte 5.** Um uns wiegen sich die Bäume im sachten Wind – das beruhigt.

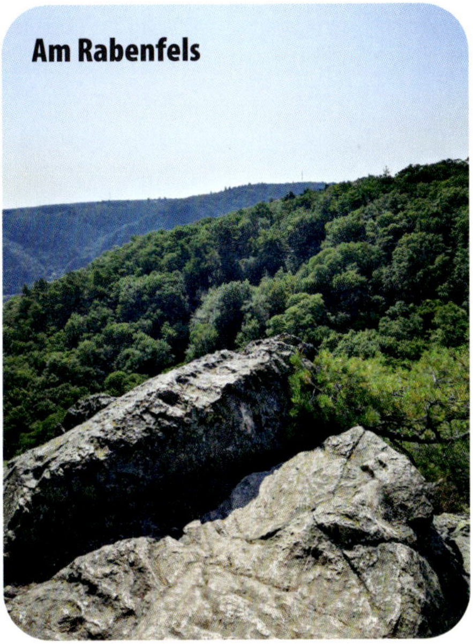
Am Rabenfels

Nach der Hütte folgen wir der Markierung. Nach 500 Metern erreichen wir etwas offeneres Gelände mit einem Schild zum Gasthaus Bastei. Je nach Hunger und Entschleunigungslage können wir der Beschilderung zum Gasthaus folgen und dort eine ausgedehnte Pause einlegen, um danach die verbliebenen 3 Kilometer unserer Wanderung zurückzulegen. Auslassen sollten wir die noch ausstehende Passage auf keinen Fall. Abwägen ist angesagt. Wenn wir einfach nach links abbiegen, erreichen wir nach 300 Metern den **Rabenfels 6** mit einem traumhaften Blick in das Salinental. Es ist eines der vielen fast zu lieblichen, vielleicht auch romantischen Plätzchen für eine Pause. Panoramatour ist zweifellos der angemessene Ausdruck für unsere Wanderung!

In Erwartung der gewaltigen Felswand des Rotenfels gehen wir weiter entlang der Markierung „Classic Tour“. Wirklich weit ist es nicht mehr, bis wir den Blick auf die größte Felswand zwischen Alpen und Skandinavien erhaschen. Noch etwa mehr als 1 Kilometer folgen wir der Markierung, bis das Gelände sich öffnet und wir bereits erahnen, welches Naturschauspiel sich uns gleich zeigen wird. In tiefer Ehrfurcht blicken wir auf die erhabene Felswand, die im Abend-

Panoramatour 5

*Das **Gasthaus Zur Bastei** bietet einfache regionale Gerichte zu angenehmen Preisen. Der Biergarten unter den großen Bäumen ist herrlich ruhig. Man hat das Gefühl, hier ewig sitzen zu können.*

licht rötlich schimmert. Der Abgrund wirkt mächtig, und doch dürfen wir fast eben dem Weg folgen. Im Süden liegt die Ebernburg. Je nach Licht wirkt sie zum Greifen nahe. Wir müssen einfach dem **Weg an der Kante** folgen, es geht gar nicht anders.

So gehen wir langsam und immer wieder den Blick schweifen lassend bis zur **Bastei 7,** dem Punkt auf der Rotfelswand mit dem besten Rundumblick. Von dort folgen wir – tief beeindruckt und entspannt – der Markierung „Classic Tour“ zurück zum Wanderparkplatz. Im Gasthaus Zur Bastei können wir, falls wir nicht schon am Beginn unserer Tour dort eingekehrt sind, die Eindrücke sacken lassen und weiter entschleunigen, Auszeit nehmen oder was immer …

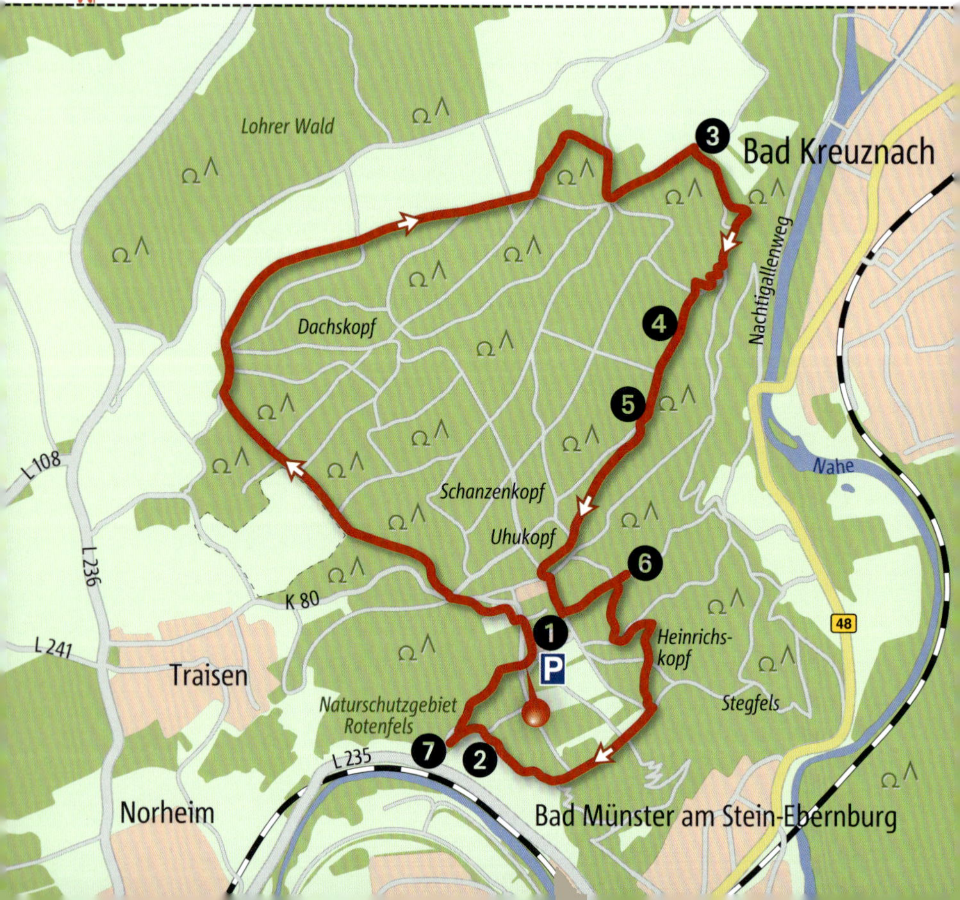

WIE & WANN:
Zumeist Pfade und Waldwege. Grundsätzlich ist es eine Ganzjahrestour. Besonders empfehlenswert von März bis Oktober/November. Sie hat viele schattige Passagen – daher auch im Sommer geeignet, auch wenn das finale Stück auf dem Rotenfels fast ohne Schatten ist.

Entspannung ★★★★☆
Genuss ★★★★☆
Romantik ★★★★☆

HIN & WEG:
Auto: Wanderparkplatz Rotenfels an der K80, 55595 Traisen (GPS: 49.820329, 7.835487) oder Auf dem Rotenfels 4 für das Gasthaus Zur Bastei
ÖPNV: keine direkte Anbindung an die Strecke

ESSEN & ENTSPANNEN:
Gasthaus Zur Bastei ❶ Auf dem Rotenfels 4, 55595 Traisen, Tel. (06 71) 3 17 01, www.gasthaus-zurbastei.de

An Utensilien für ein kleines Picknick sollten wir auch denken, es gibt herrliche Plätze für Pausen.

ENTDECKEN & ERLEBEN:
Rotenfels ❷
Karlshöhe/Dr.-Karl-Aschoff-Blick ❸
Schutzhütte ❹
Elisabethhütte ❺
Rabenfels ❻
Bastei ❼

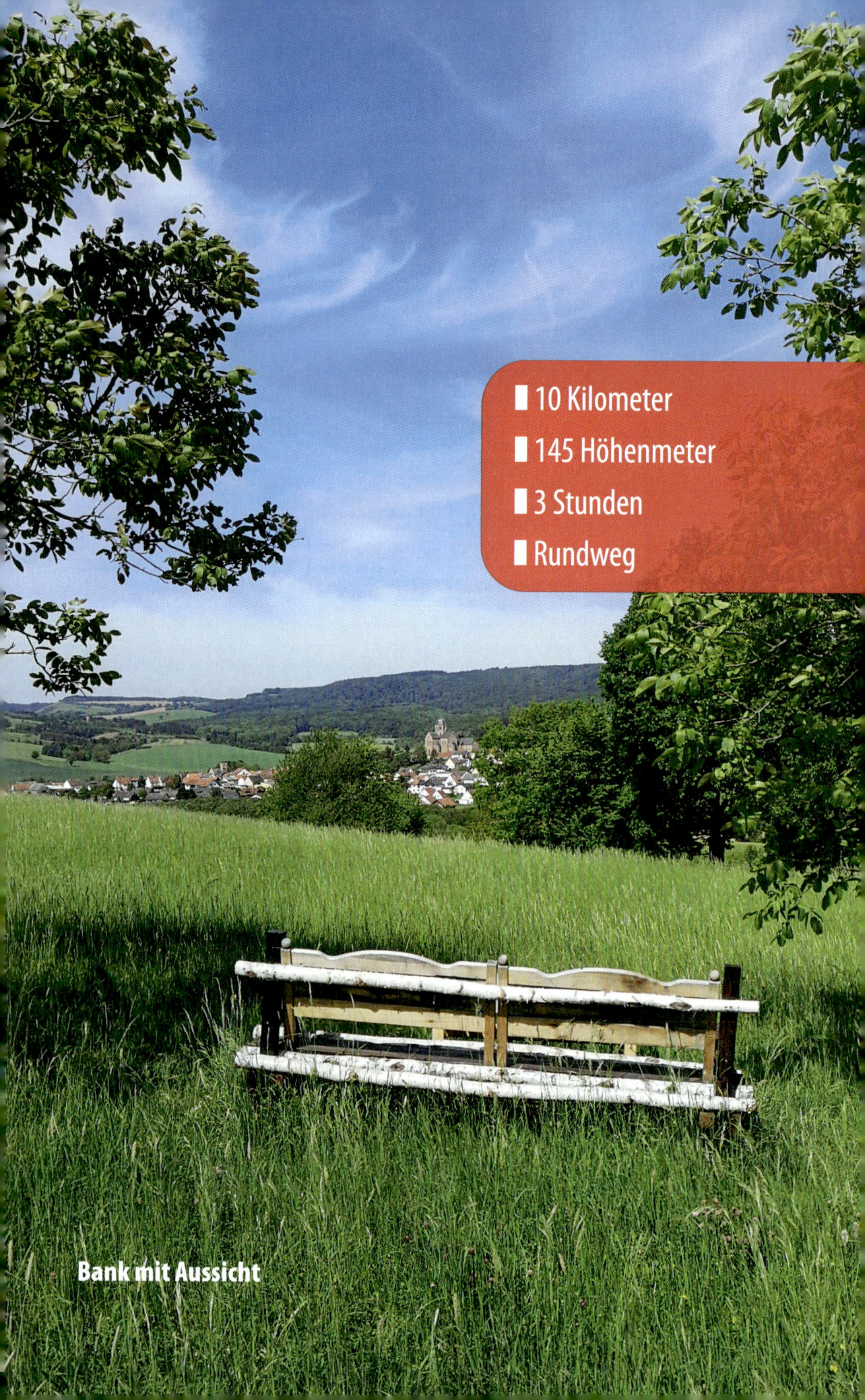

- 10 Kilometer
- 145 Höhenmeter
- 3 Stunden
- Rundweg

Bank mit Aussicht

Wir starten am neugotischen Rathaus der kleinen Weinbaugemeinde. Dort gibt es einen Parkplatz. Unser Weg führt zunächst links am Rathaus vorbei. Nach 300 Metern kommen wir an der örtlichen Wasserquelle nebst Wasserspeicher an. Sponheim ist reich an Wasser, sodass die hier sichtbare Wasserversor-

Historienrunde

Klosterkirche Sponheim

gung bereits vor 1900 errichtet wurde; sogar das einige Kilometer entfernt liegende Bad Kreuznach nutzt Quellen auf dem Gemeindegebiet. Wir biegen nach links ab und folgen der **Beschilderung „Sponheimer Entdeckerrunde“.** Nach 200 Metern biegen wir links auf einen Wirtschaftsweg ein. Je nach Jahreszeit sieht die Kulturlandschaft anders aus, links sind Wiesen, es plätschert ein Bach, der zur **Klostermühle** ❶ fließt – unserem nächsten Ziel, das wir nach etwa 1 Kilometer erreichen.

Dort queren wir die Straße – die uns rechts nach gut 500 Metern übrigens zur gemütlichen **Kaffee-Mühle** ❷ führen würde – und folgen der Markierung den Hügel aufwärts durch ein kleines Wäldchen. Dies ist die einzige bemerkenswerte Steigung unserer Tour, die nun beginnt – insgesamt überwinden wir nur etwas über 150 Höhenmeter. Auf unserem Weg den Kelterberg hoch erreichen wir in einigen Minuten Weinberge der Lage Forst. Von dort eröffnet sich der Blick nach Süden auf den erhaltenen Burgfried von **Burg Sponheim** ❸.

In der **Lage Forst** gehen wir an der Gabelung den rechten Weg und kommen am wahrscheinlich inzwi-

*Mitte des 19. Jahrhunderts wurde das **Sponheimer Rathaus** im neugotischen Stil errichtet. Integriert ist ein dreigeschossiger, von Zinnen gekrönter Turm.*

*Im 12. Jahrhundert war **Burg Sponheim** ein wichtiges Machtzentrum an der Nahe. Die Burg war quasi das Internat, in dem Hildegard von Bingen von Jutta von Sponheim erzogen wurde. Im frühen 14. Jahrhundert war es Loretta von Sponheims Stammburg, der wir auch in Frauenberg und Wolfstein begegnen.*

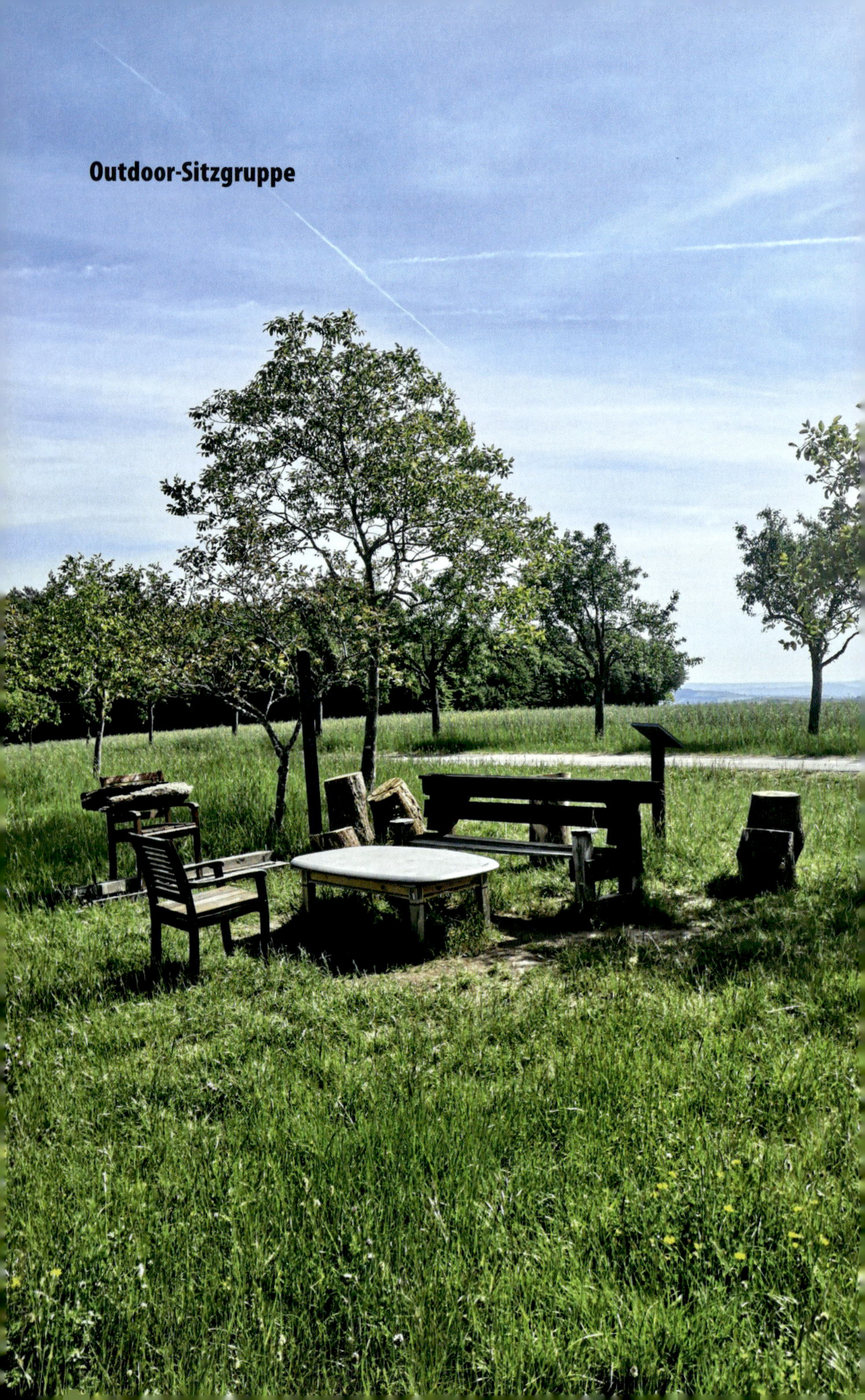

Outdoor-Sitzgruppe

schen fertig renovierten **Weinbergshäuschen der Familie Welker** vorbei – ein niedlicher Ort inmitten von Reben mit einem eindrucksvollen Blick über das Naheland. Für eine Pause ist es im Grunde zu früh, aber innezuhalten und die Aussicht zu genießen, das liegt ausgesprochen nahe. Rechts unterhalb davon befindet

Für die Seele

Schon Hildegard von Bingen bewegte sich auf den flachen Wegen rund um Sponheim. Später lebte hier Loretta von Sponheim, der wir naheaufwärts wieder begegnen werden.

sich die bis 1985 betriebene **Brauchsmühle am Ellerbach.** Dort gibt es von Mai bis Juli am Wochenende von 14 bis 18 Uhr Kaffee und Kuchen – verlockend.

Auf unserem Weg biegen wir jetzt nach links ab – es geht bergauf, und nach nur 100 Metern biegen wir wieder nach rechts ab. Gleich sehen wir ein Kleinod der Baukunst aus den 1970er-Jahren – eine Waschbeton-Bushaltestelle, die hier freilich die Funktion eines Weinbergshäuschens übernimmt. Wir nehmen diese Bausünde am Wegesrand gelassen und biegen nach links ab, weiter den Hügel hoch. Irgendwie sieht es schon eigenartig aus, was wir dann erblicken – **Stühle und ein Tisch inmitten der Landschaft ❹.** Es sind keine der sonst üblichen Outdoor-Möbel, nein, dies sieht mehr aus, als hätte sich hinter dem Hügel ein Gasthaus verborgen und uns ein gemütliches Plätzchen mit einem wunderbaren Ausblick auf den südlich gelegenen Lemberg bereitet.

Wir sind nach einem Drittel der Strecke an der Besonderheit dieser Tour angekommen. Links und rechts des Weges gibt es liebevoll zusammengestellte Sitz-Kompositionen, auf denen man sich nur zu gerne niederlässt, um eine Auszeit zu nehmen. Picknickutensilien sind unersetzlich auf dieser Runde! Gleich, ob wir hier oder einen halben Kilometer weiter Platz nehmen – in den Abendstunden in Zeiten der untergehenden Sonne umgibt uns ein Hauch von Romantik. Denn dort haben wir, weiter der Markierung folgend, die beste Aussicht auf Sponheim mit seiner Klosterkirche.

Nun gehen wir flach etwa 1,5 Kilometer durch Äcker und Wiesen. Dann erreichen wir den idyllischen **Haardtwald,** in den wir geradeaus hineinwandern, während der Wirtschaftsweg nach rechts abknickt. Dort werden wir auch darum gebeten, abends bei Dunkelheit auf den Wegen zu bleiben und möglichst ein Licht bei uns zu tragen. Hier wird gejagt, und der Gemeinde ist die Sicherheit der Wanderer wichtig.

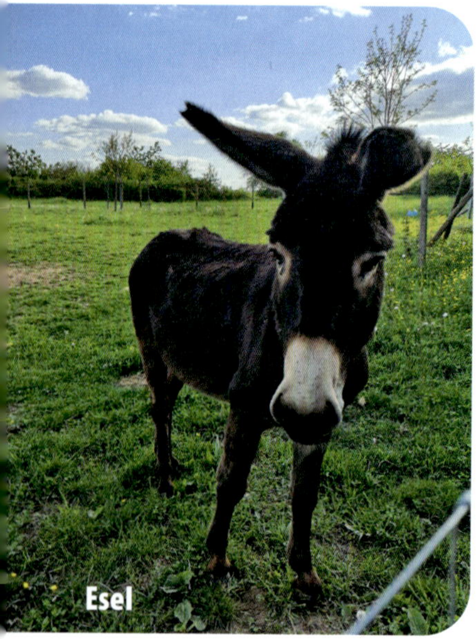
Esel

Nach 500 bis 600 Metern im Wald müssen wir nach links abknicken. Vor uns sehen wir derweil etwas wie eine **Blechskulptur** auf einer leichten Erhebung. Möglicherweise befand sich an dieser Stelle ein **Hünengrab.** Die Sponheimer Entdeckerrunde führt uns nach 150 Metern auf eine Forststraße, auf der wir rasch eine Straße erreichen, die es zu überqueren gilt. Es geht vorbei an Sportplätzen im Wald, und dann liegen vor uns Birkenstämmchen in einem Karree auf dem Boden. Es ist ein kleiner, mit viel Liebe zum Detail hergerichteter **Parcours,** mit dem wir uns gerne beschäftigen.

Nachdem wir den Wald wieder verlassen haben, sieht die Landschaft ganz anders aus. Sponheim scheint verschwunden, wir blicken auf Gras und Felder. An der folgenden Kreuzung werden wir darauf hingewiesen, dass wir bereits 6,6 unserer etwas über 9 Kilometer langen Tour zurückgelegt haben. Dort

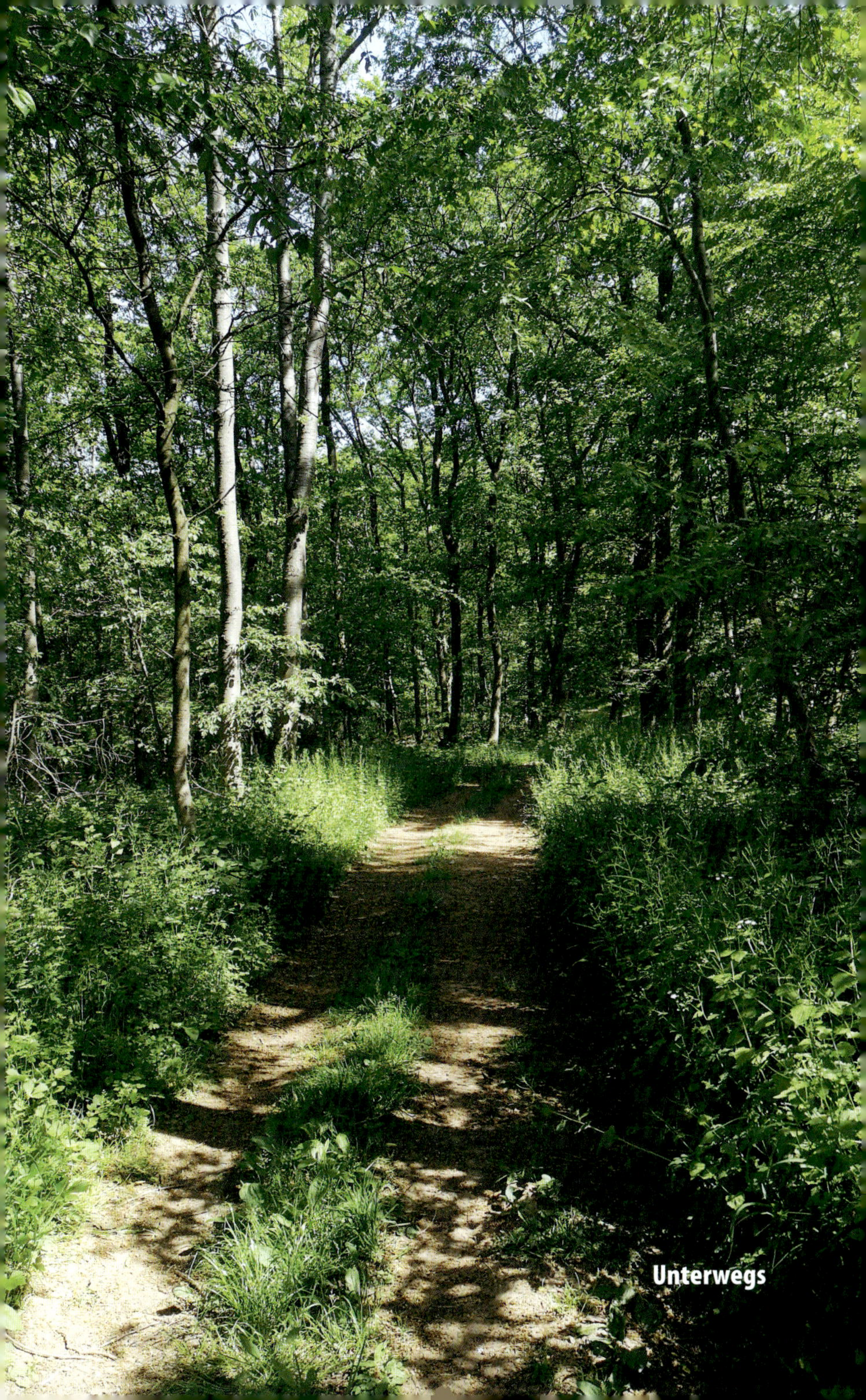

Unterwegs

Die Sponheimer Grafen stifteten 1124 das ***Benediktinerkloster Sponheim.*** *Gebaut wurde die Klosterkirche im hochromanischen Stil. Neben der Pfarrkirche St. Martin sind der Hildegard-von-Bingen-Garten sowie das Labyrinth eine Besichtigung wert.*

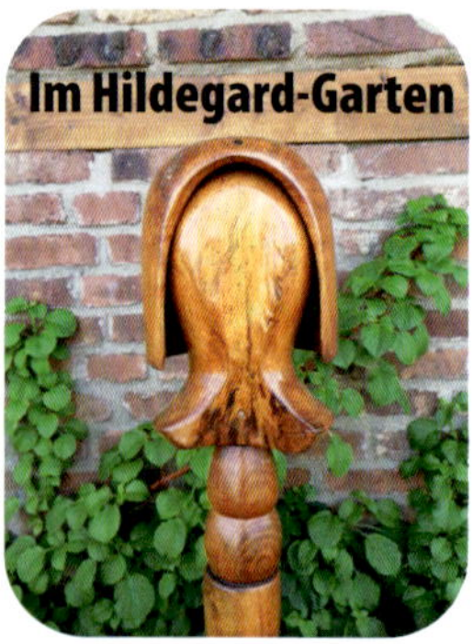

Im Hildegard-Garten

sollten wir links den Hügel hoch zur **Wolkenbank** ❺ steigen. Es ist wirklich unglaublich: Hier liegen in den Sommermonaten, in Containern verstaut, Polster für die Bänke. Dort sitzen wir nachmittags im Schatten und schauen entspannt nach Norden, wo der Hunsrück sanft zu sein scheint. Übrigens führt an dieser Stelle ein steiler Pfad direkt in den Ort hinunter; falls wir eine Abkürzung suchen, ist dies die Gelegenheit.

Abkürzen können wir auch, wenn wir von der **Wolkenbank** zurückkommend nach links abbiegen und nicht der Beschilderung folgen. So wären es 200 oder 300 Meter weniger als auf der Entdeckerrunde. Die Wege laufen ohnehin wieder zusammen. Wandern wir der Beschilderung nach, so müssen wir an der folgenden Kreuzung nach links abbiegen. Dann entdecken wir an einer weiteren Kreuzung die Beschilderung des **Hildegard-von-Bingen-Pilgerweges,** den wir anderenorts auf unseren Wanderungen an der Nahe auch begehen. So schlendern wir bei wenig Steigung auf den höchsten Punkt unserer Tour zu, den östlichen Judenkopf. Kurz davor erblicken wir rechts eine Pausenstation mit Bank. Überaus einladend wirkt der Ort durch die vielen sichtbaren Elemente. Auf jeden Fall sollten wir den **Sicherungskasten** öffnen – auch wenn dieser hier etwas deplatziert wirkt und nicht so recht in das Ensemble passen mag. Wir werden vergnügliche Minuten mit dem **Gipfel-, Runden-, Pilgerbuch** ❻ – oder wie auch immer es bezeichnet wird – verbringen. Das macht Freude!

Nun geht es bergab. Es sind noch weniger als 2 Kilometer zur Klosterkirche. In 20 Minuten sind wir dort – es sei denn, wir sind sonntags unterwegs, denn am Weg liegt **Tommis Hütte** ❼**,** wo es sonntags wechselnde Gerichte, Currywurst, Pommes und sonstige Snacks gibt. Es wirkt irgendwie sympathisch improvisiert, aus der Corona-Zeit geboren, mit Partyzelten und Anhängern. Es ist die letzte Gelegenheit zu einer Pause, bevor wir die Klosterkirche Sponheim erreichen. Ob-

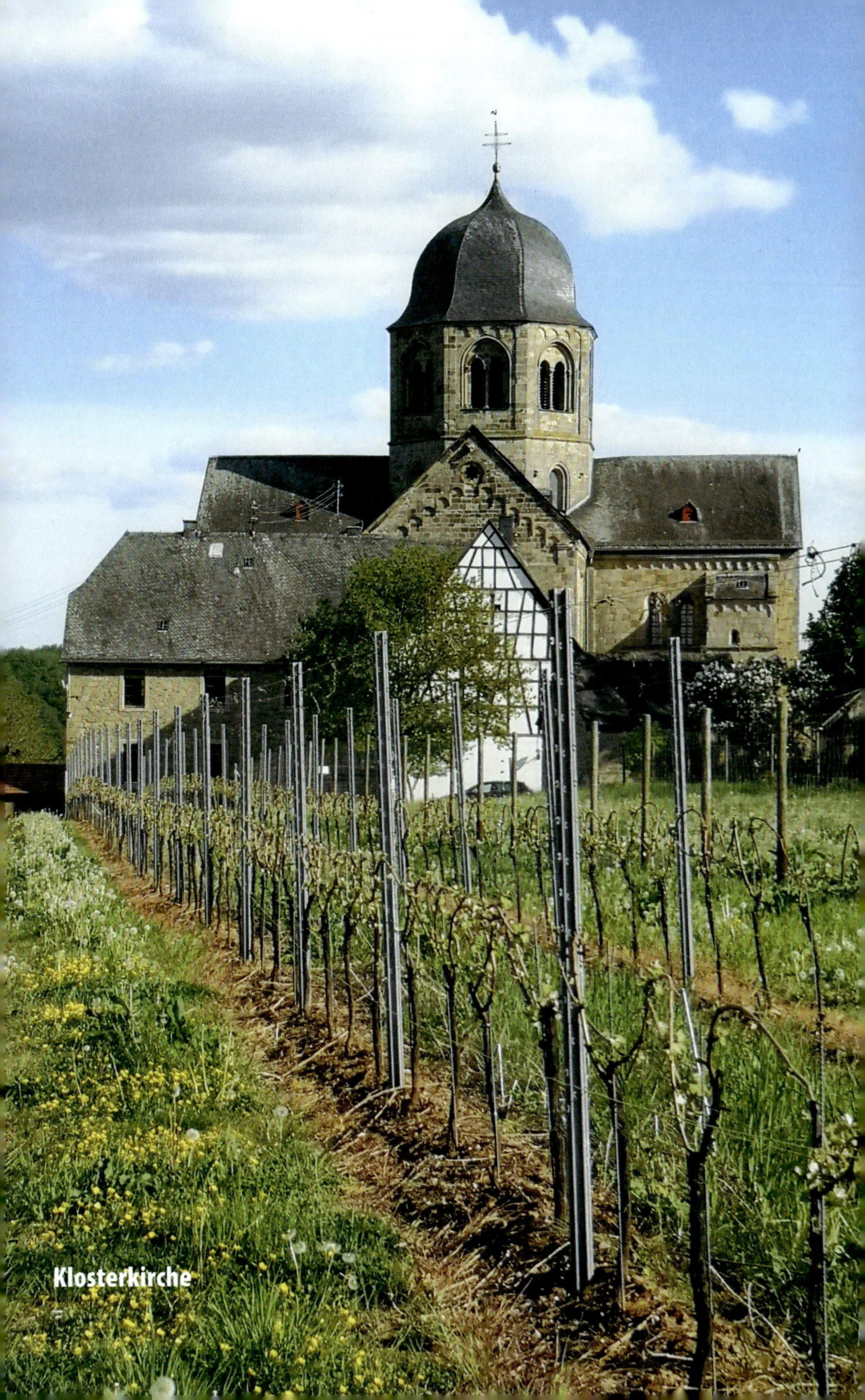

Klosterkirche

Panoramatour 6

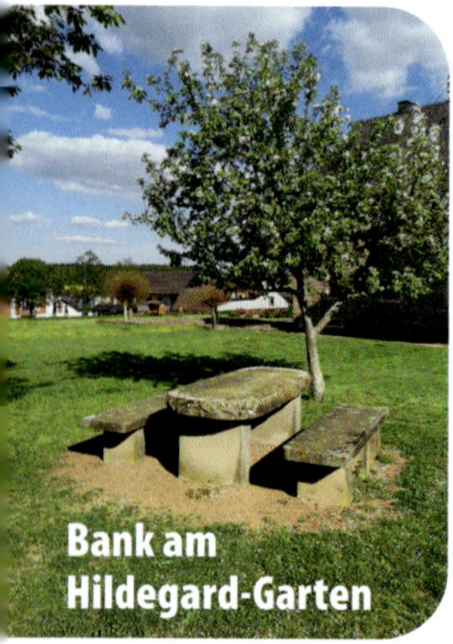

wohl – unweit der Kirche kommen wir noch an der **Straußwirtschaft Glock 8** vorbei, die am Wochenende geöffnet hat. Unterwegs blickten wir immer wieder auf den nahe gelegenen monumentalen Bau von St. Martin und Maria. Diesen wundervollen Ort erreichen wir jetzt. Die **Klosterkirche Sponheim und der Hildegard-Garten 9** bilden den Höhepunkt unserer Tour.

Für den Rückweg zu unserem Wagen oder zum Bus wählen wir die Treppe, die von der Kirche steil bergab führt. Unten angekommen gehen wir nach links und gleich wieder nach rechts in die Klosterstraße. Dieser folgen wir bis zum Rathaus und unserem Ausgangspunkt.

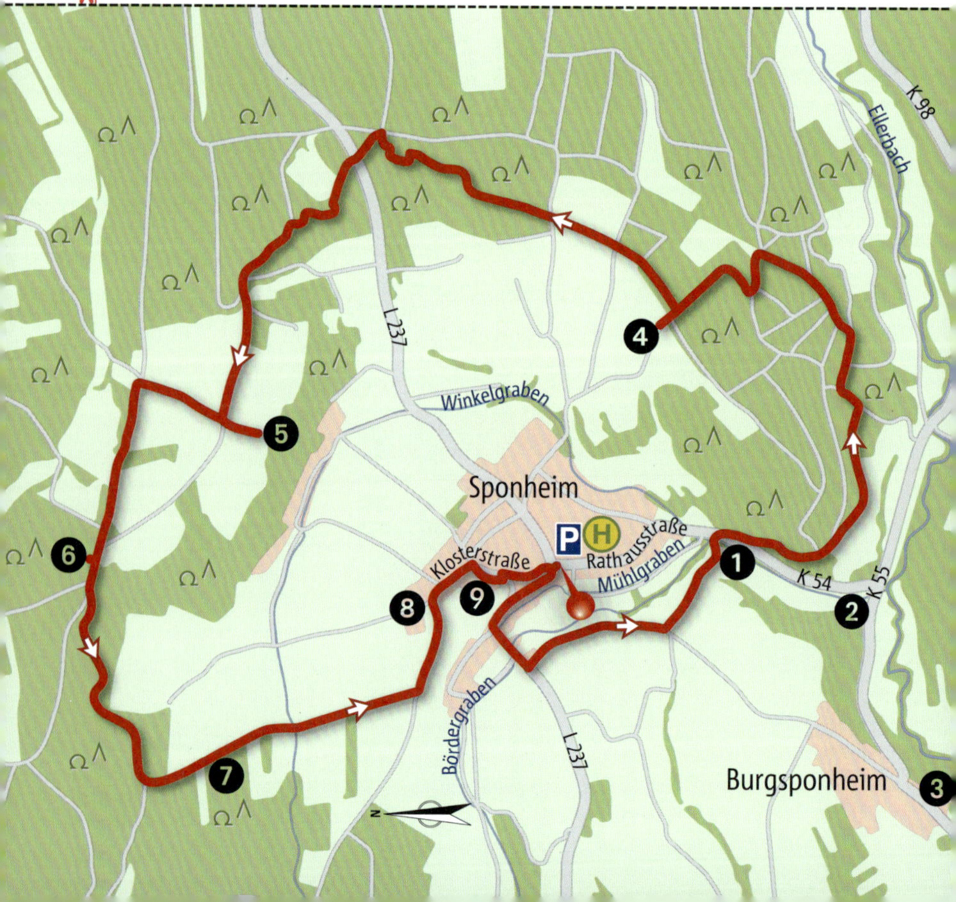

Alles auf einen Blick

WIE & WANN:
Weitgehend ungeteerte Wirtschaftswege, manchmal Pfade, in und um Sponheim herum sind die Wege freilich geteert. Bei sonnigem Wetter ist die Wanderung jederzeit zu empfehlen. In den Sommermonaten ist der Weg in den Abendstunden reizvoll und durchaus nicht frei von Romantik. Die vielen mit Tischen versehenen Rastplätze rufen förmlich nach einem Picknick.

Entspannung ✱✱✱✱✱
Genuss ✱✱✱✱ (✱)
Romantik ✱✱✱✱ (✱)

HIN & WEG:
Auto: Parkplatz beim Rathaus, Klosterstraße 1, 55595 Sponheim (GPS: 49.843706, 7.726027), alternativ die Klosterstraße 300 Meter bergauf fahren, bis links der Wanderparkplatz kommt.
ÖPNV: Alle 2 Stunden fährt ein Bus des RNN ab Bad Kreuznach in etwa 30 Minuten nach Sponheim.

ESSEN & ENTSPANNEN:
Kaffee-Mühle (2) Braunsmühle 1, 55595 Sponheim (Mai bis Juli am Wochenende)
Tommis Hütte (7) etwa 1 Kilometer oberhalb des Ortes direkt am Wanderweg (nur sonntags)
Straußwirtschaft Glock (8) Hinter dem Kloster 1, 55595 Sponheim (am Wochenende)

ENTDECKEN & ERLEBEN:
Klostermühle (1)
Burg Sponheim (3)
Stühle und Tisch inmitten der Landschaft (4)
Wolkenbank (5)
Gipfel-, Runden- und Pilgerbuch (6)
Klosterkirche Sponheim mit Hildegard-Garten (9)

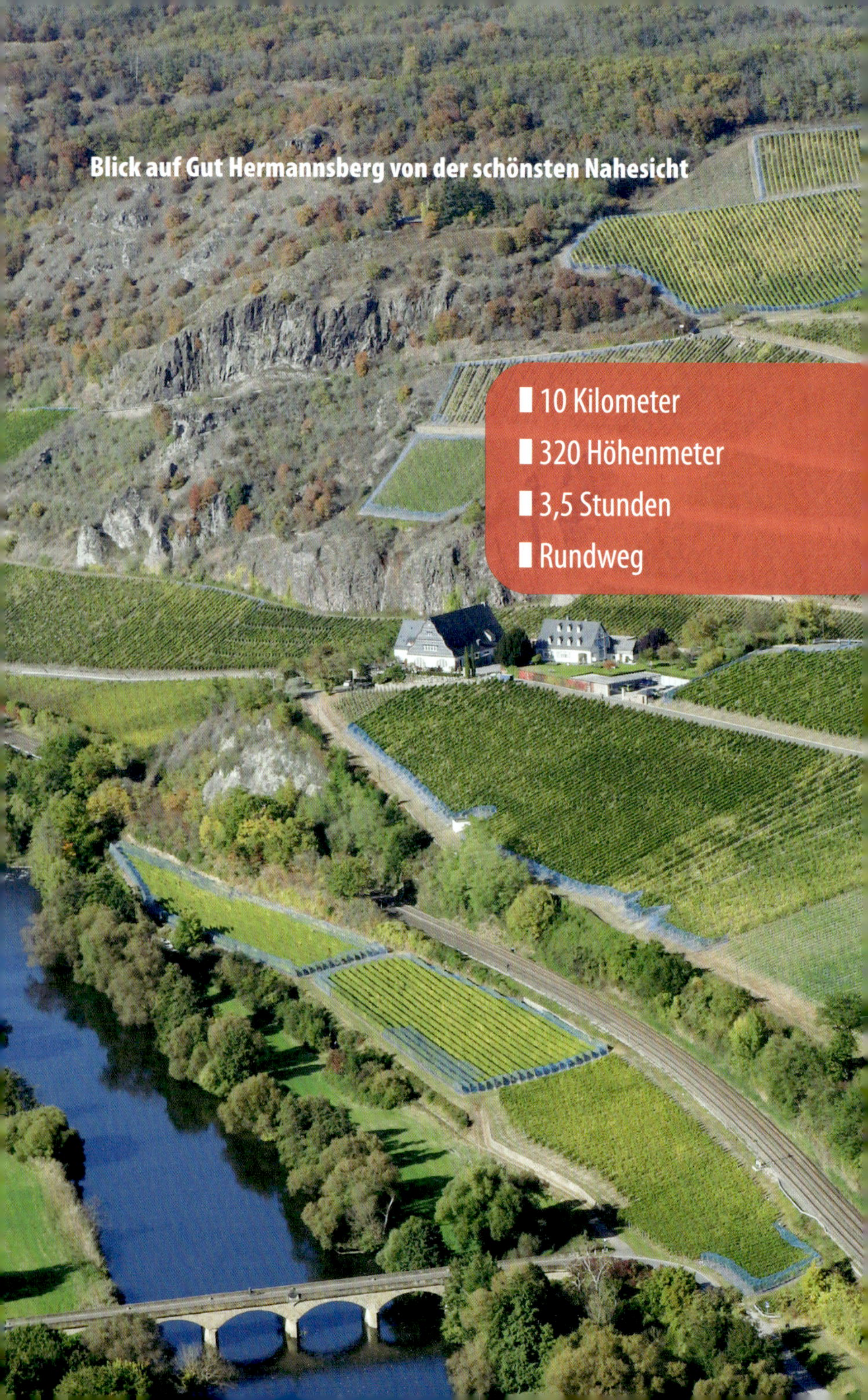
Blick auf Gut Hermannsberg von der schönsten Nahesicht
10 Kilometer
320 Höhenmeter
3,5 Stunden
Rundweg

In dem etwas mehr als 300 Einwohner zählenden Naheörtchen Oberhausen starten wir am Wanderportal. Übrigens sind wir hier nur rund 200 Meter vom **Weingut Dönnhoff** entfernt, das mit seinen Rieslingen aus großen Lagen so manchen Preis gewann. Hier finden wir eine Kartenübersicht und mitunter

Mystischer Wald

Naheblick vom Lemberg

auch Faltblätter zu den Touren am Lemberg und seiner Umgebung. Anfangs geht es 250 Meter die Kreisstraße Richtung Hallgarten entlang, bis links ein Haus steht. Dort findet sich ein Schild „Prinzregent Luitpold Schleife". Wir sind richtig und gehen hinter dem Haus vorbei einige Meter am Hagenbach entlang bis zur **Beenbambelbank.** Geschnitzt aus Naturholz, sieht sie mit ihren gemalten Verzierungen niedlich aus. Aber wir können uns nicht schon hier für eine Pause niederlassen – auf dem Rückweg geht es hier wieder vorbei. Der Ort eignet sich aber wunderbar, um sich ein wenig zu erfrischen.

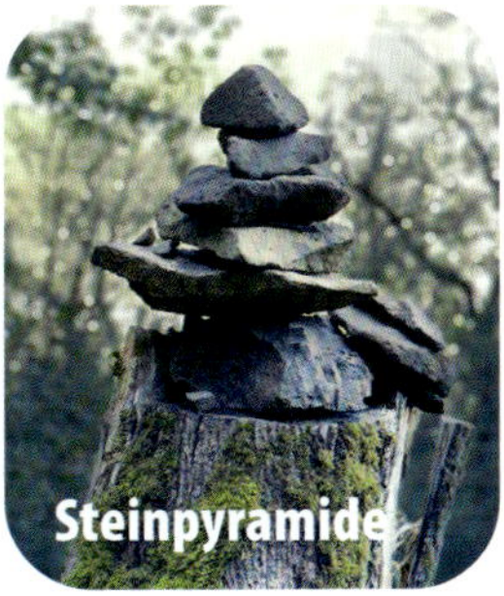
Steinpyramide

Nun steigen wir etwas mehr als 1 Kilometer in fünf Serpentinen bergauf und folgen der Beschilderung „Lemberghütte". Bei der Anlage des Weges hat sich die Gemeinde Oberhausen sehr viel Mühe gegeben, wir staunen. Baumstümpfe wurden in Schnitzereien verwandelt – wenigstens ein Smiley findet sich auf den Schnittkanten von liegenden Bäumen. So fällt es leicht, den Weg hochzugehen – es gibt immer wieder etwas Interessantes anzusehen, das wir hier im Wand kaum vermutet hätten, ob es eine Steinpyramide, etwas Ge-

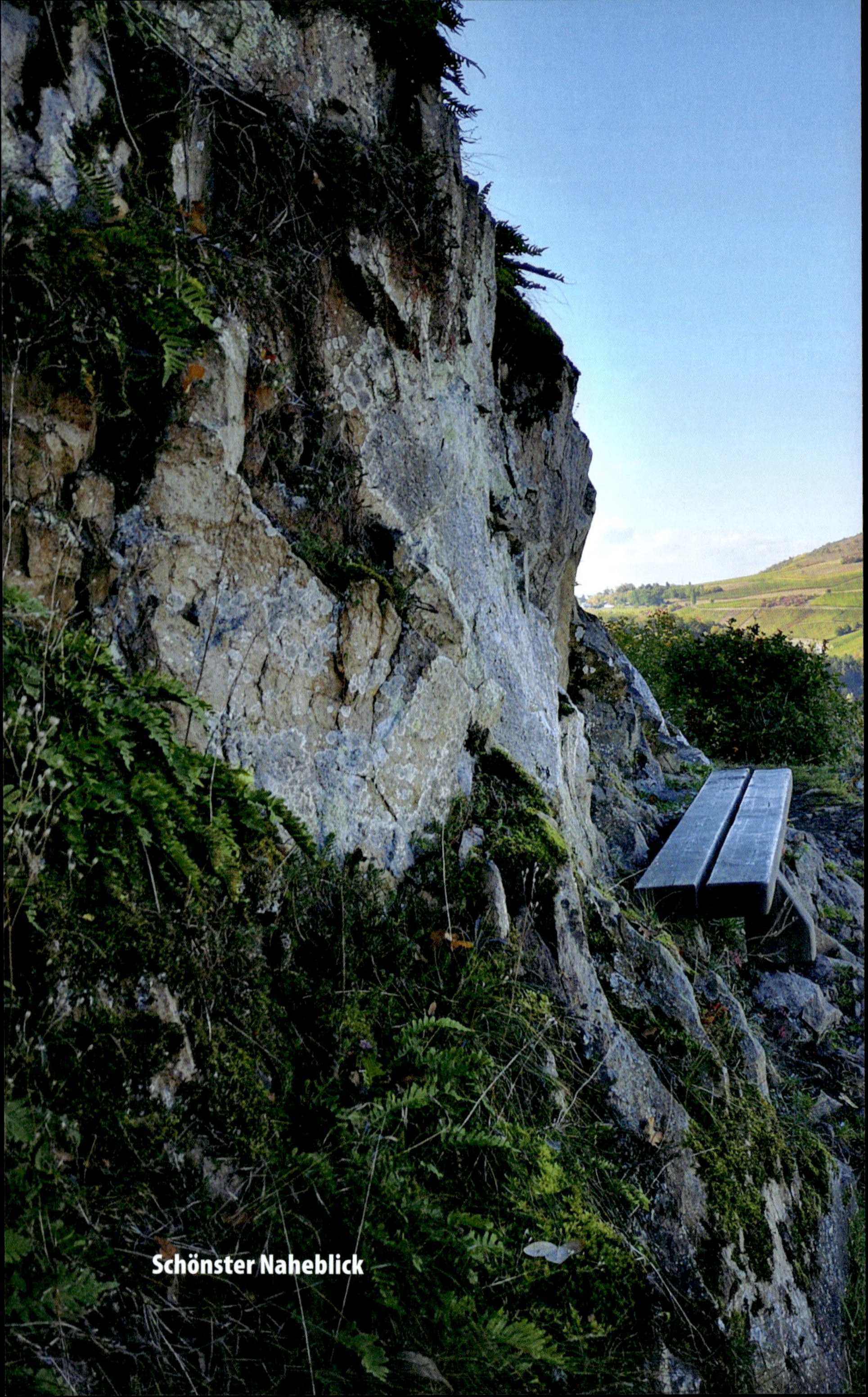

Schönster Naheblick

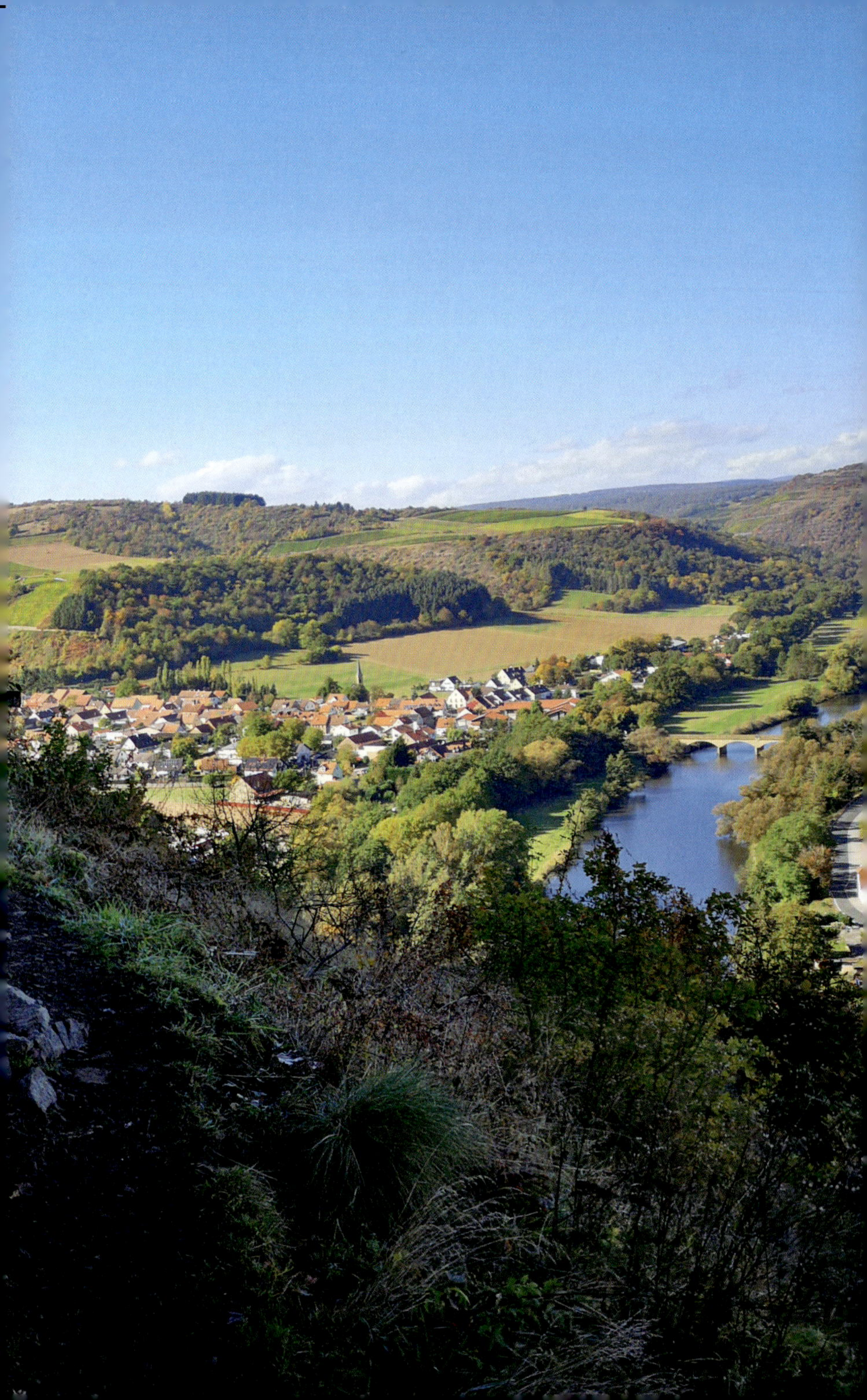

maltes oder ein eigenartig mit einem Baum verwachsenes Schild ist.

Durch das **Oberhausener Tor** gelangen wir auf die **„Vitaltour Geheimnisvoller Lemberg“.** Wir entscheiden uns dafür, im Uhrzeigersinn zu gehen. So erreichen wir auf einem immer schmaler werdenden Pfad nach etwa 1 Kilometer den **„Schönsten Naheblick“ ❶,** und das ist wahrlich keine Übertreibung. An einem Felsen wurde eine kleine Bank angebracht, von der man einen herrlichen Blick naheauf- und -abwärts hat. Gegenüber, auf der anderen Naheseite, liegen die imposanten Gebäude des **Guts Hermannsberg.** Übrigens war die Nahe hier bis 1945 Grenzfluss zwischen Bayern und Preußen. Wozu also Hektik? Dieser Punkt ist ideal für ein kleines Picknick – Schwindelfreiheit vorausgesetzt, denn vor uns geht es steil bergab.

Ist diese Bank besetzt – kein Problem, bald kommt die nächste, mit vielleicht einer nicht ganz so brillan-

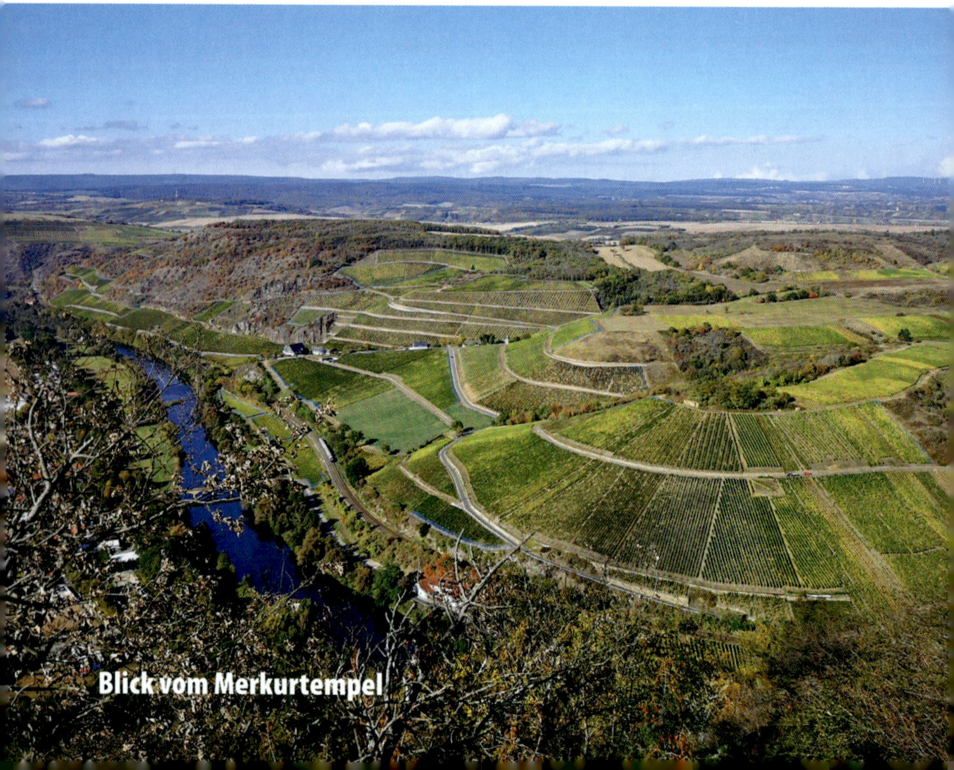

Blick vom Merkurtempel

ten Aussicht, dafür hat man mehr Platz als bei der an den Felsen geschraubten Holzkonstruktion der schönsten Nahesicht. Also schlendern wir weiter und lassen die Seele baumeln. Nach etwa 500 Metern wird der Pfad zu einem Waldweg. An einer Gabelung halten wir uns links und gehen eben 300 Meter weiter, bis wir

Für die Seele

Wir streifen durch den Wald, entdecken liebevoll gestaltete Rastplätze und erleben atemberaubende Aussichten.

links **Bergwerksloren** sehen. Nun können wir – wenn uns danach ist – den **Schmittenstollen** ❷ besichtigen, das berühmte stillgelegte Quecksilberbergwerk. Dort gibt es auch einen Kiosk.

Vom Schmittenstollen geht es bergauf. Wir kommen am **„Verkehrten Wald"** ❸ vorbei – einem Kunstwerk von Kai und Kevin Wenz. Hier ragen Baumwurzeln aus dem Boden, irritierend, eigentümlich, spannend schön. Es sind einfach viele Orte auf dieser **Wanderung,** die uns verweilen und entspannen lassen.

Unser nächstes Ziel ist die 1,5 Kilometer entfernt gelegene Lemberghütte, deren Beschilderung wir jetzt folgen. Es gilt zunächst, etwa 100 Höhenmeter zu überwinden. Dann erblicken wir immer wieder Waldgeister, die gerne auf Entdeckungstouren gesucht werden. Das Gelände ist nun flach, und wir erreichen bald den **Aussichtspunkt Merkurtempel** ❹**.** Der Blick von einem kleinen Felsen ist atemberaubend und beeindruckt möglicherweise noch mehr als vom tiefer gelegenen besten Naheblick. Haben wir Proviant dabei, ist hier sicher eine Pause angesagt – es ist der perfekte Ort zum Innehalten. Nur 100 Meter weiter liegt die auch bei Einheimischen beliebte **Lemberghütte** ❺**,** geöffnet

Möglicherweise haben im ***Schmittenstollen*** *bereits die Römer Bergbau betrieben. Im Mittelalter wurde hier Zinnobererz abgebaut, aus dem Quecksilber gewonnen wird. Nun ist der Stollen ein Besucherbergwerk, das eine Zeitreise durch ein halbes Jahrtausend Quecksilberabbau veranschaulicht.*

von Mittwoch bis Sonntag. Es gibt das in der Gegend übliche Essen und Trinken in guter Qualität zu angenehmen Preisen.

Wir gehen nun links um das Haus und folgen der Beschilderung Vitaltour. Dabei lassen wir den höchsten Punkt unserer Wanderung hinter uns und schlendern 1 Kilometer weiter bis zum **Montfortblick 6.** Es ist schon erstaunlich, wie schnell sich der Eindruck einer Landschaft wandeln kann. Vom Blick ins Rebenmeer des Nahetals zum gänzlich anderen Blick auf die sanfte Hügellandschaft des Nordpfälzer Berglands benötigen wir nur wenige Minuten. Am Montfortblick schauen wir nach Süden und entdecken eine Hügelkette, viele Windräder, auf dem höchsten der Hügel einen Sendemast. Das ist der Donnersberg, den wir bei einer anderen Gelegenheit umrunden können. Viel näher liegt die Ruine von Burg Montfort, auf die dann unser Blick fällt. Es ist einfach unglaublich, wie viele unterschiedliche Eindrücke uns nach weniger als 5 Kilometern Weg ereilen!

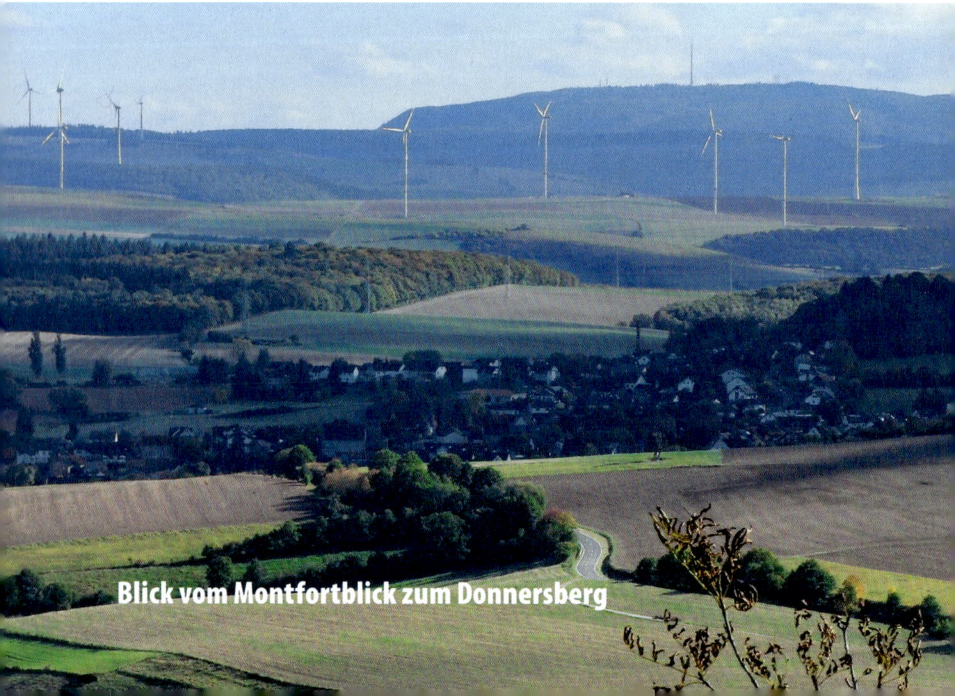

Blick vom Montfortblick zum Donnersberg

Doch damit noch nicht genug. Nur 200 Meter nach dem Montfortblick zweigt links ein Pfad ab, dem wir neugierig folgen sollten. Es geht zum **Silbersee 7**, einem durch den Bergbau am Lemberg entstandenen Teich. Hier haben wir Ruhe und können die Stille der Natur in vollen Zügen genießen.

*Der von Felsen gesäumte **Silbersee** in der Gipfelregion des Lembergs ist durch den Bergbau entstanden. Durch das fast völlig umgebende Rund des Gesteins entsteht eine Kessellage, die einen geradezu gegensätzlichen Eindruck zur übrigen Wanderung ergibt. Staunenswert!*

Nun geht es zurück auf die Runde der „Vitaltour Geheimnisvoller Lemberg", deren offiziellen Startpunkt wir nach 100 Metern erreichen, den Wanderparkplatz Silbersee. Diesen überqueren wir. Halb rechts geht es wieder auf einen weichen Waldweg mit der Markierung „Vitaltour Geheimnisvoller Lemberg". Entspannt wandern wir nun 1 Kilometer leicht bergab, bis die Bewaldung lichter wird. Auf dem Weg der Sinne erreichen wir das Gebiet des **Steinbruchs alter Beutelfels.** Mitunter ist der Bewuchs hier sogar heideartig. Die Südseite des Lembergs hält also noch eine weitere Überraschung für uns bereit. Dieser natürliche Unterschied zwischen den Nord- und Südhängen der Nordpfälzer Berge begegnet uns immer wieder auf den Touren durch die Region und schafft eine attraktive Variation.

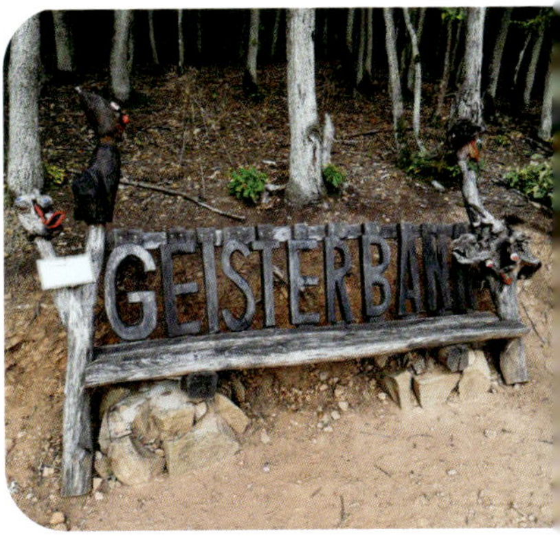

Durch die offene Landschaft können wir unseren Blick während des Gehens locker über Hügel nördlich der Nahe schweifen lassen, den nahen Hunsrück. Immer wieder wandern wir an Kunstwerken vorbei, mal aus Holz geschnitzt, mal auch aus Metall oder Stein. Die besonders gestalteten Bänke wie die **Geisterbank 8** laden zum besinnlichen Verweilen ein. Es ist ein Runterkommen am Berg.

Schließlich erreichen wir den **Rapunzelturm 9**. Mit der Märchengestalt hat der Turm freilich nichts zu tun. Der nahezu quadratische ehemalige Förderturm aus der Bergbauzeit des Lembergs wurde jüngst zu einem Aussichtpunkt umgebaut, an dem wir uns erfreuen dürfen.

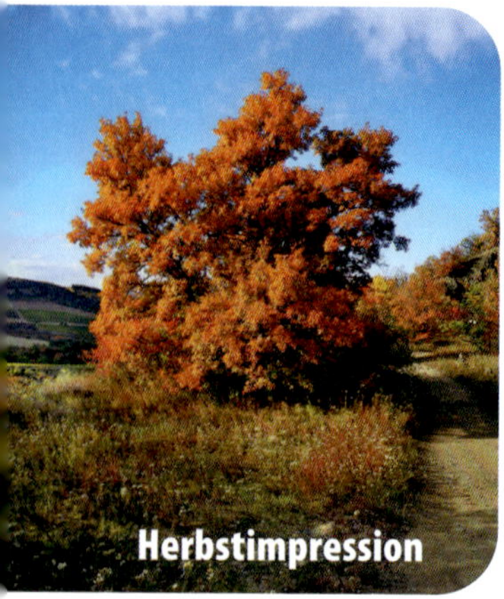
Herbstimpression

Nun sind es nur noch 300 Meter, bis wir auf den Serpentinenweg zum Abstieg nach Oberhausen treffen. Nach vier Serpentinen erreichen wir das Oberhausener Tor, durch das wir beim Aufstieg gekommen sind, und folgen dem Weg ins Tal. Schnell vergeht die Zeit, und wir kommen entspannt in Oberhausen an. Am Wochenende hat das **Weingut Christmann-Faller 10** den Gutshof offen – wenn es gehobene Küche sein soll, empfiehlt sich das **Restaurant Hermannshöhle 11** auf der anderen Naheseite. Über die Luitpoldbrücke ist dies in wenigen Minuten zu Fuß mit Leichtigkeit erreichbar.

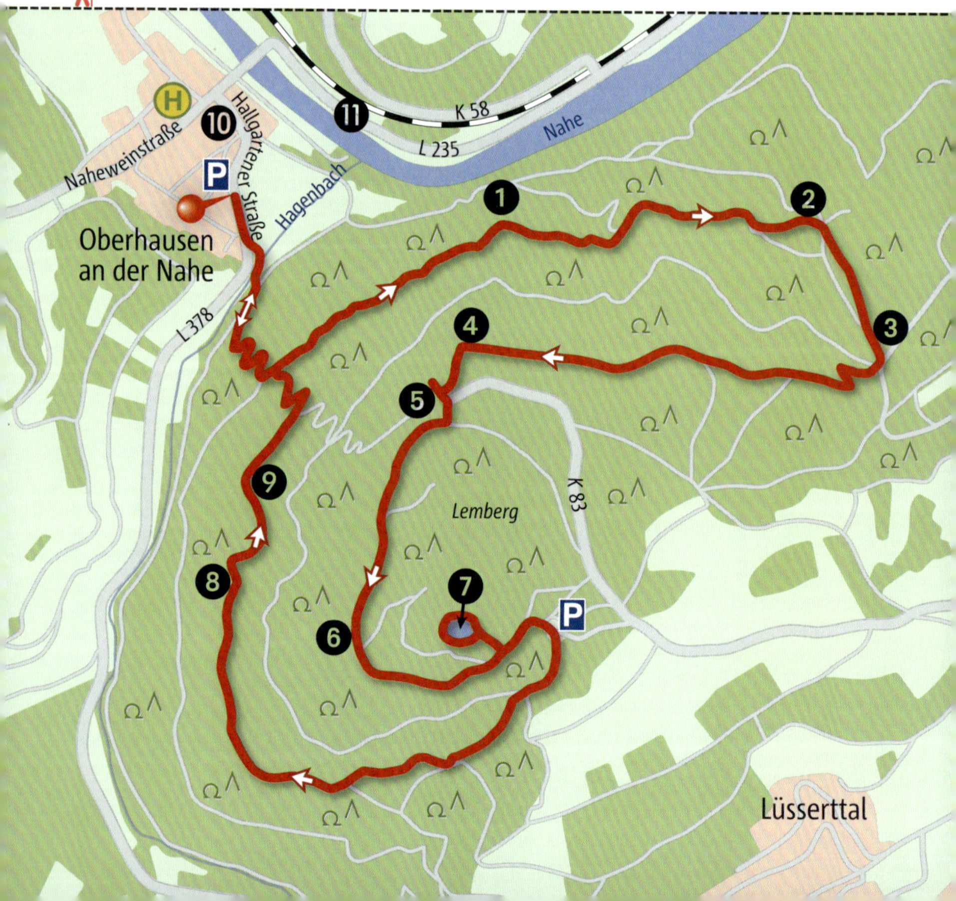

Alles auf einen Blick

WIE & WANN:
Wir wandern auf Wegen und Pfaden am Lemberg, größtenteils im Wald. Daher auch im Hochsommer möglich. Grundsätzlich haben hier alle Jahreszeiten ihren Reiz. Besonders hübsch ist die Tour bei buntem Herbstlaub.

Entspannung ★★★★★
Genuss ★★★★☆
Romantik ★★★★☆

HIN & WEG:
Auto: Wanderportal, Im Gundert, 55585 Oberhausen an der Nahe (GPS: 49.790791, 7.760283). Wer den Aufstieg vermeiden möchte, startet am Wanderparkplatz Silbersee, 67824 Feilbingert (GPS: 49.780033, 7.771011).
ÖPNV: Busverbindung aus Bad Kreuznach zum Gemeindehaus Oberhausen

ESSEN & ENTSPANNEN:
Lemberghütte ❺ Lemberghütte 0, 67824 Feilbingert, Tel. (0 67 08) 64 16 40, www.lemberghuette.de
Weingut Christmann-Faller ❿ Hallgartener Straße 2, 55585 Oberhausen an der Nahe, Tel. (0 67 55) 15 26, www.christmannfaller.de
Hermannshöhle Restaurant Weck ⓫ Hermannshöhle 1, 55585 Niederhausen, Tel. (0 67 58) 64 86, www.hermannshoehle-weck.de

ENTDECKEN & ERLEBEN:
Schönster Naheblick ❶
Schmittenstollen ❷ (April bis Oktober tägl. außer Mo.)
Verkehrter Wald ❸
Aussichtspunkt Merkurtempel ❹
Montfortblick ❻
Silbersee ❼
Geisterbank ❽
Rapunzelturm ❾

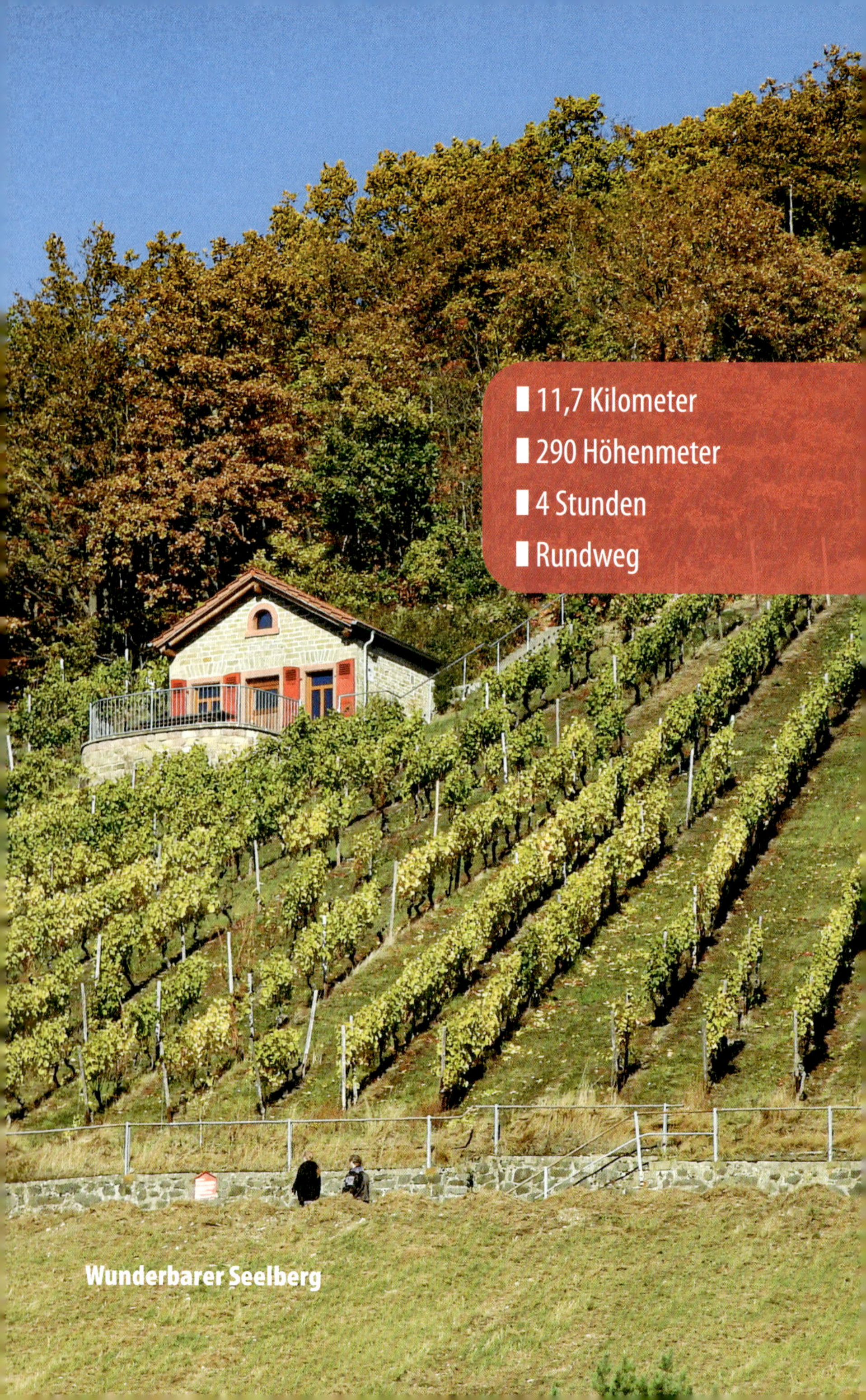

- 11,7 Kilometer
- 290 Höhenmeter
- 4 Stunden
- Rundweg

Wunderbarer Seelberg

Unsere Tour beginnt in Obermoschel in der Bahnhofstraße am Parkplatz neben dem ehemaligen Bahnhof. Wir gehen in Richtung der Kirchen los durch die Bahnhofstraße, biegen rechts in die Landsbergstraße und gleich wieder links in die Wilhelmstraße ab – wir beginnen also mit einer Besichtigung

Nordpfalz pur

Obermoschel, kleinste Stadt der Pfalz

der kleinen Stadt. Deren Fachwerkhäuser und historische Gebäude sind schön hergerichtet.

In der Wilhelmstraße kommen wir bei der **Metzgerei Gauch** ❶ vorbei. Fleischesser finden hier regionale Spezialitäten und haben eine gute Gelegenheit, Verpflegung für ihre Wanderung zu kaufen. Wenn wir die Straße weitergehen, gelangen wir zum Marktplatz. Dort befindet sich das 1510 erbaute **Rathaus** ❷. Vom Rathaus gehen wir einige Meter zurück und die Friedrichstraße hoch, dabei kommen wir am **Café Bistro Oma Hedwig** ❸ vorbei – eine Möglichkeit, nach unserer Rückkehr eine Kleinigkeit zu essen oder zu trinken. Drei Häuser weiter gehen wir den Matzenberg hoch bis zur Kirchenstraße. Der Plural ist richtig – wenn wir uns nach rechts wenden, blicken wir auf die beiden Gotteshäuser in der Straße und gehen etwas auf diese zu, um sie besser anschauen zu können. Etwas eigenartig ist es schon, das schlichtere der beiden Gebäude ist das der katholischen Gemeinde, während es die Protestanten hier etwas üppiger mögen.

Danach geht es zurück durch die Kirchenstraße, die in die Friedrichstraße mündet. Dort geht es weiter

__Obermoschel__ ist die kleinste Kommune mit Stadtrechten in der Pfalz. Mit ihren rund 1000 Einwohnern ist sie eine der 20 kleinsten deutschen Städte. Einige Gebäude weisen noch auf den mittlerweile vergangenen, durch Wein und Quecksilberbergbau entstandenen Wohlstand hin.

an der **Bäckerei Lahm** ❹ vorbei – noch eine gute Gelegenheit, um sich mit lokalem Backwerk zu versorgen und den Picknickkorb aufzufüllen. Am Ende der Friedrichstraße überqueren wir die B420 und gehen gegenüber in die recht steile Paulstraße – für Autos eine Sackgasse. Oben angekommen gehen wir nach links in die Veldenzstraße und biegen nach 200 Metern rechts in die Ludwig-Eid-Straße ab, in der wir sofort nach nur 50 Metern wieder rechts in An der Schleife abbiegen. Etwa nach 200 bis 300 Metern geht die Straße in einen Wirtschaftsweg über, hier verlassen wir den Ort. Wir blicken auf Obermoschel und den gegenüberliegenden Schlossberg mit der **Burg Landsberg,** der **Moschellandsburg** ❺ auf der Spitze. Vor uns liegt der von hier aus kegelförmig aussehende **Seelberg** mit seinen malerisch wirkenden Weingärten, die wir später durchstreifen werden.

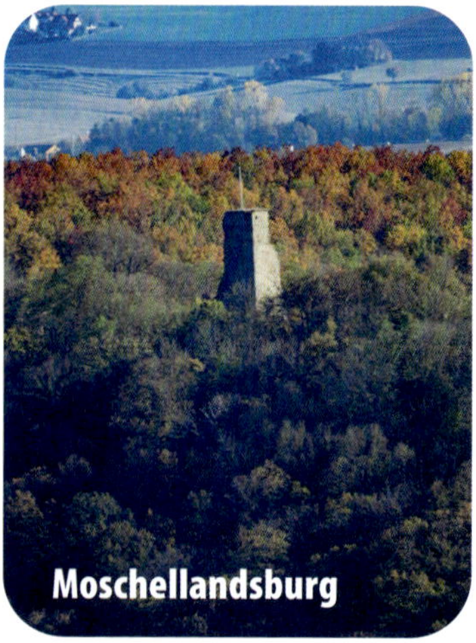

Unserem Weg folgen zunächst wir knapp 1 Kilometer, bis wir an eine Kreuzung kommen, an der wir nach links weiter bergauf abbiegen. Es ist **Feld-Wiesen-Landschaft,** über die wir gehen, deshalb ist es naheliegend, nach 100 Metern den geteerten Weg zu überqueren und den Wiesenweg weiter bergauf zu wandern. So blicken wir über ein typisches Panorama der Nordpfalz, sehen kleine Waldstücke, Weinberge, Windräder, Wiesen und Felder. Die Nordpfalz ist hier ein Gebiet der kleinen Einheiten. Nach knapp 500 Metern, das Gelände ist flacher geworden, macht der Wiesenweg an einem Strommast eine Biegung nach rechts, und wir wandern weiter, bis wir auf einen geteerten Wirtschaftsweg stoßen. Dort biegen wir links ab, halten uns an der sofort folgenden Gabelung wieder links und folgen dem Weg für etwa 1 Kilometer.

Nachdem wir an einem Waldstück vorbeigegangen sind, blicken wir auf den Bergrücken. Kurz bevor wir oben ankommen, deutet sich ein Weg nach rechts an, er ist jedoch leider recht zugewachsen und schwer begehbar, deshalb gehen wir die wenigen Meter zur Kreisstraße hoch und biegen dort nach rechts ab. Abgesehen davon, dass die Straße in dem vor uns liegenden Weiler Neudorferhof endet – es ist eine ehemalige Römerstraße, auf der wir uns bewegen. Die Wiese

Für die Seele

Hier stoßen die Nordpfalz mit ihrer typischen Landschaft und der Naheweinbau zusammen. So wechseln unsere Eindrücke häufig: Wein, Wind, Wald und Hügel mit bestem Südpanorama.

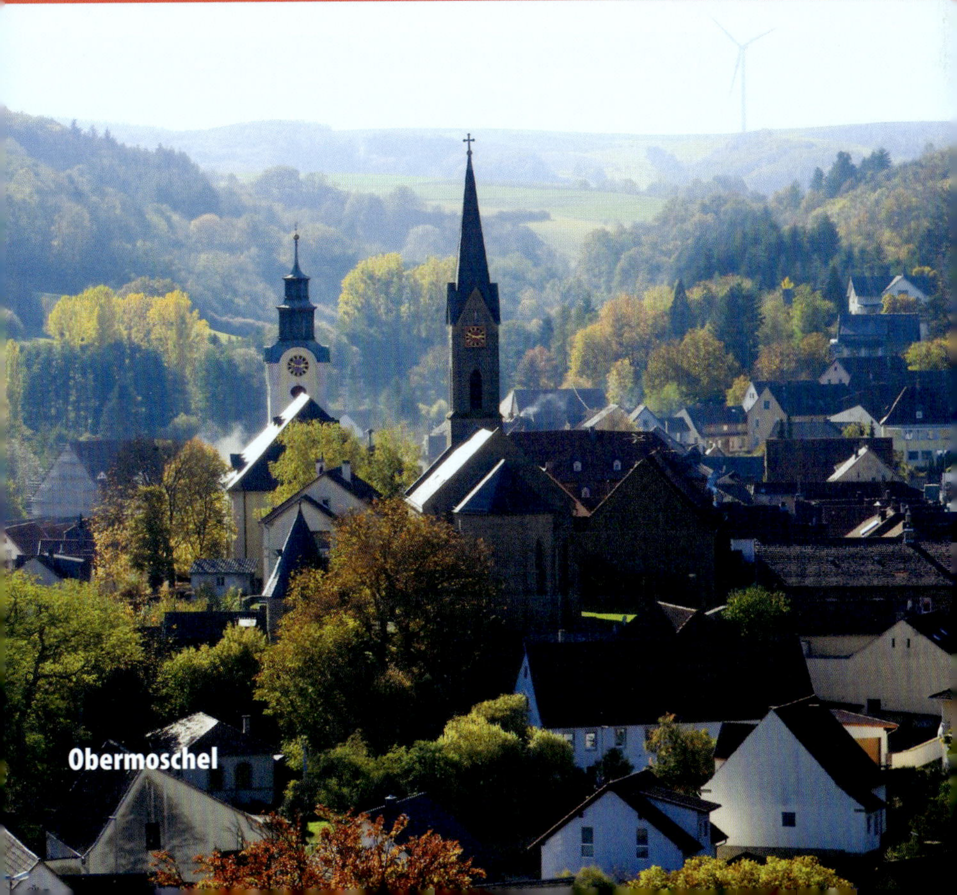

links der Straße bietet meistens grasenden Pferden Auslauf, und vor uns steht ein von Blitzschlägen gezeichneter Baum mit einer Bank davor: der **Donnersbergblick ❻.** Wenn wir von dort nach Süden blicken, sehen wir das lang gezogene Massiv mit Sendemast.

Den **Neudorferhof ❼** mit seiner kleinen **mennonitischen Kapelle** sollten wir uns ansehen. Der Weiler mit vielen Pferden und einem nahezu ausgetrockneten Weiher liegt ruhig auf einer Hochebene umsäumt von Wald. Hier kann keine Hektik aufkommen – es ist ein Sehnsuchtsörtchen, das Ruhe und Gelassenheit ausstrahlt.

Vom Neudorferhof gehen wir die Straße zurück und geradeaus in den Wald. Der Pfad ist leicht zu erkennen. Hier wird wohl auch des Öfteren geritten.

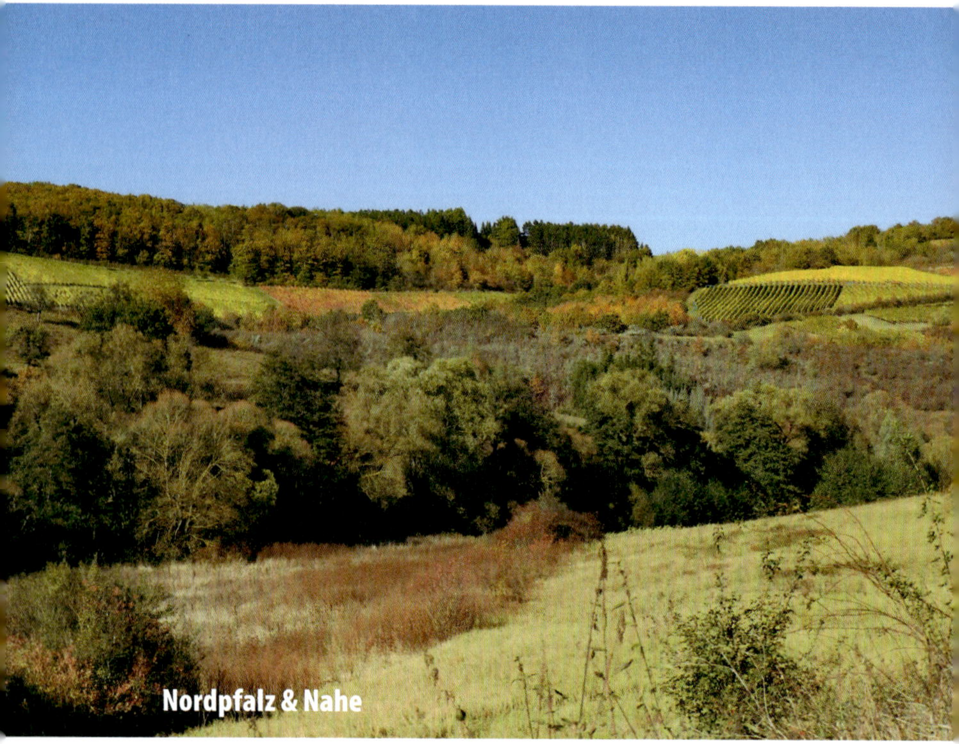

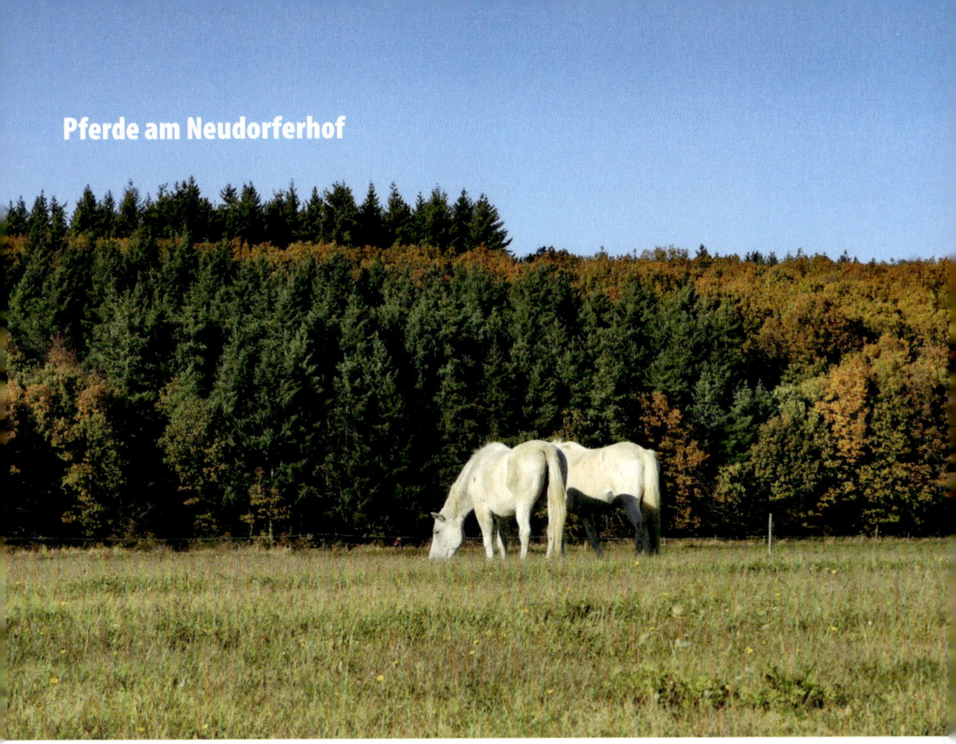

Pferde am Neudorferhof

Nach etwa 100 Metern biegen nach links ab – auch ein Pfad, der augenscheinlich ein kleines Abenteuer verspricht. Während der starken Vegetationsphasen sollen unsere Beine bedeckt sein, oder wir haben Stöcke dabei, ansonsten kann es zu Kratzern an den Beinen kommen – auch wenn dieses kurze Wegstück ausgesprochen viel Spaß verspricht und nach nur 200 oder 300 Metern zu einem Waldweg wird, dem wir bis zu einer T-Kreuzung folgen. Dort biegen wir nach rechts ab und stehen nach 50 Metern vor einem **Weinberg.** Vor der ersten Rebenreihe gehen wir 200 Meter steil bergab bis zu einer weiteren T-Kreuzung, an der wir uns nach links wenden und wieder in den Wald gehen.

An einer Gabelung nach 200 Metern halten wir uns rechts und gehen bergab durch den Wald. Nach weiteren 200 bis 300 Metern stoßen wir auf – Weinberge. Wie hier wird Wein ganz selten angebaut. Immer wieder ein Stückchen Wald und dann ein Wingert – all das mit einer sagenhaften Ruhe, Vogelzwitschern und meist bei leichtem Wind. Nur im Herbst zu Zeiten der Lese wird die Ruhe hin und wieder von Böllern zerrissen, mit denen die Winzer Stare vertreiben. Die Vögel lieben das süße Obst.

Für uns geht es nach links oberhalb des Weinbergs entlang mit einem schönen Blick nach Osten: Wiesen, Wald und Weinberge. Nach etwa 800 Metern geht es wieder in den Wald – nur kurz, für 200 Meter. Dann müssen wir aufpassen – wir gehen nach links und biegen dann nach wenigen Metern nach rechts bergab, sodass links und rechts von uns Weinberge sind. Dann geht es knapp 200 Meter bergab bis zu einer Kreuzung. Dort gehen wir nach links. Der Weg geradeaus ist nur schwer passierbar. Nach wenigen Metern kommen wir an einem Wäldchen vorbei, in dem ein stark **bewachsener VW-Bus** 8 steht – wohl bereits seit vielen Jahren.

*Die **Burg Löwenstein** oder Lewenstein wurde im 12. Jahrhundert zum Schutz der Salzstraße zwischen Bad Kreuznach und Kaiserslautern gebaut. Die hier ansässigen Adligen förderten auch das Kloster Disibodenberg.*

Es geht geradeaus, leicht abwärts durch die Weinberge. Wir kommen an einem ockerfarbenen, leicht zerfallenen Weinbergshäuschen vorbei – die Winzer verdienen hier offensichtlich weniger gut als in Ober- oder Niederhausen. Kurz danach biegen wir rechts ab und gehen bergab bis zur Landstraße. Diese überqueren wir und folgen dem Schild zur **Ruine Löwenstein** 9.

8 Kilometer unserer Wanderung liegen hier hinter uns. Es geht nun 400 Meter bergauf, dann erblicken wir links bebuschte Hänge mit zerfallenden kleinen Gebäuden – offensichtlich verlassene Weinberge. Zu Dornröschen fehlt hier nur noch ein hoher Turm. Es wird beschwerlich, dieses Gelände wieder für den Weinbau zu reaktivieren.

Von der Ruine Löwenstein stehen nur noch zwei Mauern. Viel Burg ist das nicht mehr. Dafür biegen wir nur 200 Meter unterhalb der Burg an einer roten Bank scharf nach rechts ab. Es geht etwas bergauf, und wir halten uns an der gleich folgenden Kreuzung links unterhalb eines Waldstücks. So geht es leicht bergauf durch wenige Meter Wald auf den **Panoramaweg** durch die Weingärten des Seelbergs. Was aus Obermoschel

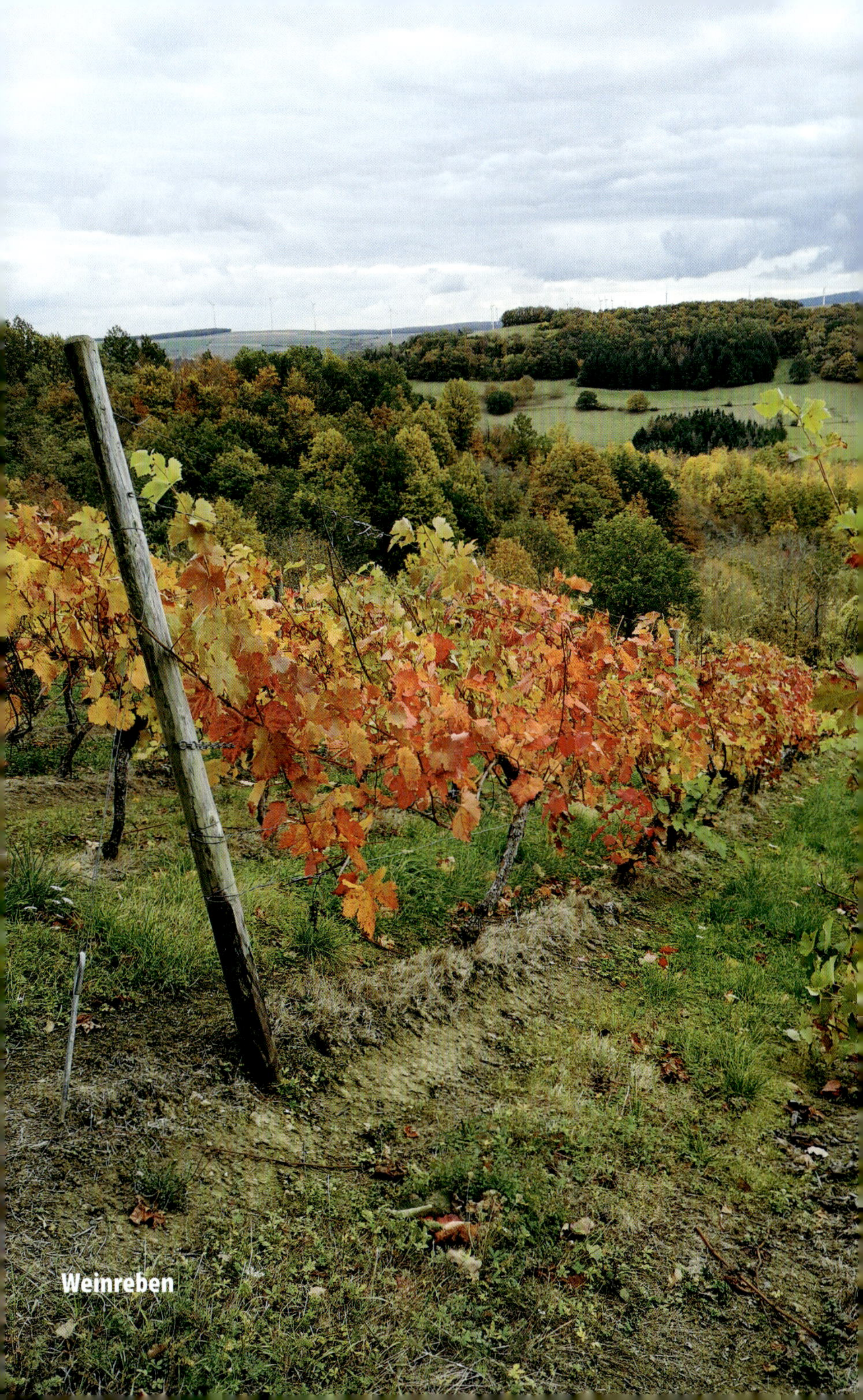

Weinreben

so wunderhübsch aussieht, ist idyllisch und verspricht ein wunderbares Panorama. So folgen wir dem Weg bis zu jenem Weinbergshäuschen, das so exponiert herrlich am Berg über dem Städtchen liegt.

Von dort schlendern wir einfach nur noch bergab in den Ort. Am **Picnic Bistro** ⑩ oberhalb der Durchgangsstraße gäbe es eine Kleinigkeit zu essen. Wir können hier auch gegenüber in die Wilhelmstraße gehen und dieser bis kurz vors Rathaus folgen, dort ist das erwähnte **Café Bistro Oma Hedwig.** Alternativ gehen wir nach links, wo wir nach 200 Metern die Bahnhofstraße erreichen, in der wir geparkt haben.

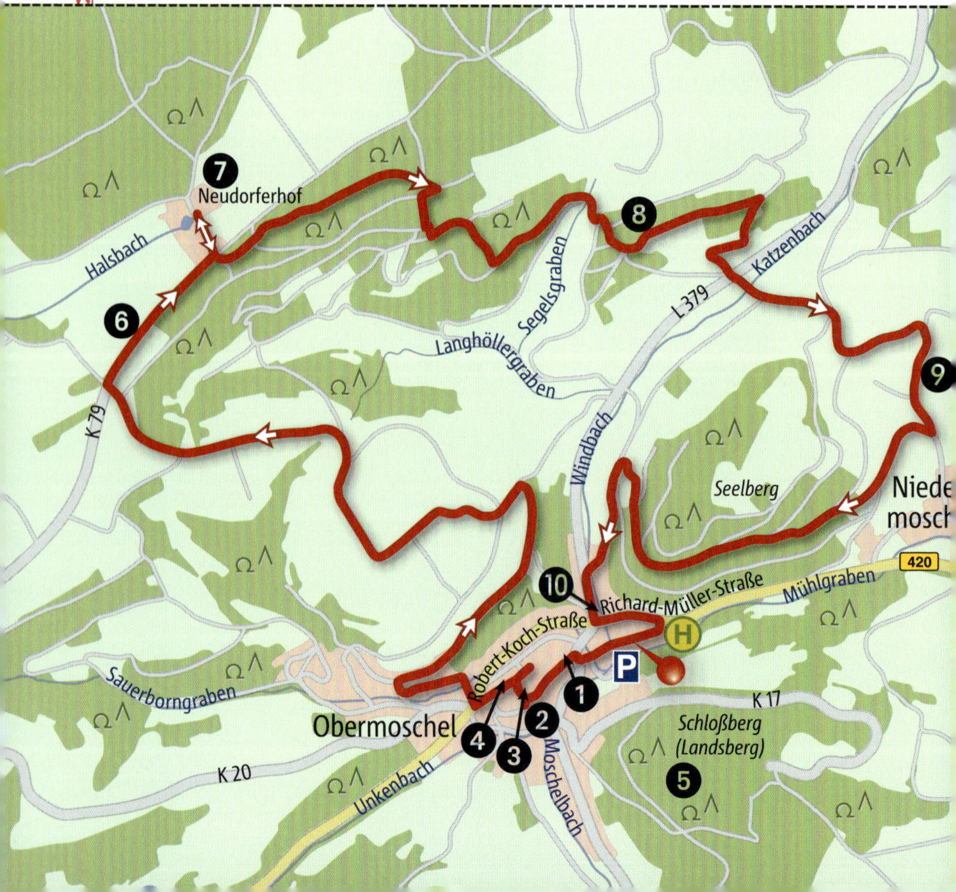

Alles auf einen Blick

WIE & WANN:
Hauptsächlich Teer- und Wirtschaftswege, mit einigen wenigen Passagen, die bei zurückliegendem Regenwetter einige Tage matschig bleiben. Diese Tour sollten wir nur bei sonnigem, nicht zu heißem Wetter zwischen April und Oktober gehen.

Entspannung ★★★☆☆
Genuss ★★★☆☆
Romantik ★★★☆☆

HIN & WEG:
Auto: Parkplatz Bahnhofstraße, 67823 Obermoschel (GPS: 49.728742, 7.777426)
ÖPNV: Obermoschel ist mit dem Ruftaxi 4922 aus Alsenz bzw. Rockenhausen angebunden.

ESSEN & ENTSPANNEN:
Metzgerei Gauch ❶ Wilhelmstraße 21, 67823 Obermoschel
Café Bistro Oma Hedwig ❸ Friedrichstraße 2, 67823 Obermoschel
Bäckerei Lahm ❹ Friedrichstraße 19, 67823 Obermoschel
Picnic Bistro ❿ Windenstraße 2, 67823 Obermoschel, Tel. (0 63 62) 99 35 50

ENTDECKEN & ERLEBEN:
Rathaus ❷
Burg Landsberg/Moschellandsburg ❺
Donnersbergblick ❻
Neudorferhof ❼
Bewachsener VW-Bus ❽
Ruine Löwenstein ❾

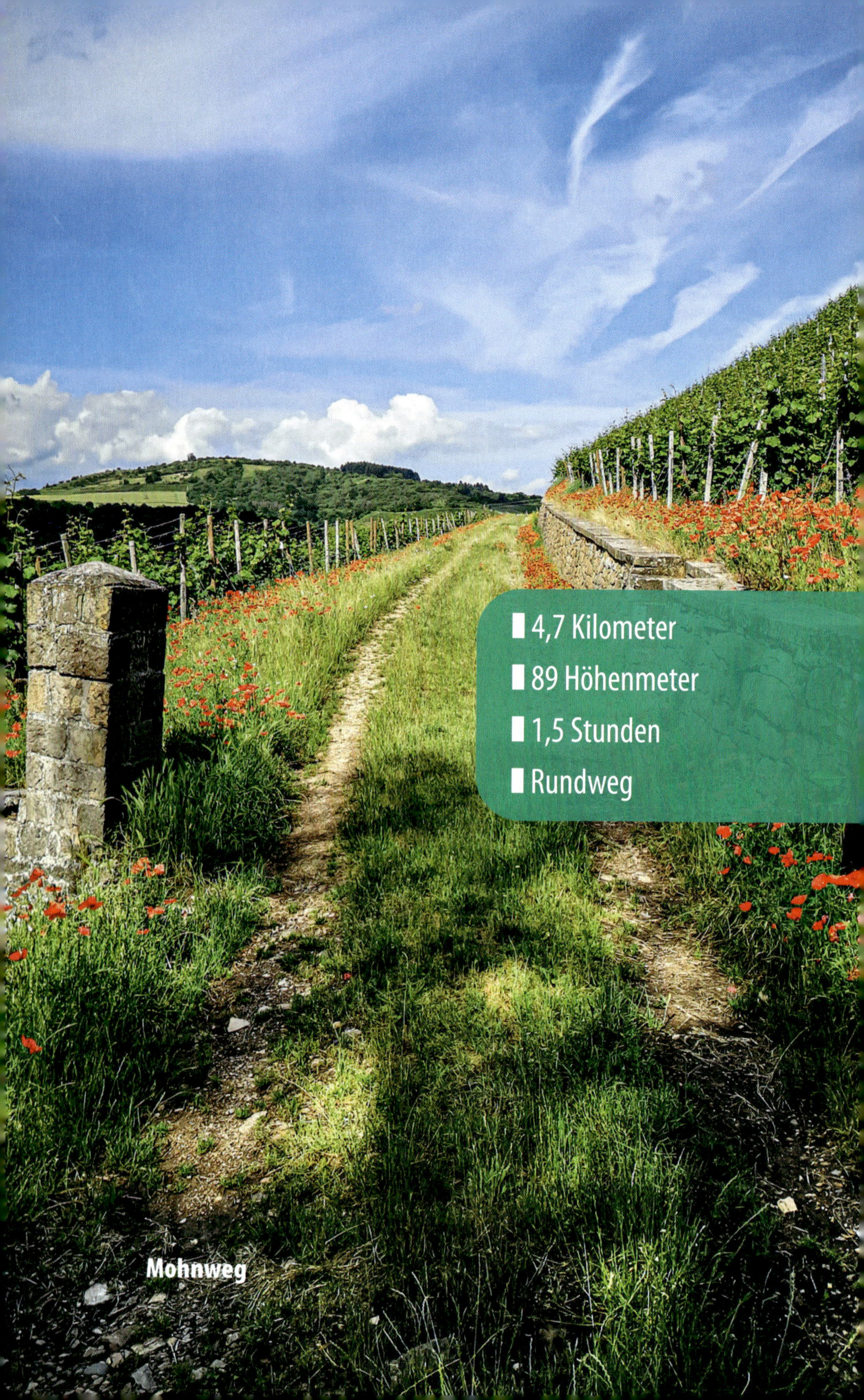

- 4,7 Kilometer
- 89 Höhenmeter
- 1,5 Stunden
- Rundweg

Mohnweg

Am kleinen öffentlichen Parkplatz in Niederhausen vor dem **Gasthaus Nahetal** ①, an dem wir unsere Wanderung beginnen (sollte dieser Parkplatz voll sein, gibt es wenige Meter flussabwärts einen Wanderparkplatz), finden wir Kartenmaterial und werden durch eine Tafel freundlich zum Start unserer kurzen, entspannten Runde begrüßt. Wir starten über die nahen Bahngleise und gehen in die Winzerstraße, wo wir nach nur wenigen Metern beim **Weingut Mathern** ② vorbeikommen. Links liegt jetzt die Kirchgasse. Hier verlassen wir den offiziellen Weinwanderweg und machen einen kurzen Abstecher zur örtlichen **Kirche.** Es ist einfach schön hier: die Kirche schmuck, die Gebäude niedlich.

Im Rebenmeer

Weinwanderweg in Niederhausen

Danach gehen wir entweder die wenigen Meter wieder zurück zur Winzerstraße oder wandern an der Kirche vorbei nach rechts und stehen direkt vor dem **Weingut Jakob Schneider** ③. Es ist seit 1575 in Familienbesitz und damit einer der ältesten Familienbetriebe in Deutschland. Eine Weinprobe wäre schon jetzt verlockend, aber wir lassen uns nicht hinreißen – schließlich beginnt unsere Wanderung gerade erst. Also spazieren wir – vielleicht mit ein wenig Vorfreude auf das Ende unserer

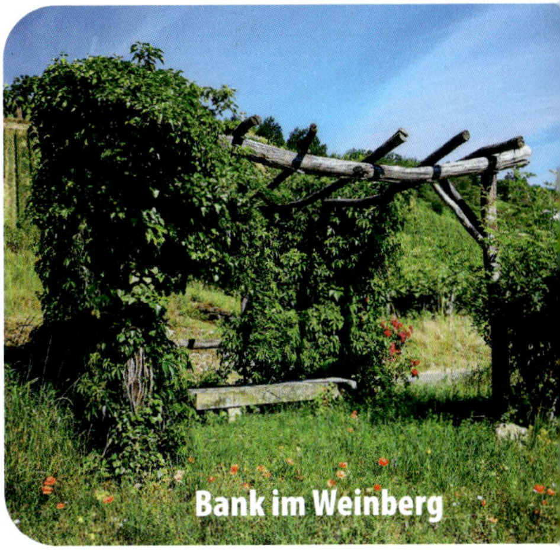
Bank im Weinberg

kleinen Tour – weiter die Winzerstraße hinauf und biegen links in die **Schulstraße** ab, der wir bis zu einem weiteren Begrüßungspunkt mit Schildern und Informationsmaterial folgen. Es geht geradeaus auf einen geteerten Wirtschaftsweg.

Auf verschiedenen Schildern am Wegesrand wird uns einiges zu Wein und Weinbau erläutert. Diese werden uns als freundliche Hinweisgeber während der gesamten Wanderung begleiten und viel Wissenswertes in Sachen Wein verraten. Ein gelbes Schild mit einem Helikopter weist darauf hin, dass die Reben in der Zeit von Mai bis August gelegentlich mit Pflanzenschutzmaßnahmen versorgt werden, dann ist der Weg vorübergehend nicht begehbar (Infos unter add.rlp.de).

*Beim **Keltern** wird mit einer Weinpresse – der Kelter – aus der Maische, das ist die Mischung aus Fruchtfleisch, Kernen und Schalen, der Saft gepresst. Unterwegs sehen wir einfache runde Modelle, aus Stein gehauene, kleine und große Keltern – die Vielfalt ist erstaunlich.*

Nach weniger als 400 Metern Wegstrecke sehen wir einen mit Kletterpflanzen bewachsenen **Pavillon** mit einer Steinbank. Wir gönnen es uns, ein paar Minuten zu verweilen und die Weingärten zu genießen. Falls es diese Bank nicht sein soll – nach weiteren 400 Metern kommt schon der nächste Pavillon. Davor erwartet uns allerdings noch eine Besonderheit: Den Weg säumen hölzerne Pfähle, auf deren obere Enden bunte Gesichter gemalt wurden. Diese **Kunst am Weinberg** 4 wird uns von nun an bis fast zum Ende der Tour immer wieder begegnen und macht diese Weinbergwanderung einzigartig.

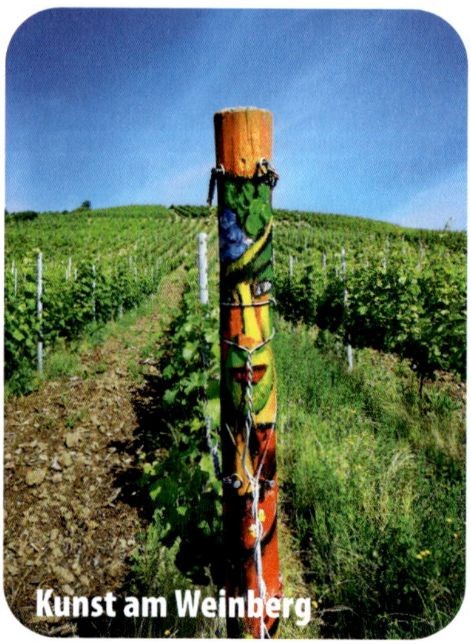
Kunst am Weinberg

Wir folgen einfach immer dem Weg und kommen nun zu einer nahezu quadratischen **Steinkelter** 5 mit einer Bank daneben. Ein fantastischer Blick talaufwärts tut sich vor uns auf. An dieser Stelle haben wir gerade 1 Kilometer in den Weinbergen zurückgelegt und spüren bereits, wie sich Ruhe und Zufriedenheit in uns ausbreiten. Nach einigen Schritten erblicken wir den

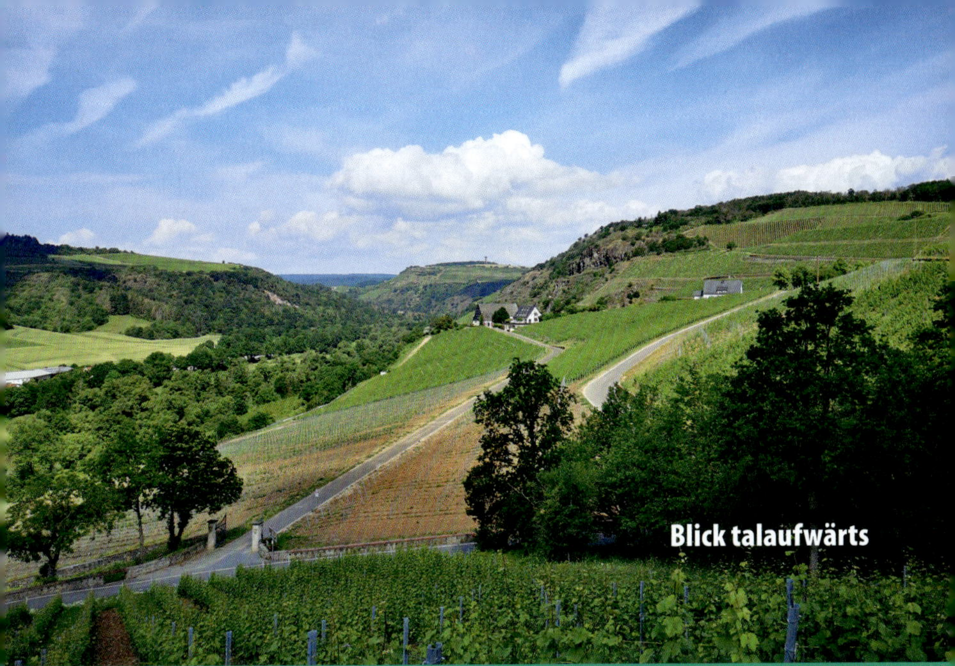

Für die Seele

Mit prächtigen Aussichten spazieren wir durch die Weinberge, bewundern farbenfrohe Kunst am Wegesrand und lernen viel über den Weinbau an der Nahe.

Wegweiser des Hildegard-von-Bingen-Pilgerweges. Dort führt ein Weg bergab zum **Hermannshöhle Restaurant Weck 6**, das sehr gute regionale und internationale Küche auf gehobenem Niveau und eine umfangreiche Weinkarte anbietet. Doch der 700 Meter lange Abstecher will gut überlegt sein, denn nach dem Essen müssten wir wieder zurück zum Weg aufsteigen. Eine Einkehr bietet sich auch im Anschluss an die Wanderung an.

Wir bleiben auf dem geteerten Wirtschaftsweg. Der weite Blick ins Tal beweist, dass wir schon einige Höhenmeter zurückgelegt haben, doch die Steigung fällt erstaunlicherweise nicht auf. Auf dem ruhigen Wasser des **Nahestausees** erblicken wir von oben mitunter Ruderer; wenn es etwas wärmer ist, entdecken

Der **Nahestausee** wurde 1926/27 errichtet und dient der Stromerzeugung. Die Nahe hat ein recht großes Gefälle (in Idar-Oberstein 3,3 Prozent!), deshalb bot sich die Staustufe an. Das kleine Kraftwerk wird von einem Unternehmen betrieben, das sich an ökologischen Aspekten orientiert.

wir vielleicht auch Stand-up-Paddler. Wer ganz genau hinschaut, erkennt möglicherweise sogar Schwäne, die als weiße Punkte übers Wasser gleiten. Von der Terrasse der Hermannshöhle kann man die Vögel oft aus der Nähe beobachten und mit etwas mehr Glück auch noch die schillernden Eisvögel entdecken.

Nach der nächsten Biegung eröffnet sich wenig später ein wahrhaft traumhafter Blick in ein offenes Tal. Etwa 1 Kilometer vor uns liegen die beeindruckenden Gebäude des **Guts Hermannsberg ⑦,** der ehemaligen Weinbaudomäne. Wir genießen diese fabelhafte Aussicht und lassen den Blick über die mit grünen Weinbergen bewachsenen sanften Hügel schweifen, die sich bis zum Horizont ausbreiten. Im Tal ist das Dorf Oberhausen mit seinen malerischen Häusern und Gassen zu sehen.

Kurz danach erreichen wir eine **Kreuzung.** Links bergab lockt ein Abstecher zur ehemaligen Weinbaudomäne, die wir nach 500 Metern erreichen würden. An

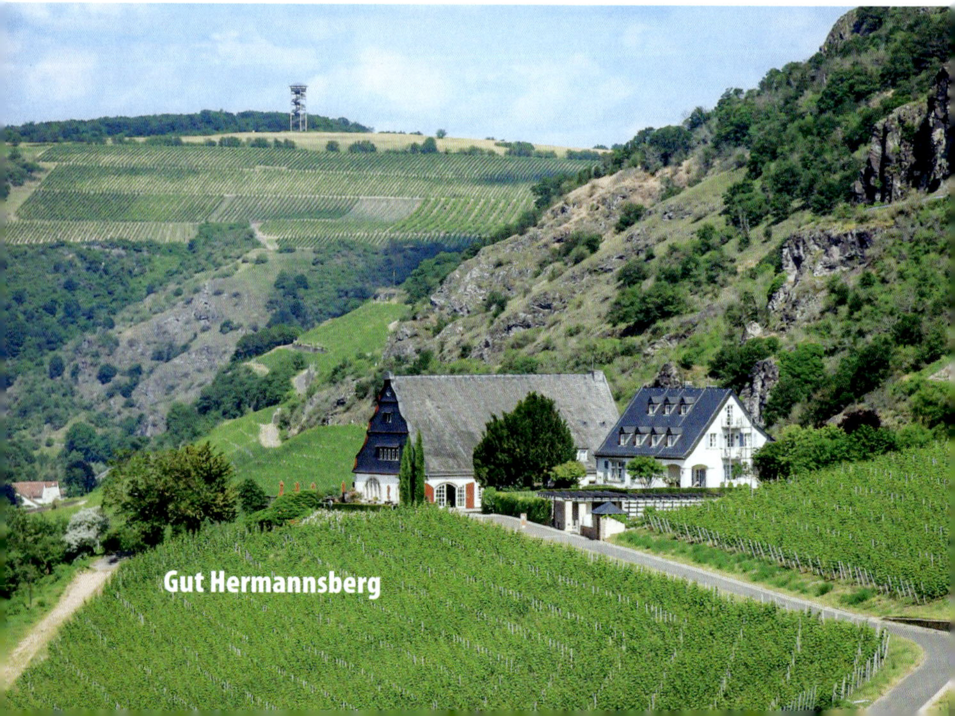

Gut Hermannsberg

Wochenenden hat das dortige Restaurant ab 12 Uhr geöffnet und lädt zur gehobenen Wirtshausküche ein, begleitet von edlen Tropfen vom Hermannsberg. Die Möglichkeit zur Weinprobe besteht natürlich auch.

*Die aus Sandstein gebaute **Luitpoldbrücke,** das Wahrzeichen des Ortes Oberhausen, wurde 1889 errichtet, um das damals bayerische Südufer mit dem preußischen Norden zu verbinden. Gepflastert ist die Brücke noch immer.*

Der Weinwanderweg führt rechts weiter. An dieser Kreuzung haben wir die einzige bemerkenswerte Steigung unserer Wanderung erreicht: Es geht 200 Meter den Hügel hoch. Doch keine Sorge – nach der Hälfte kommen wir noch an einem nach links abzweigenden Weg vorbei, der vor allem im Juni, zur Mohnblüte, wunderschön aussieht. Wir verweilen und genießen die Aussicht. Der vor uns liegende Anstieg ist kurz, und wir steuern auf einen Kirschbaum zu.

Oben angekommen erwartet uns auf der rechten Seite eine **Doppelkelter.** Inzwischen haben wir am Weg schon einige unterschiedliche Modelle gesehen. Wir folgen dem geteerten Weg weiter vor dem Kirschbaum nach rechts und erblicken nach einer leichten Biegung nach links rechter Hand den Höhepunkt unserer Wanderung: zwei **Panoramaliegen ❽** mit einem ganz besonderen Ausblick. 2020 wurde diese wahrlich wunderbare Aussicht vom Deutschen Weininstitut als „Schönste Weinsicht" an der Nahe prämiert. Der Blick auf den gegenüberliegenden Lemberg und die Weinberge im Tal ist zauberhaft und lädt uns dazu ein, zu verweilen, uns mit dem mitgebrachten Proviant zu stärken und die Seele baumeln zu lassen.

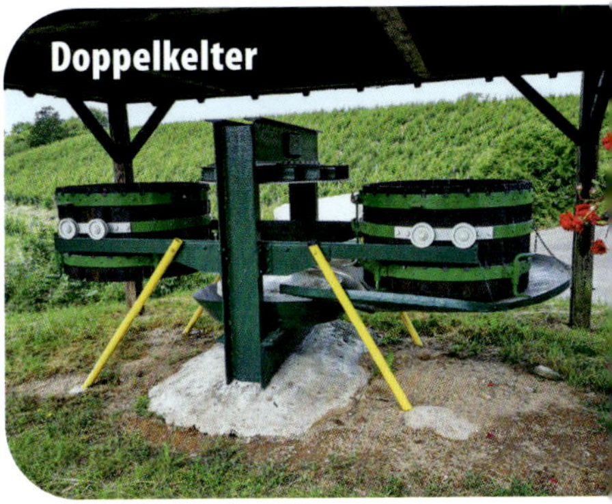
Doppelkelter

Nach unserer Pause wandern wir auf dem Weg weiter zurück nach Niederhausen, etwa 1,5 Kilometer auf gleicher Höhe. Dabei lassen wir den Blick über die Weinberge schweifen, verweilen an der einen oder anderen Schautafel und können auch hier immer wieder **Kunst am Weinberg** entdecken. An diesem Wegabschnitt erkennen wir Köpfe von Radfahrern, die auf

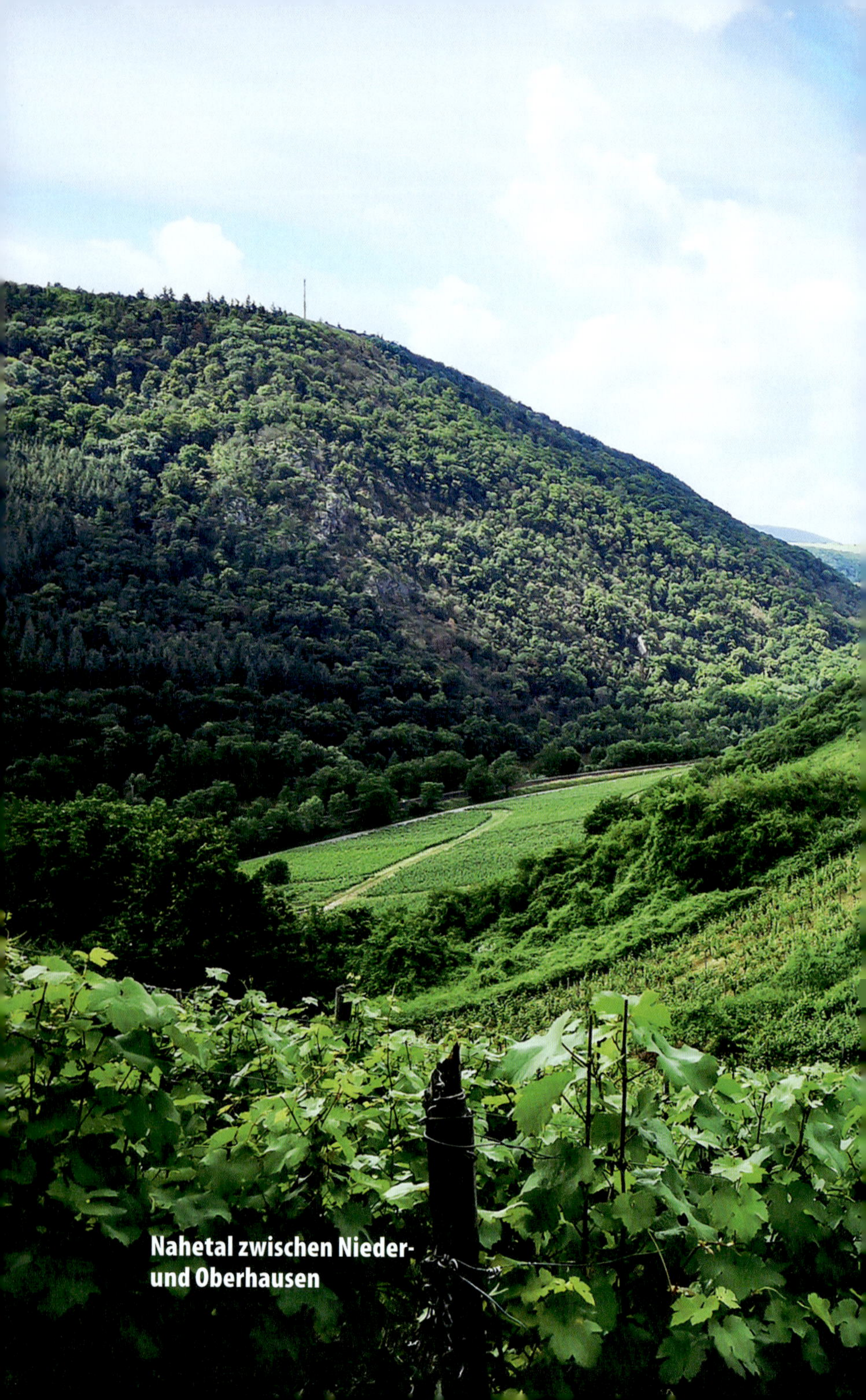

Nahetal zwischen Nieder- und Oberhausen

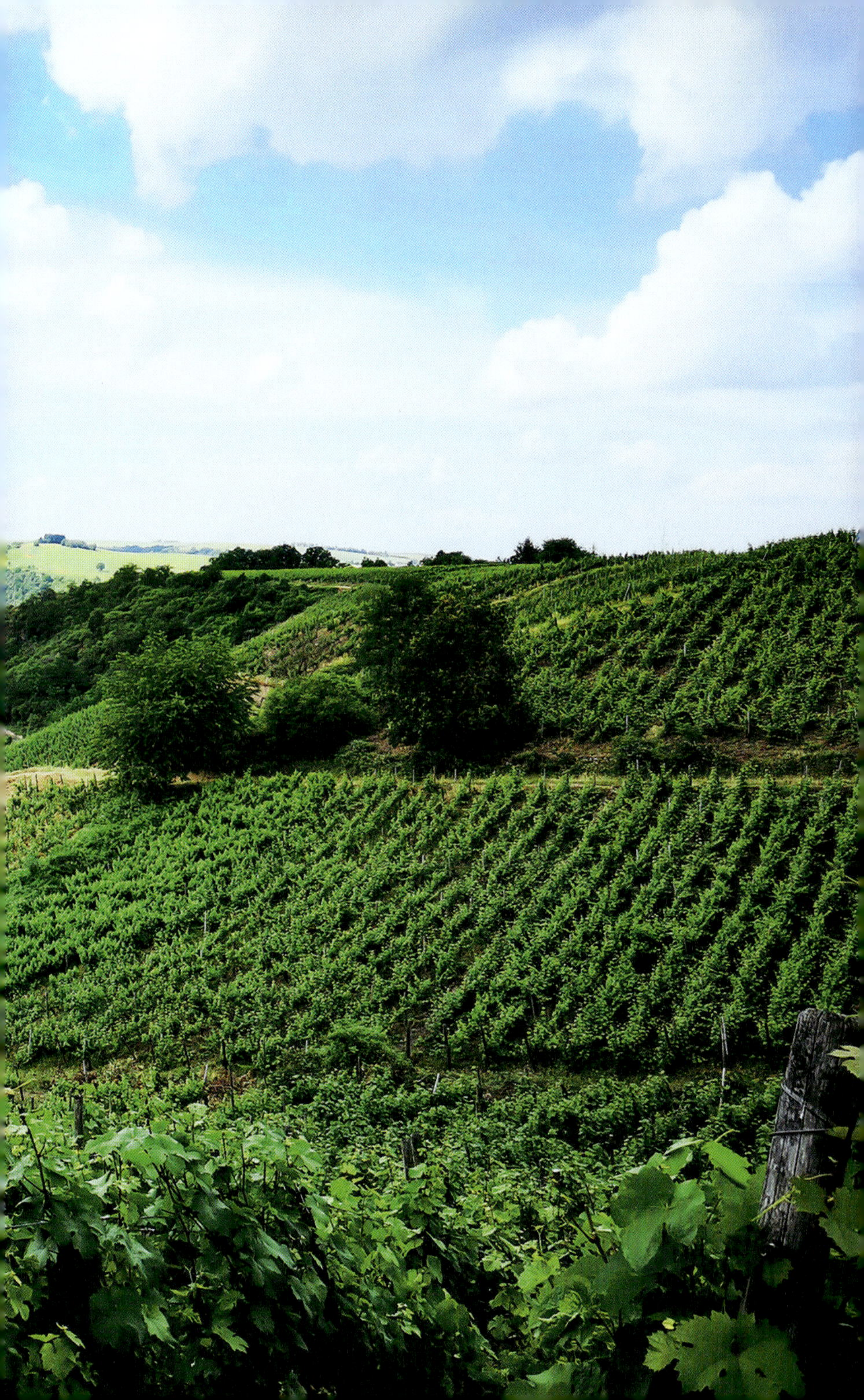

die Pfähle vor der ersten Rebe gemalt wurden. Es ist ein einziges Vergnügen, diesen Weg zu gehen und immer wieder Ruhepausen zu genießen.

Nachdem wir die riesigen **Lettern der Lage Niederhäuser Rosenheck** hinter uns gelassen haben, erreichen wir den Ort und die **Raiffeisenstraße.** In diese biegen wir scharf rechts ein und gehen gemächlich bergab. Die Raiffeisenstraße mündet in die **Winzerstraße,** die uns zurück zum Parkplatz führt. Doch bevor wir zu unserem Fahrzeug zurückkehren, lockt noch das schon erwähnte **Weingut von Jakob Schneider,** wo wir bei einem der hervorragenden frischen Rieslinge oder einem tollen Chardonnay die Eindrücke aus den Weinbergen Revue passieren lassen.

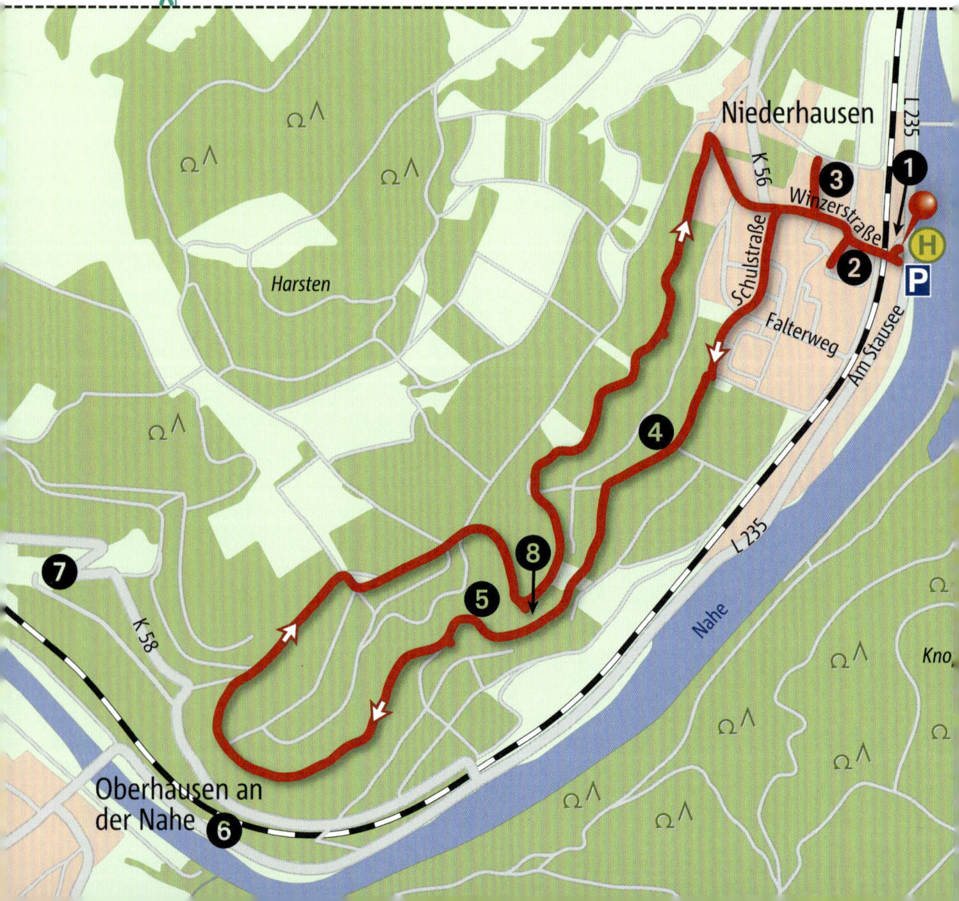

WIE & WANN:
Geteerte Wirtschaftswege. Der Weg ist von Mai bis November besonders schön, aber auch bei Schnee reizvoll. Es gibt unterwegs keinerlei Schatten, bei mehr als 25 Grad kann es unangenehm heiß werden. Zwischen Mai und August sind die Weinbergwege wegen Pflanzenschutzmaßnahmen gelegentlich nicht begehbar (Infos unter add.rlp.de).

HIN & WEG:
Auto: Parkplatz am Gasthaus Nahetal, Am Stausee 19, 55585 Niederhausen (GPS: 49.802449, 7.785067), oder Wanderparkplatz 300 Meter weiter nördlich
ÖPNV: Niederhausen ist mit dem Stadtbus 224 aus Bad Kreuznach erreichbar, Haltestelle Gasthaus Nahetal.

Entspannung ★★★★★
Genuss ★★★★★
Romantik ★★★☆☆

ESSEN & ENTSPANNEN:
Gasthaus Nahetal ❶ Am Stausee 19, 55585 Niederhausen, Tel. (0 67 58) 67 03

Abseits der Route empfehlenswert:
Hermannshöhle Restaurant Weck ❻ Hermannshöhle 1, 55585 Niederhausen, Tel. (0 67 58) 64 86, www.hermannshoehle-weck.de

ENTDECKEN & ERLEBEN:
Weingut & Gästehaus Mathern ❷ Winzerstraße 5–7, 55585 Niederhausen, Tel. (0 67 58) 67 14, weingut-mathern.de
Weingut Jakob Schneider ❸ Winzerstraße 15, 55585 Niederhausen, Tel. (0 67 58) 9 35 33, www.schneider-wein.com
Kunst am Weinberg ❹ **Steinkelter ❺**
Gut Hermannsberg ❼ 55585 Niederhausen, Tel. (0 67 58) 9 25 00, www.gut-hermannsberg.de **Panoramaliegen ❽**

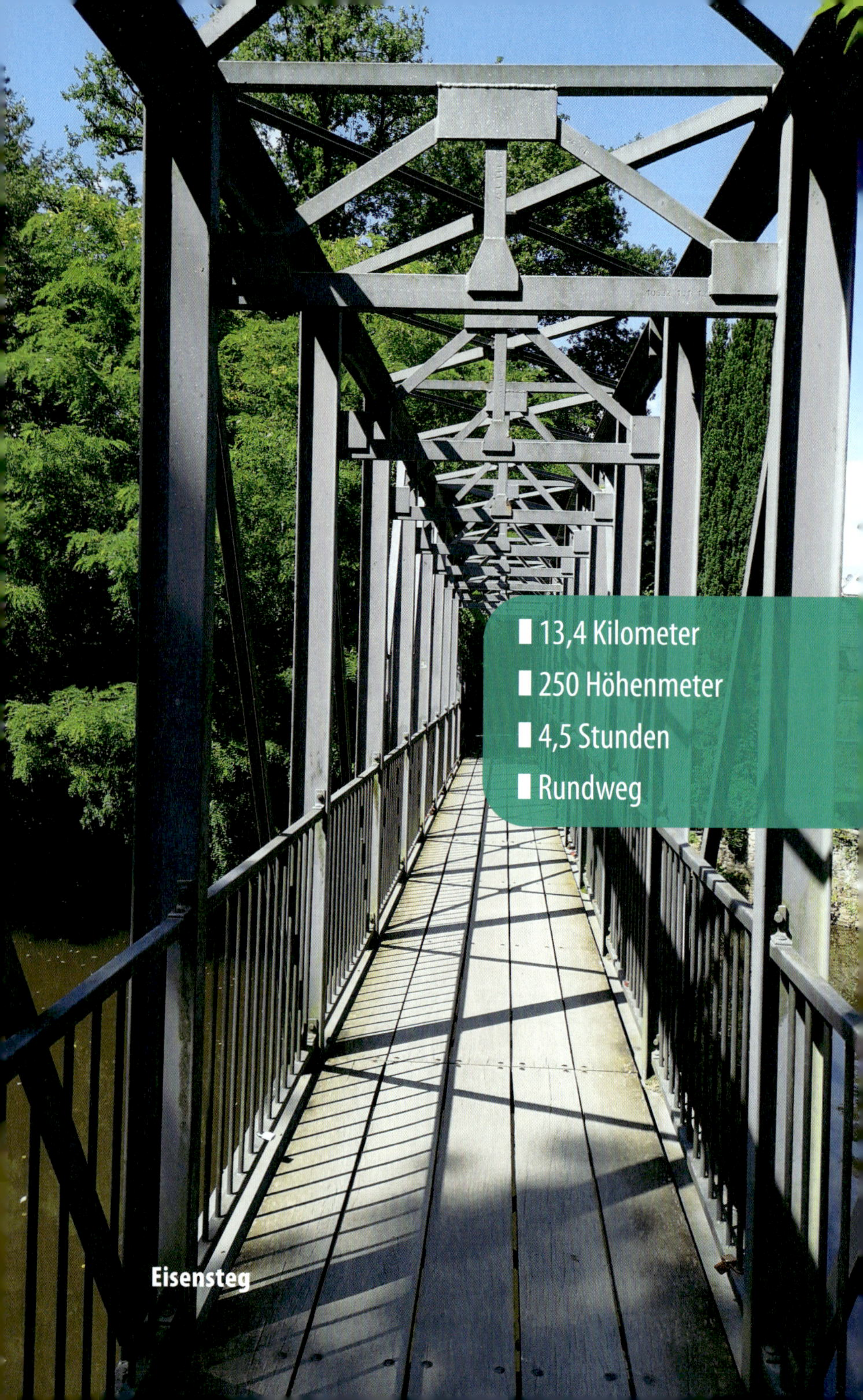

- 13,4 Kilometer
- 250 Höhenmeter
- 4,5 Stunden
- Rundweg

Eisensteg

Vielfalt genießen

Die Weinberge bei Meisenheim

Wir starten in Meisenheim am Lindenplatz in direkter Nachbarschaft der spätgotischen **Schlosskirche 1**, deren Umgebung wir bei unserer Rückkehr erkunden werden. Zunächst gehen wir zur Lindenallee und folgen der Straße. Verkehr gibt es hier kaum, und rechts der Straße laufen in einem Hohlweg Bahngleise. Darauf verkehren nicht etwa Züge, sondern Fahrrad-Draisinen. Die **Draisinentouren 2** sind eine der Freizeit-Attraktionen der Region. Neben den Gleisen gibt es einen Fußgänger-/Fahrradweg. Dieser ist unser erstes Ziel.

Wir folgen der Lindenallee, kommen am **Weingut Barth 3** vorbei. Nach 350 Metern gibt es eine Brücke über die Gleise, und die Lindenallee läuft danach rechts der Gleise bis zum Bahnhof weiter. Dort wenden wir uns den Gleisen zu und folgen diesen auf dem geteerten Weg. Das ist gemütlich und flach. Die Gleise sind von Bäumen gesäumt. So gehen wir durch die weniger als 3000 Einwohner zählende Stadt.

Nach 1 Kilometer Wegstrecke erreichen wir das örtliche **Freibad 4**. Auf dem Rückweg kommen wir wieder daran vorbei, vielleicht haben wir dann ja Lust auf eine Abkühlung. Vorm Schwimmbad biegen wir nach links ab und gehen an der Umzäunung entlang. Wir folgen der Beschilderung **„Magische Heimbach“** und biegen, nachdem wir an einem Grasparkplatz vorbeigekommen sind, in das Heimbachtal ein.

Es ist ein schattiger Weg, den wir etwas mehr als 1,5 Kilometer nach oben steigen. Dabei wird der Weg

*Erste Siedlungsspuren in **Meisenheim** sind aus dem 8. Jahrhundert. Die kleine Stadt wurde stets vor größeren Zerstörungen bewahrt, sodass der mittelalterliche Ortskern und die Stadtmauer an vielen Stellen erhalten blieben. Zeit für einen Bummel sollte unbedingt eingeplant werden.*

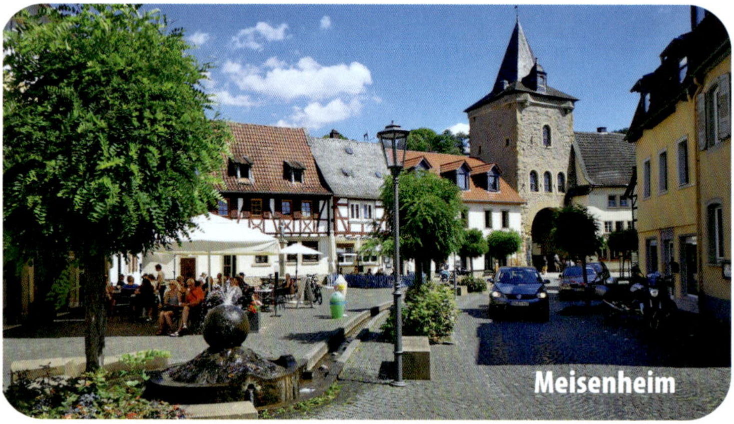

stets schmaler und schließlich zum Pfad. Anfangs gibt es rechts des Wegs noch bebaute Grundstücke und Gärten mit wildem Bewuchs. Pflanzen dürfen sich frei entwickeln. Beim Anstieg kommen wir auch an einer kleinen **Brunnenanlage** ❺ vorbei. Diese wurde aus Anlass des 50-jährigen Bestehens des Heimbacher Brunnenfestes 1885 errichtet. Das Fest findet übrigens noch immer –um den 1. Juli herum – statt.

Kurz nach dem Brunnen kommen Gärten mit teils erstaunlich eigenartigen Installationen. Magisch ist dieses Tal schon. Es bietet viel Anlass zum Verweilen. Wenn es stärker geregnet hat, kann es auf einer kurzen Passage am Ende des Anstiegs etwas rutschig werden. Deshalb ist dann auf der ansonsten einfachen Wegstrecke stabiles Schuhwerk erforderlich. Am Ende des Aufstiegs mündet unser Pfad auf einen schmalen Weg. Hier müssen wir nach rechts abbiegen. Dort gibt es ein blaues Schild „Raumbach 2 km“ zu entdecken. Genau in dieses Dorf möchten wir. Sollten wir einer Pause bedürfen, biegen wir nach links ab. Dort führt nach wenigen Metern eine Treppe zu einem herrlich gelegenen **Fischteich** ❻. Hier können wir die Ruhe des Tals genießen. Übrigens – über unserem Schild nach Raumbach gibt es noch einen blauen Pfeil, beschriftet mit „3 Aussichten“. So wurde der erste Teil unserer wunderbaren

Tour vor vielen Jahren benannt. Die Beschilderung ist leider an vielen Stellen abhandengekommen.

Wir wandern also gemächlich Richtung Raumbach. Links des Weges erblicken wir immer wieder teilweise zerfallene Trockenmauern. Die einst mit Reben bewachsenen Hügel sind inzwischen vielerorts bewaldet, und wir entdecken hin und wieder Reben, die Bäume als Klettergerüst nutzen – Wein ist eine Kletterpflanze. Wir kommen nach etwa 600 Metern auch an einer größeren gepflegten Parzelle mit Reben des Weinguts Barth vorbei, das wir schon aus Meisenheim kennen: die **Lage Obere Heimbach.** Dort haben wir einen fantastischen Blick über die sanften Hügel des Nordpfälzer Berglands.

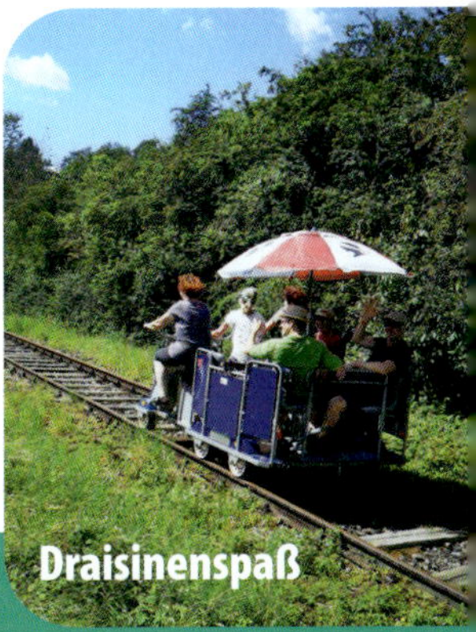

Draisinenspaß

Für die Seele

Wir wandern in einem vom Tourismus unberührten mittelalterlichen Stadtkern los, durch ein verwunschenes Tal, an Reben vorbei, können weit blicken – und Draisine fahren!

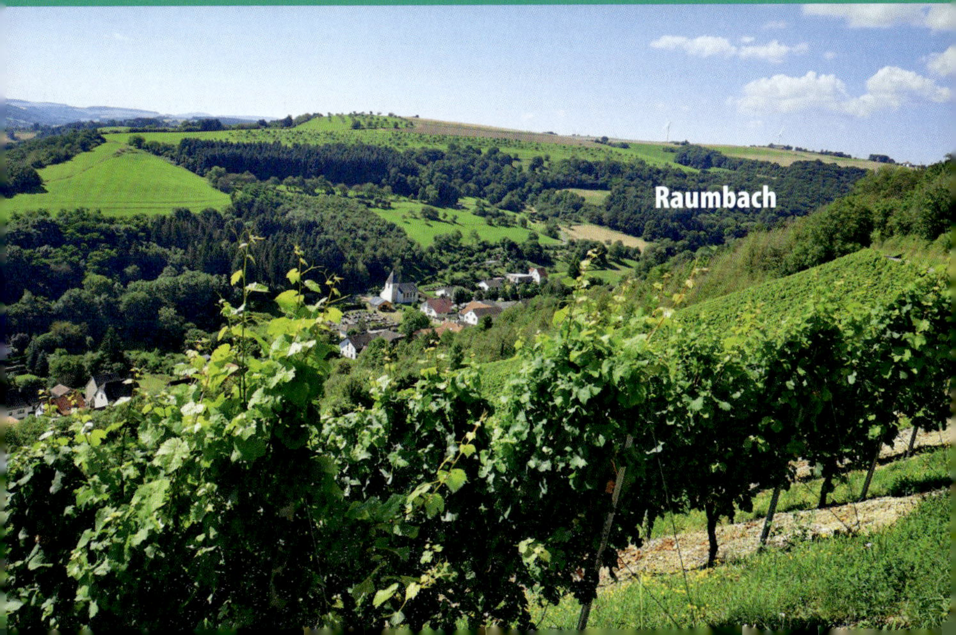

Raumbach

Nach dem Weingarten ist links von uns freies Feld, rechts der bewaldete Hang des Heimbachtals. Der Weg verläuft relativ flach, und wir folgen ihm der Nase nach, bis wir nach etwa 700 Metern eine Kreuzung erreichen. Schon als der Weg zu fallen beginnt, haben wir beste Aussicht auf die **Weinberge vor Rehborn.** Dort wollen wir hin. Besonders dieses eine Gebäude mitten in den Weinbergen scheint ein lohnendes Ziel zu sein. Also folgen wir dem geteerten Weg und der Beschilderung Raumbach nach links. Dann sehen wir nach nur 300 Metern eine Scheune. Dort macht der Weg nahezu eine 180-Grad-Wende. Nur 150 Meter nach der Scheune wählen wir den steilen Weg nach links und gelangen schnell nach **Raumbach.** Die Häuser der 400-Seelen-Gemeinde sehen mal ganz normal, mitunter zerfallen und dann wieder ausgefallen spannend aus.

Wir werden ein kleines Stück Fachwerk erblicken, das mit unterschiedlichsten Farben ausgemalt wurde – nicht das übliche Weiß. Dazu überqueren wir in Raumbach die Hauptstraße, gehen einige Meter nach links und biegen vor einer großen Linde rechts in den **Neuen Weg.** Diesem folgen wir 600 Meter bergauf, kommen am bunten Fachwerk vorbei und biegen an einer Kreuzung scharf nach rechts ab. Hier gibt es ein

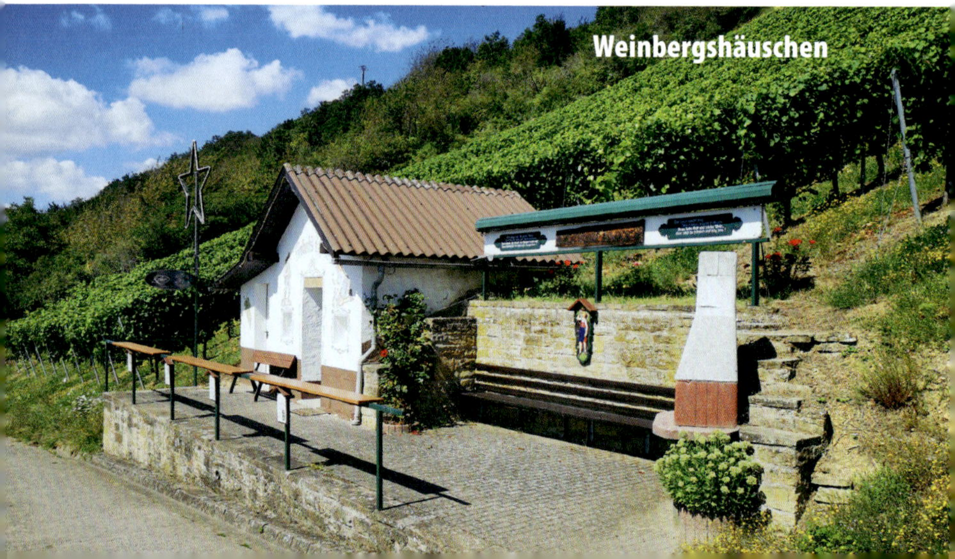
Weinbergshäuschen

Schild nach Abtweiler. Nun gehen wir etwa 700 Meter mit ganz leichtem Anstieg, bis wir linker Hand die **Heriberts Ruh** ⑦ erreichen. Diese gehört zum **Weingut Rohr in Raumbach,** das dort auch hin und wieder Weinproben durchführt. Abgesehen davon, dass der Ort mit dem niedlichen kleinen Gebäude und den Bänken wirklich einladend ist und der Blick überwältigend – wir haben ganz knapp den höchsten Punkt unserer Wanderung erreicht.

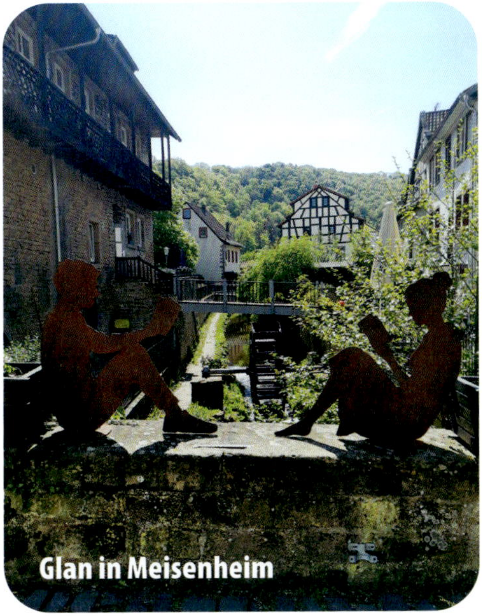

Glan in Meisenheim

Etwas oberhalb der Heriberts Ruh biegen wir rechts vom Weg ab und gehen in zwei Serpentinen durch **Weinberge abwärts.** Dann geht es wieder knapp 300 Meter bergan durch die Reben – bis zu einer T-Kreuzung am beginnenden Wald. Wir müssen hier nach rechts abbiegen. Sollte uns die Aussicht auf die Nordpfalz hier an der Grenze zum Weinbaugebiet Nahe noch nicht gereicht haben – links den Hügel hoch gibt es nach nur 50 Metern einen grandiosen Aussichtspunkt mit Bänken. Nun geht es etwas bergab, und an der nächsten Kreuzung gehen wir auf gleicher Höhe der Nase nach weiter.

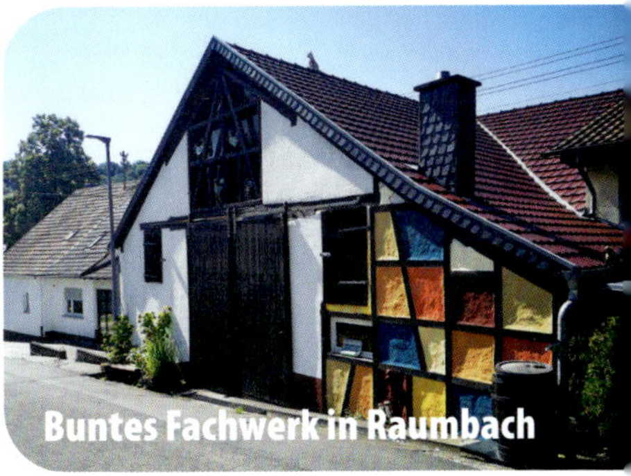

Buntes Fachwerk in Raumbach

Nach insgesamt etwa 600 Metern nach der T-Kreuzung müssen wir, nachdem unser Pfad etwas steiler bergab ging, links in einen recht zugewachsenen Pfad einbiegen. So können wir das **Café von Frau K!** ⑧ erreichen. Dort gibt es viele kleine Köstlichkeiten und die Möglichkeit, ein Kanu zu leihen. Vielleicht hat Frau K.

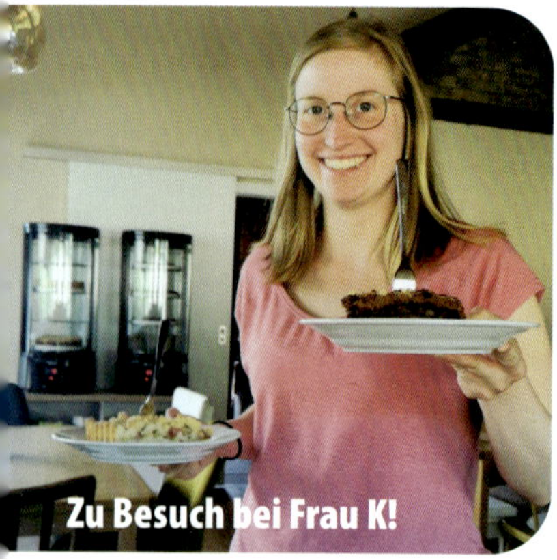

inzwischen ihr wunderhübsches Lokal auch ausgeschildert. Also gehen wir einfach entlang des Pfads, erreichen eine Wiese, über die wir bergab bis zum Ende gehen, um dann wieder auf einen Feldweg zu gelangen. Rechts von uns sehen wir eine Baumreihe. An dieser gehen wir gemütlich entlang bis zu dem in einem **ehemaligen Bahnwärterhäuschen** untergebrachten Café. Und meistens sehen wir vor dem Café geparkte Draisinen – jene seltsamen Gefährte, mit denen man auf der stillgelegten Bahnstrecke im Glantal sorglos dahinradeln kann.

Bevor wir bei Frau K. wieder aufbrechen, schauen wir uns noch die **alte Glanbrücke** ⑨ an. Es ist ein wirklich malerischer Ort mit seinem mit Blumen und Bäumen bewachsenen Ufer. Hier im Halbschatten mit dem Kajak zu paddeln ist ein sehr angenehmes Erlebnis.

Für uns geht es nun entlang der Gleise auf dem geteerten Weg zurück bis zum Bahnhof Meisenheim. Am ehemaligen Bahnhof Raumbach wechseln wir von links zu rechts neben den Gleisen. Von Frau K. bis zur Schlosskirche in Meisenheim sind es 4 Kilometer. In Raumbach haben wir bereits über 1,5 Kilometer geschafft und schlendern weiter neben den Draisinen her. Der Spaß, den die Fahrerinnen und Fahrer haben, färbt auf unsere Laune ab, und wir gehen frohen Mutes bis zum Bahnhof nach Meisenheim. Zwischenzeitlich hören wir bei warmem Wetter gut gelaunte Menschen im **Freibad am Heimbach,** das wir schon vom Hinweg kennen.

Am Meisenheimer Bahnhof sollten wir auf jeden Fall nach links abbiegen und der Beschilderung **Altstadt** folgen. Dazu biegen wir in die Saarstraße ab. Es geht an einer schattigen Parkanlage mit Schachspiel vorbei auf **Ferros Cafébar** zu. Kurz danach sehen wir, immer noch auf der Saarstraße, die ehemalige örtli-

*Im ehemaligen Bahnwärterhäuschen betreibt **Frau K!** ihr Café. Es ist einfach Idylle pur – auf der einen Seite die Draisinenstrecke, auf der anderen der Glan. Keine Autos – Ruhe, entspannte Menschen, leckeres Essen und Trinken. Hier die Seele baumeln zu lassen ist wundervoll.*

*Auf der stillgelegten 40 Kilometer langen Bahnstrecke zwischen Altenglan und Bad Sobernheim verläuft die **Draisinentour.** Es ist eine der großen Freizeitattraktionen zwischen Nordpfälzer Bergland und Nahe, mit der Fahrraddraisine einen entspannten Tag zu verbringen – zurück geht es mit dem Bus.*

che **Synagoge ⑩.** Es scheint eine große jüdische Gemeinde in Meisenheim gegeben zu haben. Nach der Synagoge biegen wir links in die Bleiche. (Geradeaus ginge es zum **Meisenheimer Hof ⑪,** in dem wir abends sehr gut essen könnten.) Die kleine Straße führt an der mittelalterlichen **Stadtmauer** entlang. Hin und wieder sehen wir Türen in der Mauer, und Gastronomen bewerben ihr Angebot. Das wirkt alles ausgesprochen entspannt und weit weg von den Trampelpfaden des Tourismus. Hier können wir gerne einkehren und uns bewirten lassen.

Spätestens wenn wir den **Rundturm** erreichen, wagen wir auf jeden Fall Schritte durch die Tür in der Mauer und gehen wenige Meter durch verwinkelte Gässchen bis zum **Rapportierplatz.** Dieser ist gesäumt von verschiedenen **Restaurants, Bars und Cafés.** Am Platz erblicken wir auch das mittelalterliche **Untertor ⑫.** Davor verläuft die Untergasse. Dieser folgen wir

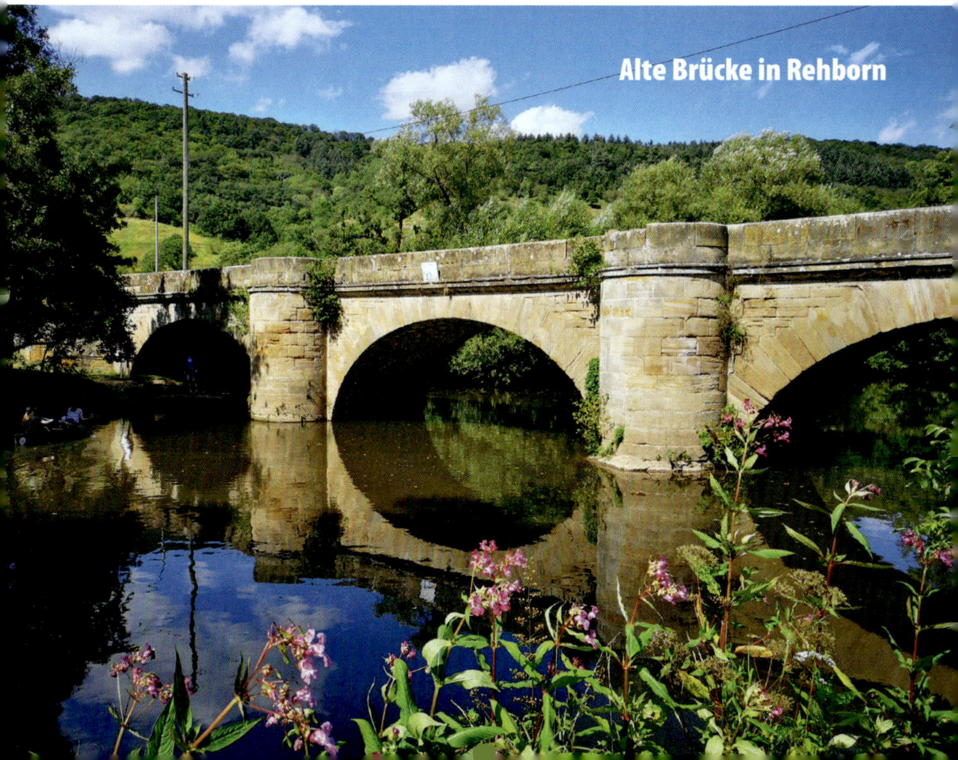
Alte Brücke in Rehborn

und erfreuen und an den **Fachwerkbauten** ⓭ links und rechts der Straße. Der **Marktplatz** mit seinen Überbauten ist dabei besonderer Beachtung wert. Auch kurze Abstecher in die Gässlein links und rechts der Untergasse sind überaus lohnenswert. Wir nehmen uns auf jeden Fall Zeit für die Besichtigung.

Wenn die Untergasse an ihrem Ende auf die Amtsgasse trifft, gibt es auf der Rückseite der Schlosskirche einen kleinen Weg zum **Eisensteg** ⓮ über den Glan. Diesen sollten wir nicht verpassen, bevor wir uns noch die Schlosskirche ansehen und zurück zu unserem Ausgangspunkt schlendern. Dazu gehen wir einfach die Amtsgasse hoch.

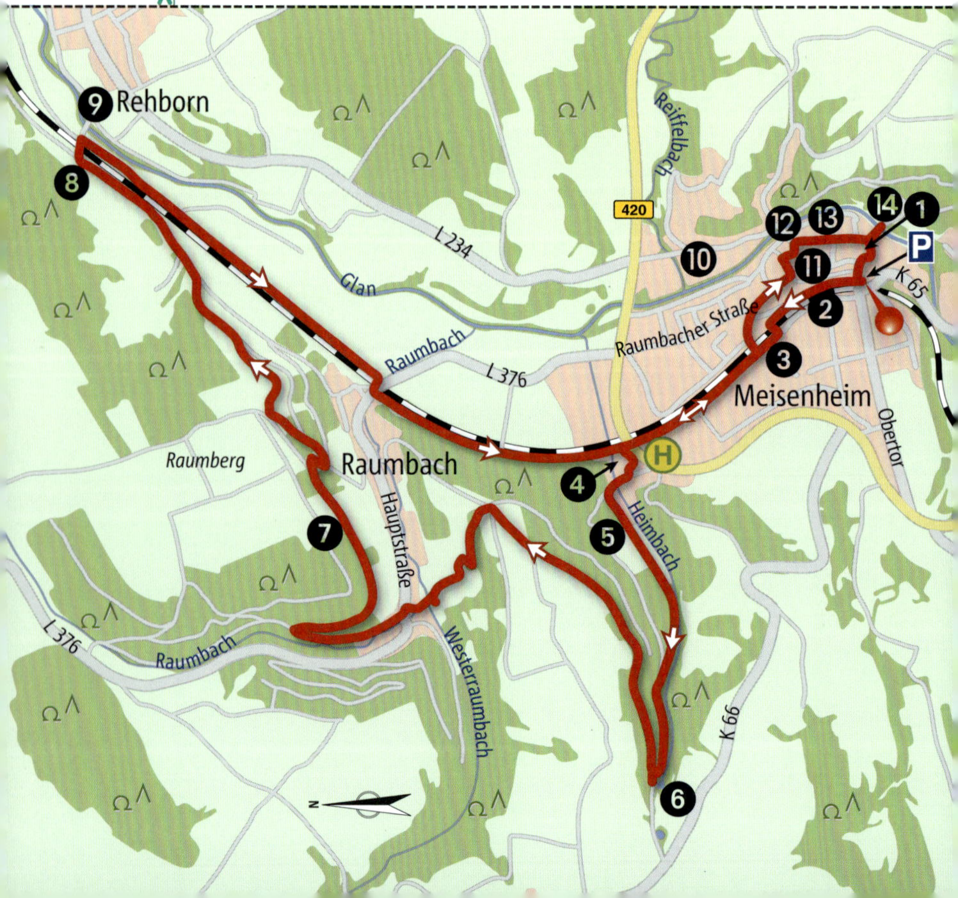

Alles auf einen Blick

WIE & WANN:
Diese Tour hat einen recht gemischten Bodenbelag. In den Ortschaften und neben der Draisinenstrecke ist es Teer, am Heimberg wird es zwischenzeitlich etwas matschig, es geht durch Wald, Weinberge, über Wiesen und durch eine kleine mittelalterliche Stadt. Im Sommer können Badeutensilien empfehlenswert sein. Am besten von Mai bis Oktober bei schönem Wetter.

HIN & WEG:
Auto: Parkplatz am Lindenplatz, Amtsgasse 8A, 55590 Meisenheim (GPS: 49.705268, 7.669832)
ÖPNV: Meisenheim ist mit den Bussen 260 und 262 aus Bad Sobernheim erreichbar, Bad Sobernheim wiederum liegt an der Strecke des RE3 Mainz–Saarbrücken.

Entspannung ★★★☆☆
Genuss ★★★★☆
Romantik ★★★★☆

ESSEN & ENTSPANNEN:
Hotel-Weingut Barth ❸ Lindenallee 23, 55590 Meisenheim, Tel. (0 67 53) 54 77, www.hotelweingut-barth.de
Café von Frau K! ❽ Wohnplatz Bahnwärterhaus, 55592 Rehborn, Tel. (0 67 53) 12 42 05, frauk-rehborn.de
Meisenheimer Hof ⓫ Obergasse 33, 55590 Meisenheim, Tel. (0 67 53) 1 23 77 80, www.meisenheimer-hof.de

ENTDECKEN & ERLEBEN:
Schlosskirche Meisenheim ❶ **Draisinentour** ❷ draisinentour.de
Freibad ❹ **Brunnenanlage** ❺ **Fischteich** ❻
Heriberts Ruh ❼ **Alte Glanbrücke** ❾ **Synagoge** ❿
Untertor ⓬ **Fachwerkbauten** ⓭ **Eisensteg** ⓮

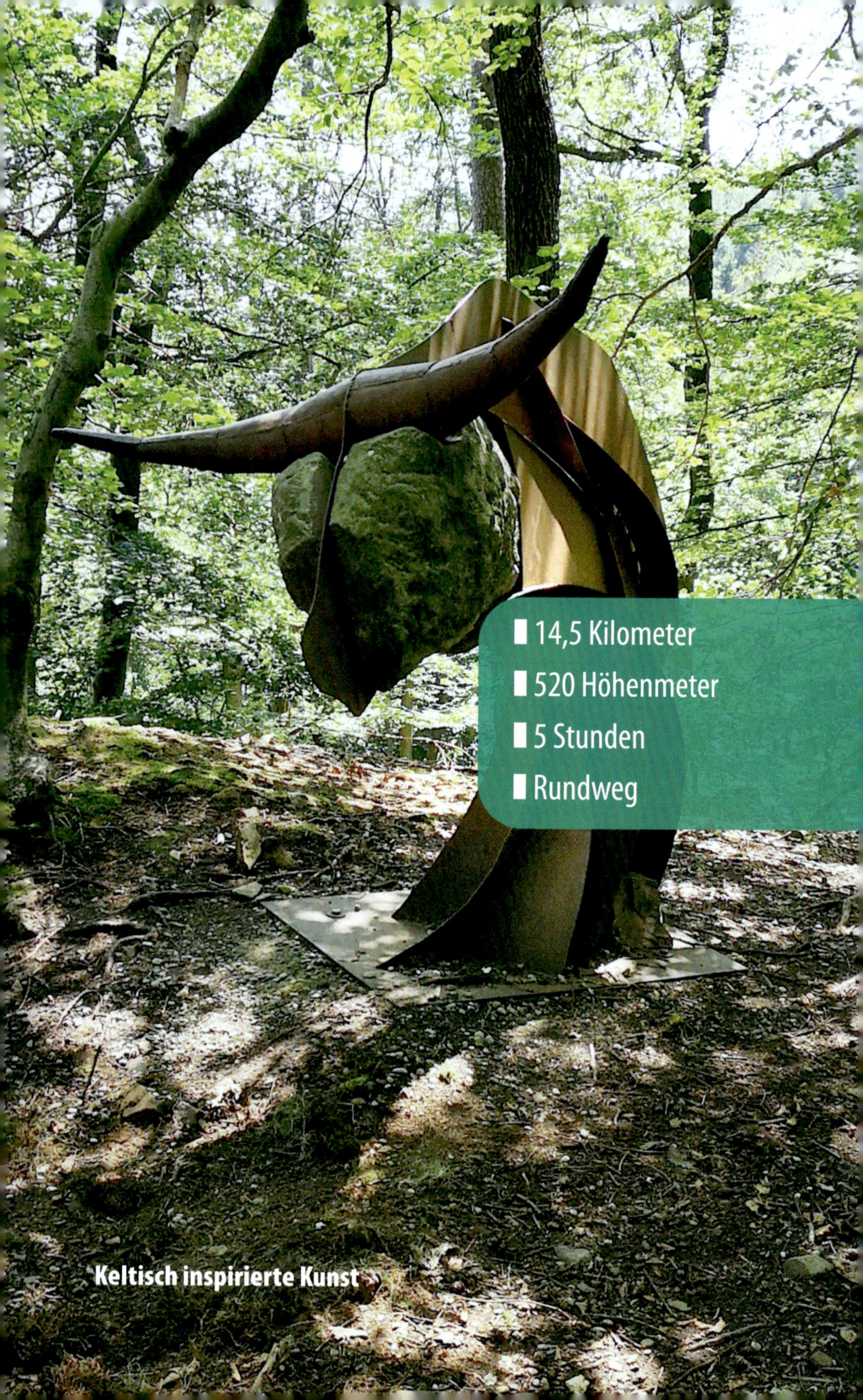

- 14,5 Kilometer
- 520 Höhenmeter
- 5 Stunden
- Rundweg

Keltisch inspirierte Kunst

Wir starten am **Kneippfußtretbecken in Marienthal ❶,** einem niedlichen Dörflein am Rande des Donnersbergs. Dort können wir unser Auto an der Straße abstellen. Sollten wir im Sommer unterwegs sein, so haben wir hier ein nettes schattiges Plätzchen, an dem wir uns vor der Rückfahrt erfrischen können. Zunächst geht es den schmalen Pfad einige Meter bergan – gekennzeichnet ist der Weg mit einem **weißen Kreuz** und einem **blauen W auf weißem Grund.** Dann biegen wir links auf die Forststraße ein und folgen dieser. Der Weg verläuft immer unweit des Waldrands, sodass wir hin und wieder einen Blick auf Wiesen und Kühe erhaschen können.

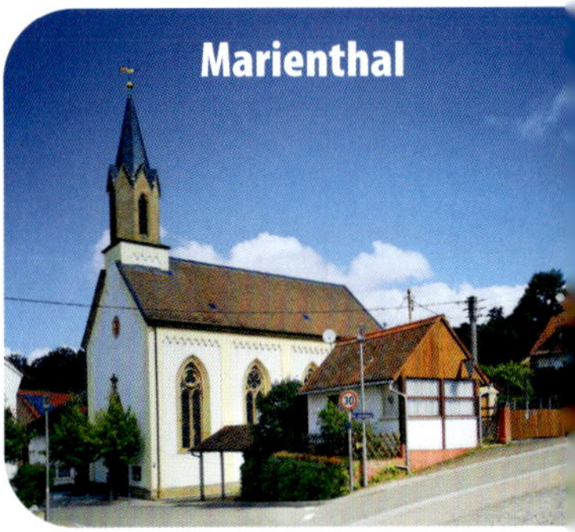

Im Keltenland

Rund um den Donnersberg

Wir befinden uns auf der Nordseite des **Donnersberg-Massivs ❷.** Dort ist es recht feucht und die Vegetation üppig. Die allgegenwärtigen **Buchen** wachsen hier besonders hoch und spenden auch an heißen Sommertagen Schatten. Dabei ist es auf den gut befestigten Wegen nicht wirklich nass. Angenehm beschwingt gehen wir locker durch den Wald und erfreuen uns im Sommer an den Blüten des **Fingerhuts.**

Nach etwa 2 Kilometern Wegstrecke blicken wir links auf eine Wiese, etwas weiter entfernt steht der Hotelkomplex des Bastenhauses. Wir biegen nach rechts auf den **Pfad mit den Markierungen 4 und 7.** Diesem folgen wir für 300 Meter am Königsbach entlang. Es ist die einzige Stelle unserer Wanderung, bei der

Brennnesseln in den Weg reichen. Lange Hosen oder ein Stock reichen völlig, um dieser winzigen Herausforderung Herr zu werden. Am Ende des Wegs biegen wir links auf die Straße und folgen dieser einige Meter, bis wir kurz vor dem Bauernhof wieder rechts auf den Pfad einbiegen und eben am Waldesrand entlangwandern. Es ist ein Teil des **Kneipp-Napoleon-Wegs,** und bereits hier ist **Dannenfels** ausgeschildert.

*Der **Donnersberg** ist mit 686 Metern über NN die höchste Erhebung der Pfalz. Schon die Kelten errichteten in dem nahezu vollständig bewaldeten Gebiet einen Wall. Im Mittelalter war der Berg Standort von drei Burgen und dem Kloster St. Jakob.*

Wir haben jetzt einen schönen Blick auf **Streuobstwiesen ❸,** auf denen Kühe weiden. Schon nach 300 Metern geht es wieder in den Wald. Wie folgen weiter der 4 und 7. Eine französische Flagge ist auch noch häufig dabei – Napoleon. Wir hören den Eschbach. Die lila Blüten der Pflanze am Weg gehören dem Silberblatt, wie auch die silbernen Blätter der verblühten Pflanze. Sie kündigen das **Naturreservat Eschdell ❹** mit Ahorn-Eschen-Schluchtwald an.

Nun folgen wir dem Weg für etwa 1,5 Kilometer und erblicken an einer etwas unübersichtlichen Kreuzung Mauerreste und einen Spielplatz mitten im Wald. Zur weiteren Orientierung nutzen wir wieder die 4 und die 7, gehen mehr oder weniger geradeaus über die Kreuzung und kommen nach wenigen Metern an den wenigen Überresten von **Burg Tannenfels ❺** vorbei. Rasch sehen wir links einen Pfad, den wir als Abzweig von der Forststraße wählen, um nach 200 Metern die ersten Häuser von Dannenfels zu erreichen. Damit haben wir mehr als ein Drittel unserer Wanderung geschafft.

*Der **Saumagen** ist im Grunde eine große grobe Bratwurst, in der auch noch Kartoffeln und viele Kräuter enthalten sind. Fleischesser verzehren diesen normalerweise zusammen mit Sauerkraut und Bratkartoffeln. Dazu empfiehlt sich ein trockener Weißwein.*

Links sehen wir die örtliche Kirche und gehen zwischen Berghotel und dem **Café Geg'nüber ❻.** Im einladenden Garten des Cafés gibt es Flammkuchen, im Hotel-Restaurant gehobene Pfälzer Kuchen. Je nach Lust können wir hier einkehren oder nach dem Hotel rechts den Berg hochgehen, wo wir nach knapp 400 Metern den **Landgasthof Pfalzblick ❼** erreichen. Dort bekommen wir – wenn uns danach ist – einen Pfälzer Teller mit Saumagen, Leberknödel und Bratwurst. So können wir uns für den folgenden Aufstieg zum Ad-

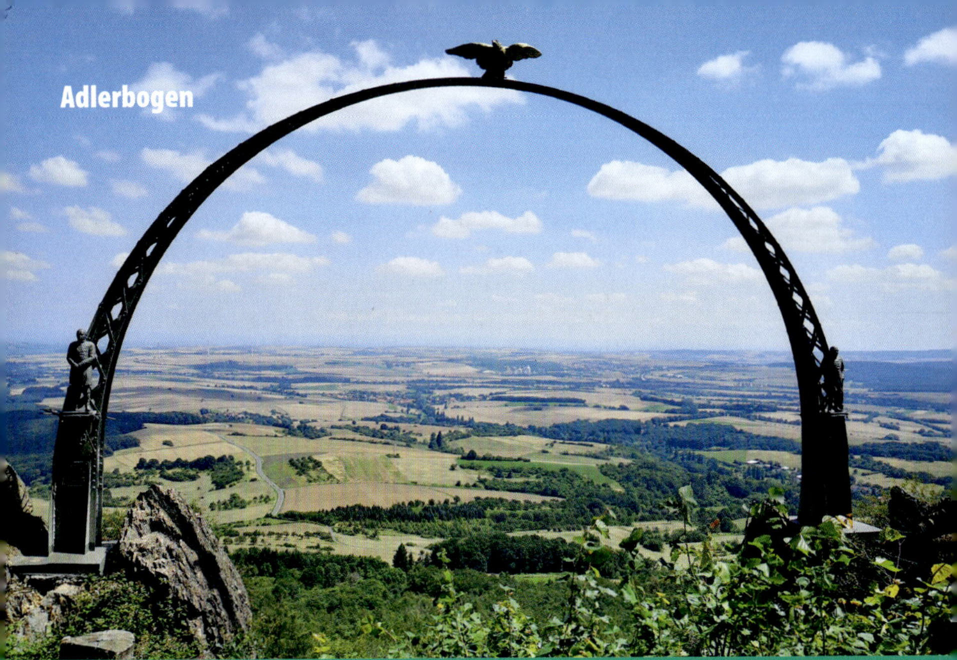

Für die Seele

Auf Pfaden und Waldwegen geht es um die höchste Erhebung der Nordpfalz. Interessante Vegetation, eine grandiose Aussicht und zerfallene Burgen erwarten uns.

lerbogen stärken – dabei ist der Ausblick über die sanften Wellen von Rheinhessen ganz wunderschön.

Gestärkt brechen wir auf und steigen – je nach unserer Pausenstation – 1 bis 1,5 Kilometer bergauf bis zum **Adlerbogen ⑧.** Dabei folgenden wir der **Markierung 4** und der Beschilderung zum Adlerbogen. Uns erwartet eine grandiose Aussicht über Rheinhessen mit der Besonderheit des Adlerbogens im Blickfeld. Auch wenn dieses Denkmal zur Erinnerung an einen gewonnenen Krieg errichtet wurde – wir blicken auf die schier unendliche **Ebene,** erkennen selbst am Horizont keine Berge, und ein großer Friede breitet sich in uns aus. Hier müssen wir einfach verweilen und den Blick genießen. Ein geeigneter Ort für ein Picknick ist es allemal …

*Der **Adlerbogen** wurde als Erinnerung an den gewonnenen Krieg von 1870/71 gegen Frankreich errichtet. Nach 1945 wurde der Adler von den Alliierten zerstört, im Laufe der Jahre die Figuren am linken und rechten Bogenende ebenso. 2016 wurde das Denkmal originalgetreu restauriert.*

Am Adlerbogen können wir einen Pfad geradeaus die stärkste Steigung bergauf gehen. Dort gibt es eine kleine **Outdoor-Galerie keltisch inspirierter Metallfiguren ⑨.** Wenn wir dort weitergingen, würden wir den Berggipfel erreichen. Oberhalb des Adlerbogens wenden wir uns jedoch nach links und folgen dem Forstweg. Markiert ist dieser mit einer 2. Es geht noch ein kurzes Stück bergan. Dann können wir ohne gravierende Steigung mit leichten Gefälle dem Weg für 500 Meter folgen und fädeln dann nach rechts auf einen weiteren Weg ein, dem wir für 1,5 Kilometer folgen. Die Vegetation ist auf der Südseite des Berges an vielen Stellen niedriger als auf der Nordseite. Die Umrundung eines Berges ermöglicht uns so interessante Natureindrücke.

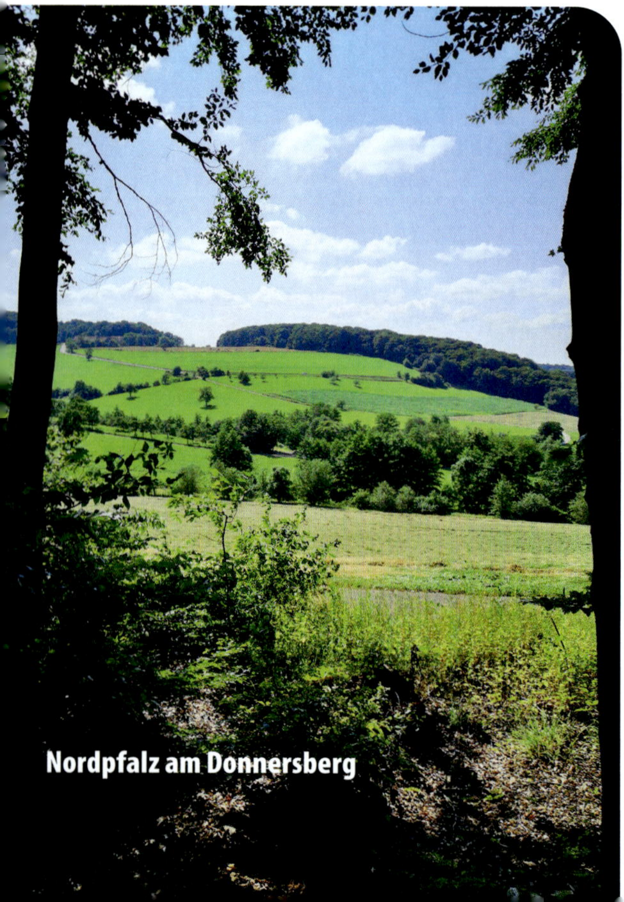

Nordpfalz am Donnersberg

Der Weg wird auf dieser Strecke zusehends schmaler – ein Pfad. Wir stehen vor einer Gabelung. Dort müssen wir nach links abbiegen, um nach 200 Metern die **Überreste der Burg Wildenstein ⑩** zu entdecken – mitten im Wand steht nur noch eine Mauer der einst 40 Meter großen Anlage. Stünde hier keine Hinweistafel – wir wüssten nicht, was ausgerechnet an dieser Stelle in einem leicht steilen und bewaldeten Gelände eine Mauer zu suchen hat. Eine der Bänke empfiehlt sich für eine Pause, bevor wir uns auf das letzte Drittel unserer Wanderung begeben. Es gibt dort zunächst keine Bänke mehr.

Von der Burgruine gehen wir wieder zurück zur Gabelung und wählen den Weg geradeaus in unsere ursprüngliche Richtung. Es geht auf einem Pfad bergauf. Nach und nach wird die Vegetation lichter. **Edelkastanien,** die einst von den Römern in die Pfalz gebracht wurden, stehen links und rechts des Weges. Im Sommer erblicken wir niedrige **Blaubeerbüsche,** mitunter sogar Himbeeren. Die Sonnenseite des Donnersbergs ist einfach wunderbar – und über diesen Weg wenig begangen. So finden wir leicht Früchte zum Naschen. Der Pfad ist hier nicht mehr markiert, aber einfach zu erkennen.

*Die **Burg Wildenstein** wurde im 13. Jahrhundert unter der Ägide der Herren von Bolanden errichtet und bereits im Dreißigjährigen Krieg zerstört. Über ihr ursprüngliches Aussehen ist nichts bekannt.*

Nach etwa 1 Kilometer erreichen wir eine Forststraße. Dort suchen wir den Pfad auf der gegenüberliegenden Seite und folgen diesem bis zum höchsten Punkt unserer Wanderung. Es geht einfach immer nur geradeaus – auch wenn andere Pfade kreuzen. Etwa bei Kilometer 11,5 unserer Donnersberg-Runde kommen wir wieder auf einen Forstweg und erblicken die **Markierungen 4 und 7.** Unser kleines Abenteuer auf den Pfaden der Donnersberg-Südseite geht hier zunächst in einen entspannten flachen Weg über, dem wir folgen. Nach nur 200 oder 300 Metern stehen wir an einer Kreuzung und biegen nach links ab, und nach 100 Metern gibt es schon wieder eine Kreuzung mit gleich sechs Armen. Wir biegen direkt nach links ab. Markiert ist der Pfad mit einer **waagrechten roten Linie in einem weißen Quadrat.**

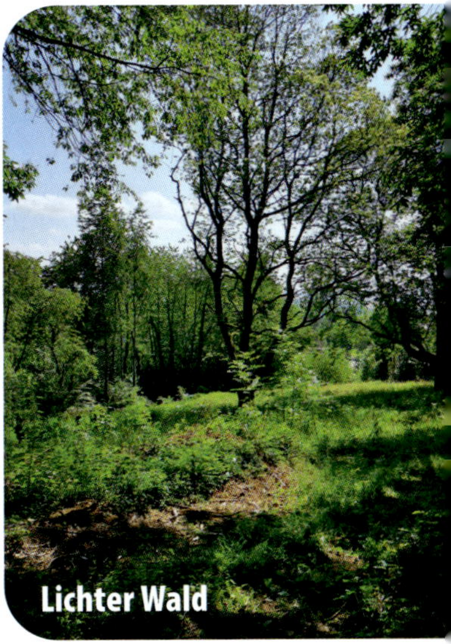
Lichter Wald

Unser Abstieg beginnt. Wir folgen dem Pfad für etwa 1 Kilometer. Zwischenzeitlich überqueren wir dabei zwei Forststraßen. Die Markierungen auf den gegenüberliegenden Wegseiten sind gut ersichtlich. Dann stehen wir auf einem Forstweg. Gegenüber sehen wir die Beschilderung **Marienthaler Klause ⑪.** Dabei handelt es sich möglicherweise um eine Höhle, die in vorchristlicher Zeit von Druiden genutzt wurde. Wir können nach Lust und Laune die wenigen Meter zur Klause gehen und dort eine Pause machen.

Danach steigen wir wieder hoch zum Weg und folgen diesem die verbleibenden knapp 2 Kilometer unserer Tour nach Marienthal. An Gabelungen halten wir uns jeweils links. Wir sind wieder am Waldrand und blicken über die Ausläufer des Donnersberg-Massivs nach Westen. Die Wald- und Wiesenhügel sind stärker geformt als auf der Ostseite. Unsere Runde könnte am Kneippbecken enden oder vielleicht auch an der Blockhütte Marienthal, die wir auf den letzten Metern links des Weges erblicken.

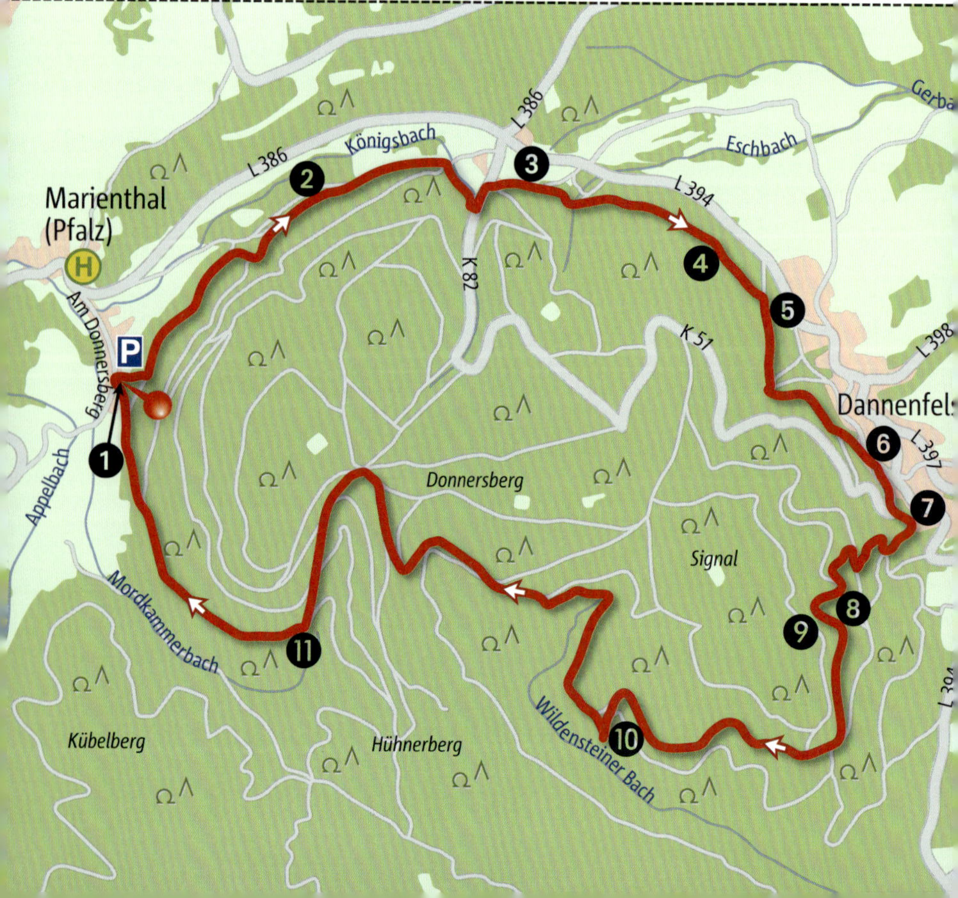

Alles auf einen Blick

WIE & WANN:
Es geht auf Waldwegen und Pfaden rund um den Donnersberg. Am schönsten ist die Wanderung von April bis Mitte November. Es gibt größtenteils Schatten. Stabiles Schuhwerk ist erforderlich.

HIN & WEG:
Auto: Parken in der Straße Am Donnersberg, nahe der Kneippanlage, 67806 Rockenhausen-Marienthal (GPS: 49.629716, 7.890777)
ÖPNV: Marienthal wird mit dem Ruftaxi aus Kirchheimbolanden und Rockenhausen angefahren.

Entspannung ★★★★★
Genuss ★★★★★
Romantik ★★★★★

ESSEN & ENTSPANNEN:
Café Geg'nüber ❻ Oberstraße 14, 67814 Dannenfels, Tel. (0 63 57) 9 73 50, www.cafe-gegenueber.de
Landgasthof Pfalzblick ❼ Donnersbergstraße 7, 67814 Dannenfels, Tel. (0 63 57) 5 09 05 27, landgasthof-pfalzblick.de

ENTDECKEN & ERLEBEN:
Kneippfußtretbecken in Marienthal ❶
Donnersberg-Massiv ❷
Streuobstwiesen ❸
Naturreservat Eschdell ❹
Burg Tannenfels ❺
Adlerbogen ❽
Outdoor-Galerie mit Metallfiguren ❾
Überreste der Burg Wildenstein ❿
Marienthaler Klause ⓫

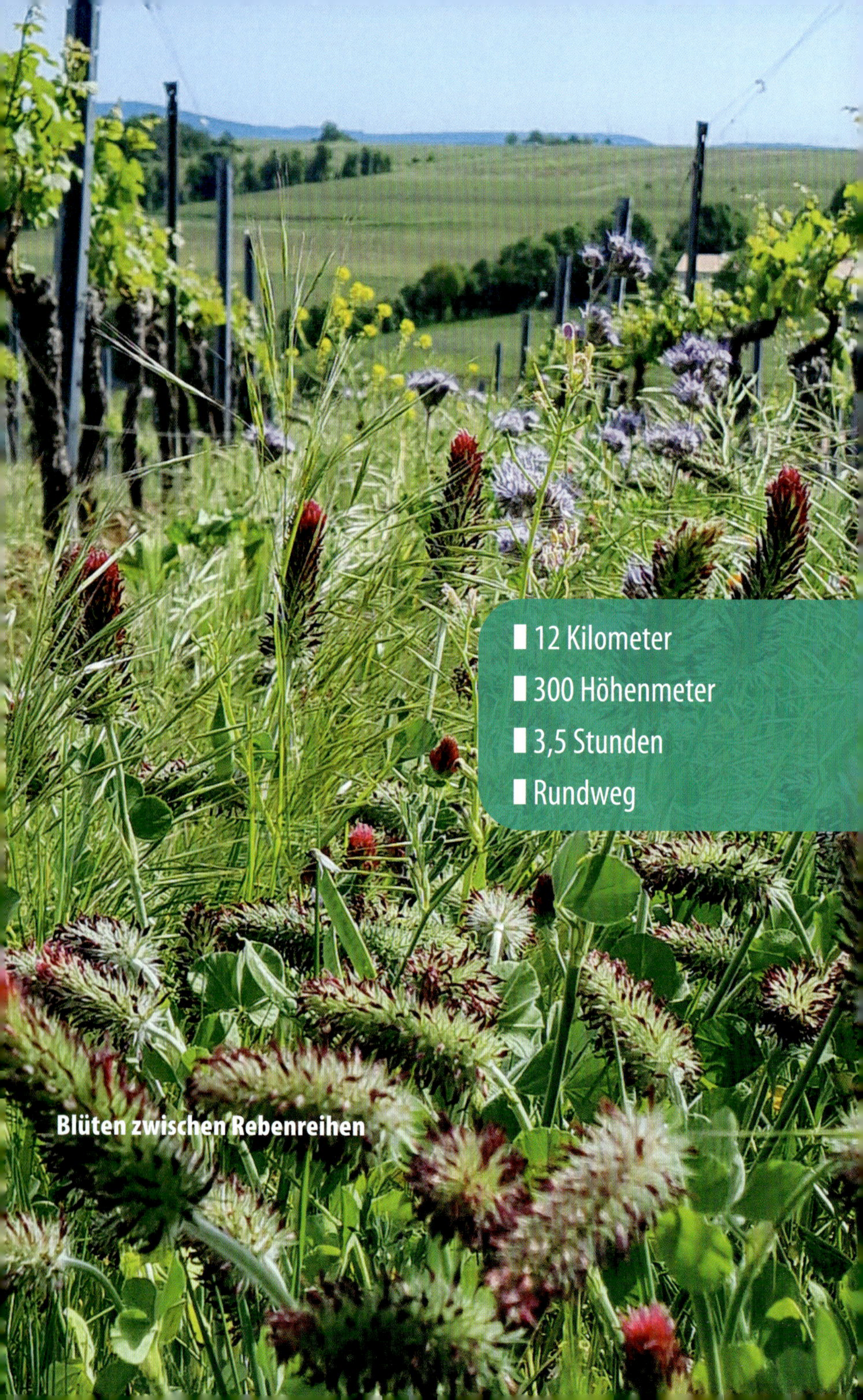

- 12 Kilometer
- 300 Höhenmeter
- 3,5 Stunden
- Rundweg

Blüten zwischen Rebenreihen

Mit unserer Verwöhntour starten wir am Wanderparkplatz am Ortsausgang von Wallhausen in Richtung Dahlberg. Es ist die **Vitaltour „Stein, Wein & Farbe"**, die wir heute gehen. Damit fällt uns die Orientierung leicht – einfach immer nur nach der **Vitaltour-Markierung** Ausschau halten, und alles ist gut. Obwohl – hin und wieder ist es durchaus lohnend, nach links und rechts zu sehen.

Wir wandern los unterhalb der Weinberge der **Großen Lage Felseneck** ❶ und spüren direkt die Nähe zum Kulturgut Wein. Vom **Weingut Prinz zu Salm** ❷ können wir diesen auf **Grünschiefer** gewachsenen Wein probieren – vielleicht in der Wallhausener Vinothek nach dem Ende unserer Wanderung. Zunächst stehen wir vor einer Trockenmauer mit aus Eisen gebogenen

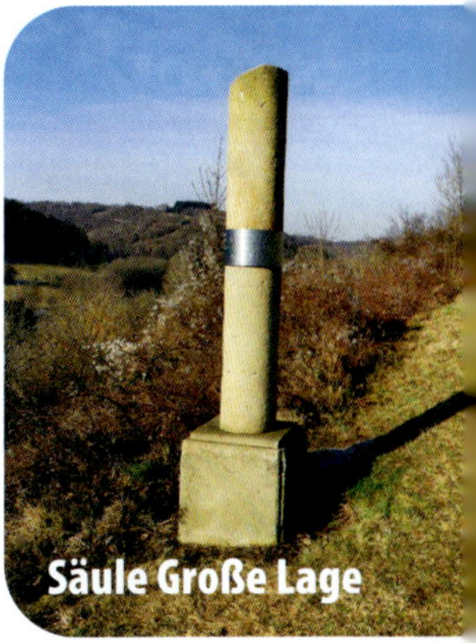

Säule Große Lage

Weinbergschaukel

Wald & Aussicht bei Wallhausen

Buchstaben und Ziffern – 1908 wurde diese errichtet. Rötlich wirkt sie, dabei wurde sie weitgehen aus dem Grünschiefer des Hanges gebaut. Im Laufe der Jahre hat sich die rötliche Oberflächenerde des Weinbergs, die nach Regen heruntergespült wurde, auf den Mauersteinen abgesetzt. Nein – wir fangen jetzt nicht an zu rubbeln und gehen weiter.

Nach 300 Metern verlassen wir die Wirtschaftsstraße und steigen rechts in den Weinberg. Es geht einige Meter hoch, dann überqueren wir einen weiteren Wirtschaftsweg. Wir gehen jetzt unterhalb der Reben, das ist schöner als auf dem etwas breiteren unteren Weg. Schon bald kommen wir zu einer Säule, die auf die Große Lage Felseneck hinweist.

*Die Begriffe **„Stein & Farbe"** im Namen der Vitaltour beziehen sich auf die geologischen Besonderheiten der Ortslage mit Grünschiefer, silbergrauem Phyllit, schwarzgrauem Tonstein, gelbem Sandstein, ockerfarbigem Quarzit sowie einem violettroten Konglomerat des Rotliegenden.*

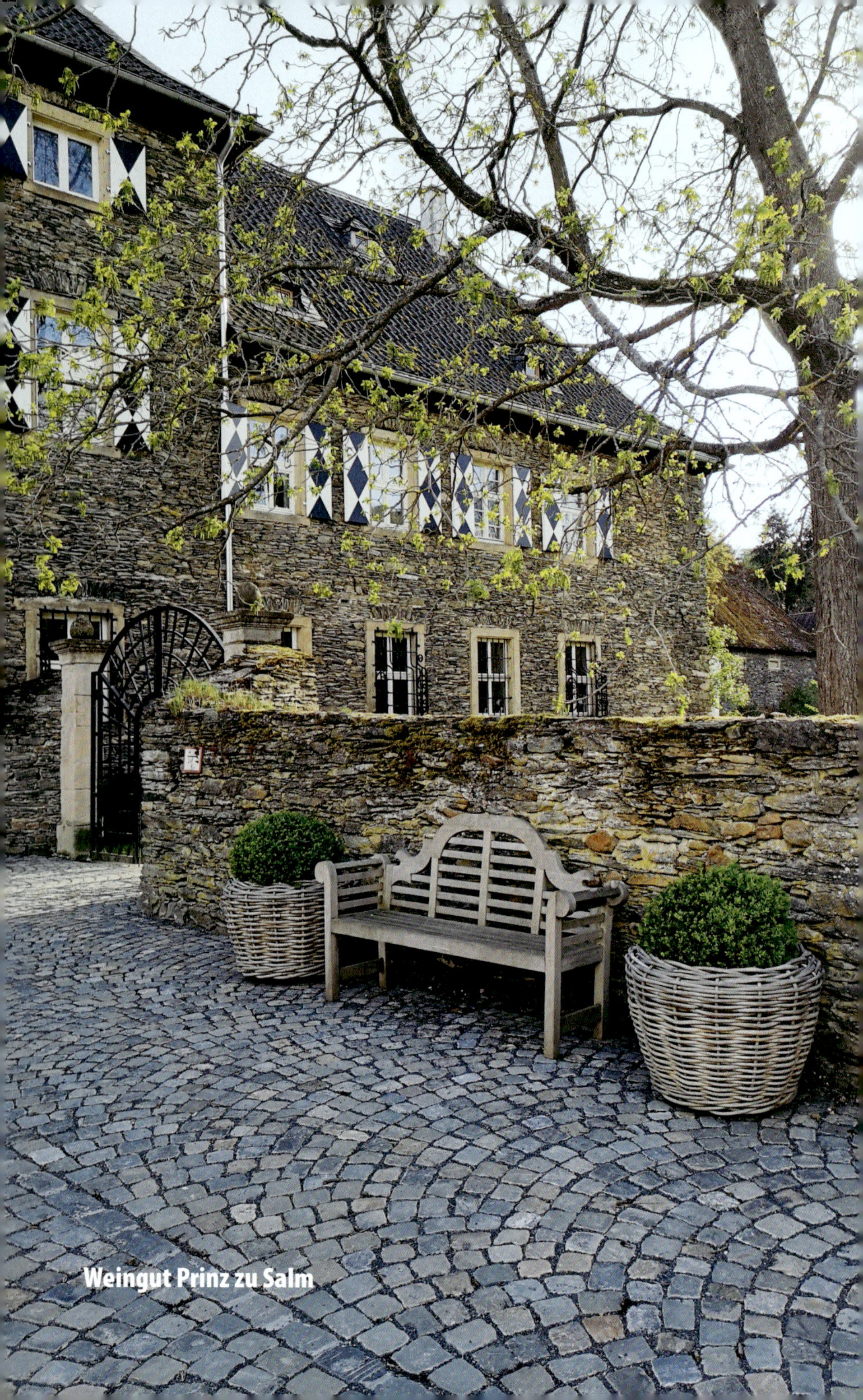

Weingut Prinz zu Salm

Wir folgen weiter der Beschilderung. Nach 700 Metern geht es kurz durch ein Waldstück, dann wieder vorbei an einem Weinberg, bevor wir endgültig in den Wald gelangen. Es geht leicht bergab und dann, der Weg macht eine leichte Biegung nach rechts, geht es oberhalb des Limbachs zum **Rabenfels ③.** Diese leicht bizarr anmutende Felsformation erreichen wir nach einer schmalen Lichtung und etwa 2 Kilometern. Eigenartig groß wirkt das 50 Meter hohe Gestein auf uns – aber keine Angst, wir müssen nicht klettern. Um auf diese durch einen Steinbruch entstandene Wand zu gelangen, nehmen wir zunächst einen Weg, der dann in einen Pfad mündet. Der Bewuchs wird niedriger, je höher wir kommen, und an unserem Ziel gibt es eine Rastanlage, Kinder haben eigenartige Bauwerke aus Holz errichtet, und wir können, wenn wir möchten, auf einer kleinen Felsenbank Platz nehmen und picknicken. Ja, es ist Picknickzeit mit Aussicht! Und die verwöhnt tatsächlich. Es ist ein ruhiger Ort mit Rundumsicht.

*„**Große Lage**" bedeutet übrigens etwas Vergleichbares wie in Frankreich „Grand Cru", also besonders herausragende Weinlagen. Die Große Lage Felseneck zeichnet sich durch ein Gefälle von 50 Prozent aus, ist also außerordentlich steil und hat als einzige in Deutschland Grünschiefer als Boden.*

Für die Seele

Wir schlendern durch Weinberge, erklimmen locker einen mächtigen Felsen und verwöhnen uns mit wunderbaren Aussichten an herrlichen Orten.

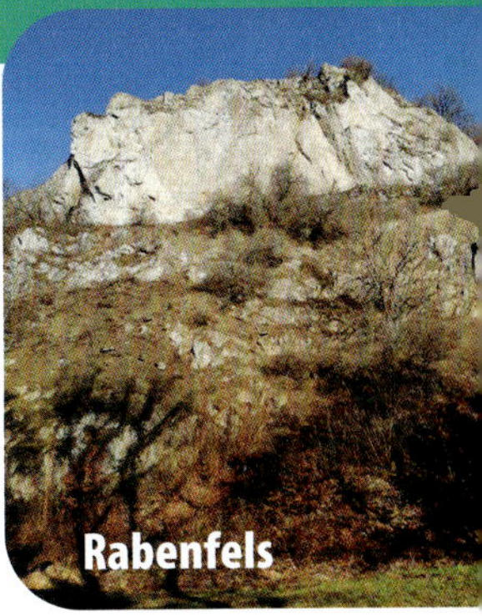

Rabenfels

Nach unserer Rast folgen wir weiter dem Pfad mit der Beschilderung Vitaltour. Dabei gehen wir leicht bergauf und erreichen mit dem Verlassen des Waldes den höchsten Punkt unserer Tour. Gleichzeitig blicken wir über Wiesen auf eine etwas eigenartige, für die Gegend ungewöhnliche Baumreihe – ob das wohl Mammutbäume sind? Die gibt es verschiedentlich im Soonwald. Mit Neugier und genug Zeit können wir das erkunden. Ansonsten gehen wir, nachdem wir nach rechts abgeknickt sind, etwa 1 Kilometer geradeaus, kommen durch ein kleines, niedliches Wäldchen. Wir biegen nach links ab und gehen etwas über 1 Kilometer oberhalb der **Rebenreihen der Lage Felseneck.** Dann kommen wir an einer **Schutzhütte** vorbei und biegen zweimal nach links ab. Was wir dann erblicken, ist – je nach Jahreszeit – schon eigenartig: Weihnachtsbäume, lauter Weihnachtsbäume. Wir wandern tatsächlich an einer der größten **Weihnachtsbaumplantagen** ❹ des Nahelandes vorbei.

Gleich geht es auf einem Pfad durch den Wald bergab. Unten angekommen haben wir die Hälfte unserer Tour geschafft. Was abwärts geht, steigt irgendwann auch wieder an. Die Markierung schickt uns nach links, und wir gehen etwa 400 Meter aufwärts, biegen rechts ab, überqueren eine Straße, steigen eine Treppe hoch und folgen der Markierung über eine **Wiesenlandschaft.** Der weiche Boden verwöhnt unsere Gelenke. Dann, nachdem wir ein weiteres Wäldchen durchquert haben, treffen wir wieder auf Weinberge und wandern durch diese bergab.

Nach 300 Metern treffen wir auf eine Straße, biegen nach links ab und sehen 100 Meter vor uns einen großen behauenen Stein – eine alte Wegmarkierung, der **Meilenstein an der Römerstraße** ❺ von Wallhausen nach Kreuznach. Dort wenden wir uns wieder nach rechts und wandern der Markierung Vitaltour folgend weiter durch die **Rebenreihen des Pastorenbergs** abwärts. Nach 300 Metern geht es nach rechts, und wir nähern uns einem **Grillplatz.** Dort wenden wir uns nach

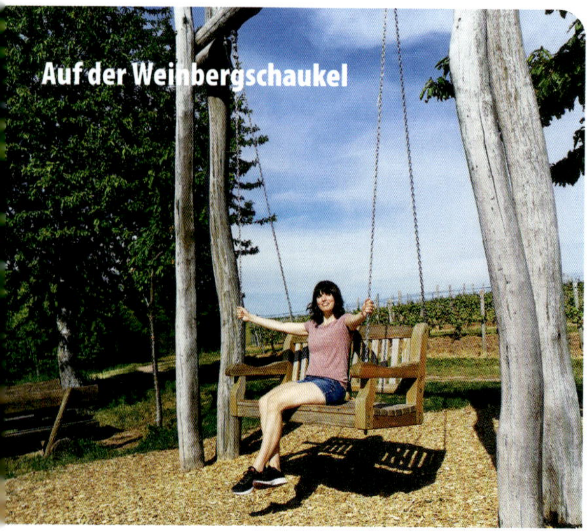
Auf der Weinbergschaukel

links, schlendern einige Meter, biegen nach rechts ab und stehen vor dem vom Weingut Johannishof errichteten überdachten **Rastplatz.**

700 Meter weiter – auch noch den Hügel hinunter, gibt es, bevor wir wieder einen leichten Anstieg bewältigen müssen, eine **Relaxliege mit Aussicht auf Wallhausen** und das Tal – ein richtiger Wohlfühlort. Nun führt die Route wieder bergauf – an Bäumen und Büschen vorbei. Es ist nicht wirklich ein Wechsel der Landschaft, aber es beschwingt, auch wenn es aufwärts geht durch den Rothenberger Graben. Wir achten auf die Markierung und erreichen etwa 1 Kilometer nach der Relaxliege einen Wanderparkplatz. Dort, am **Johannisberg ⑥,** sind die Reben in horizontalen Reihen auf Stufen angepflanzt – **Querterrassen,** die nach einer Flurbereinigung etwa 2010 angelegt wurden. Davor lag die Steillage in Teilen brach. So ist es für uns ein erstaunlicher Anblick. Wir sehen auch schon das Kreuz auf dem Johannisberg. Dort haben wir abermals einen wunderschönen Blick über Wallhausen nach Süden und Westen. Hier die untergehende Sonne zu erleben, fühlt sich gut an – Zufriedenheit breitet sich aus.

Der Panoramablick am Johannisberg begeistert, doch unser absoluter Höhepunkt der Wanderung ist die **Weinbergschaukel ⑦** nur einige Hundert Meter weiter. Besser geht's einfach nicht – es ist geradezu zauberhaft an dieser Stelle. Diese Lage, die Aussicht nach Norden talaufwärts – hier einige Minuten sitzen zu dürfen, ist ein Privileg. Bei schönem Wetter, nachmittags oder abends fühlen wir uns, als ob wir in einem Kunstwerk Platz nehmen dürfen. Es ist einer der Lieblingsorte in diesem Wanderführer, geboren aus der Schatztruhe der Natur, gepflegt von Winzern in einer jahrhundertealten Weintradition. Wir erleben Vollkommenheit.

Weit weg ist der Ausgangspunkt unserer Tour nun nicht mehr – es sind nur etwas mehr als 1,5 Kilometer bergab. Nach der Weinbergschaukel biegen wir an der

Wir sollten unbedingt noch einen Besuch von ***Wallhausen,*** *vielleicht der Vinothek, einer Gutsschänke oder einem der Weingüter einplanen. Von April bis Juni sowie von September bis in den November hinein ist das kulinarische Angebot am besten.*

Kreuzung links ab und schlendern 200 Meter weiter fast in die Gegenrichtung den Hügel hinunter. Gleich darauf gibt es wieder eine Serpentine – vor uns liegt ein kleines **Waldstück,** in dem wir nach links den Hang hinunter abzweigen. Wir sehen eine Straße, davor gehen wir wiederum nach links, bis wir zu einer Treppe kommen, die auf die Straße führt. Diese überqueren wir und wandern gegenüber links in einen weichen Feldweg, an Reben und Hecken vorbei bis zum Parkplatz. Oder wir lassen den Wandertag noch gemütlich in Wallhausen ausklingen – zum Beispiel mit einem Besuch in der **Vinothek** 8 oder einem Rundgang durch die historischen Teile des Ortes.

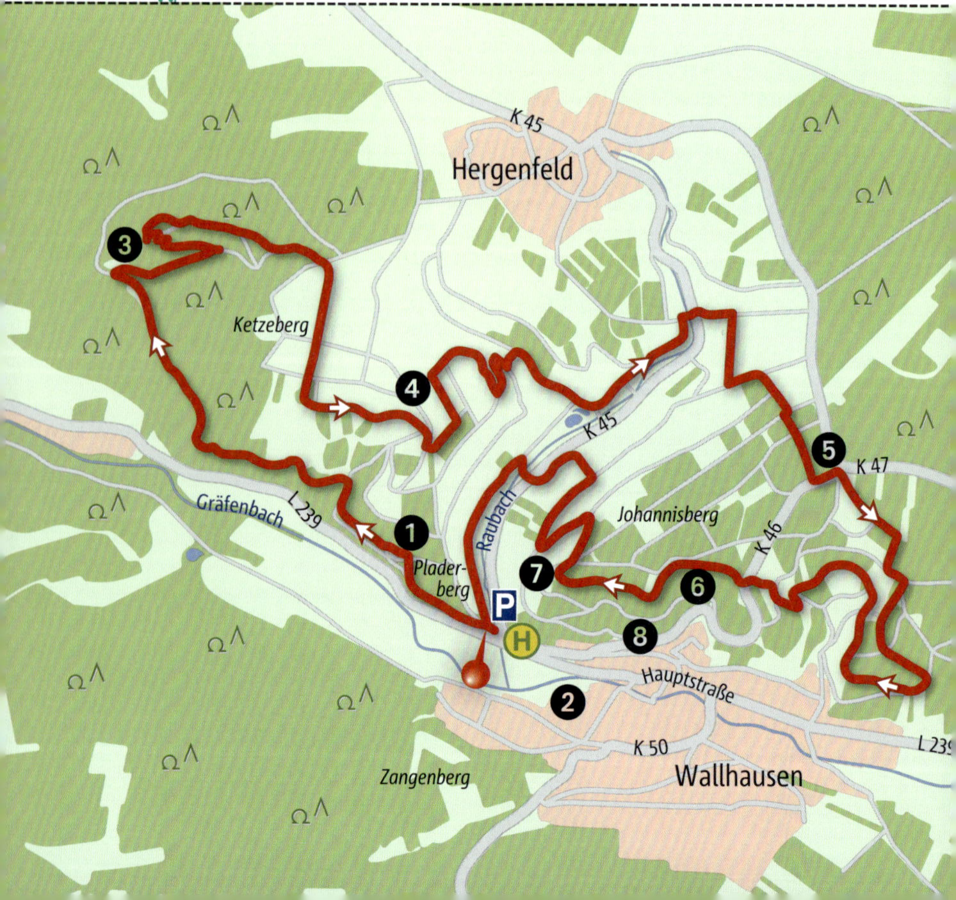

Alles auf einen Blick

WIE & WANN:
Es handelt sich um einen Premiumweg. Mit Leichtwander- oder Joggingschuhen sind wir ausreichend gerüstet. Grundsätzlich ganzjährig, im Winter bei Sonnenschein. Die besten Monate sind von April bis Juni sowie von September bis in den November hinein.

HIN & WEG:
Auto: Wanderparkplatz am westlichen Ortsausgang, 55595 Wallhausen (GPS: 49.891131, 7.759132)
ÖPNV: Wallhausen wird mit dem RNN-Bus 244 aus Bad Kreuznach angefahren.

Entspannung ✱✱✱✱✱
Genuss ✱✱✱✱✱
Romantik ✱✱✱✱✱

ESSEN & ENTSPANNEN:
An Picknickutensilien für die Pausen denken. Unterwegs gibt es keine Gastronomie.

Abseits der Route empfehlenswert:
Wallhauser Vinothek ❽ Hauptstraße 82, 55595 Wallhausen, Tel. (0 67 06) 91 32 73, www.wallhaeuser-weintreff.de
Es gibt in Wallhausen noch eine Reihe von **Weingütern mit Gutsschänken,** die es zu entdecken lohnt.

ENTDECKEN & ERLEBEN:
Große Lage Felseneck ❶
Weingut Prinz zu Salm ❷ Schloss Wallhausen, Schlossstraße 3, 55595 Wallhausen, Tel. (0 67 06) 94 44 11
Rabenfels ❸ **Weihnachtsbaumplantage** ❹
Meilenstein an der Römerstraße ❺ **Querterrassen am Johannisberg** ❻
Weinbergschaukel ❼

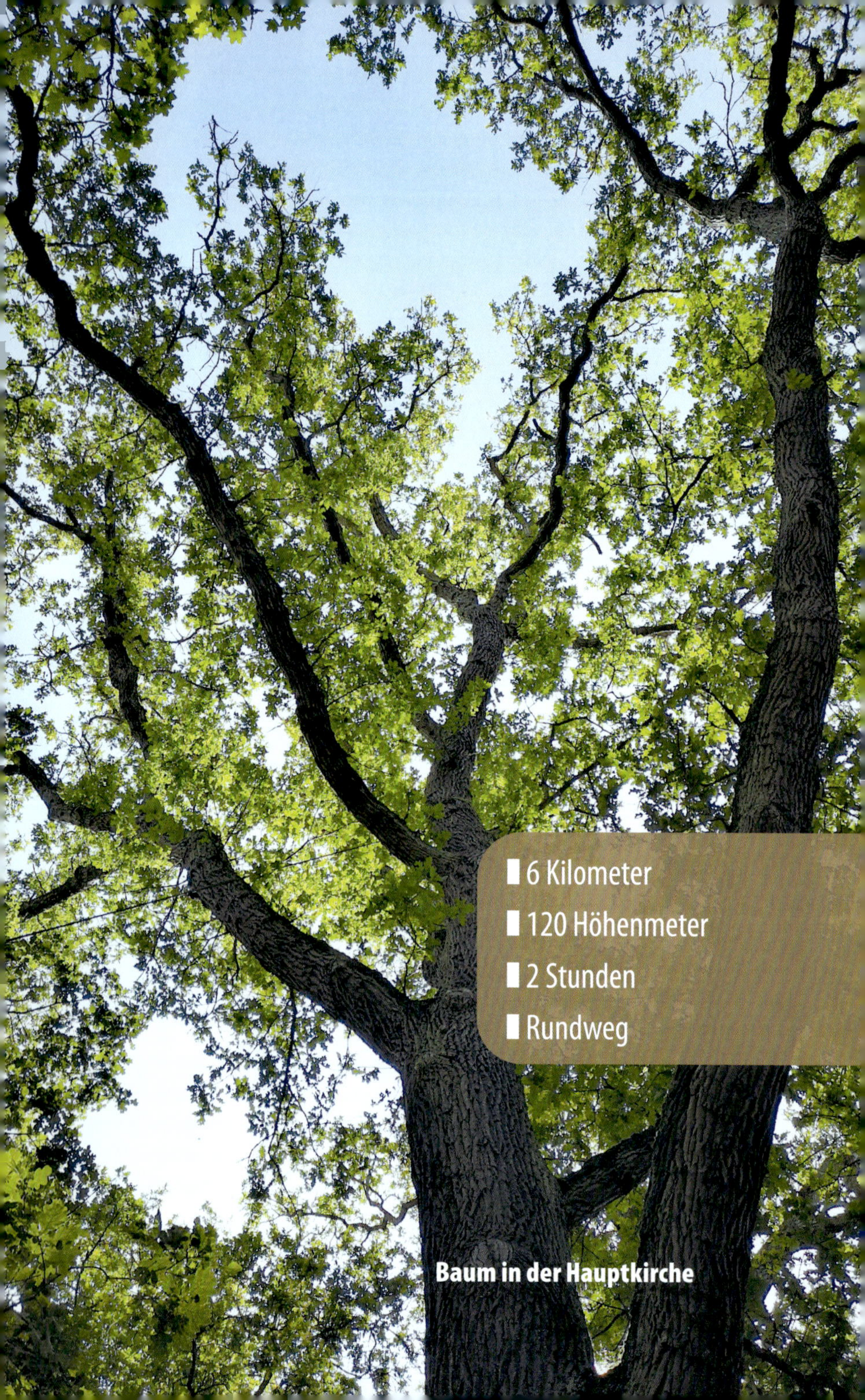

- 6 Kilometer
- 120 Höhenmeter
- 2 Stunden
- Rundweg

Baum in der Hauptkirche

Wir starten am Parkplatz im Staudernheimer Klosterweg, gehen zunächst etwas zurück Richtung Ort und dann links den Klosterberg hoch. Auf dem Weg sehen wir rundgetretenes uraltes Pflaster. Wenn es geregnet hat, ist das etwas rutschig. Hier auf der Nordseite gibt es viel Moos und Farn. Wir ahnen, wie hier vor bald 1000 Jahren Nonnen und Mönche den kleinen Hügel hochstiegen.

Nach 300 Metern mündet der Weg auf eine kleine Straße. Dieser folgen wir am Parkplatz des **Klostermuseums** **1** vorbei, bis wir nach 600 Metern den offiziellen **Eingang der Klosterruine am Disibodenbergerhof** erreicht haben. Schon jetzt direkt zum Kloster zu gehen, wäre möglich, vorher noch weiter zu spazieren, stimmt allerdings viel besser auf die Atmosphäre des Klosters ein. Dennoch zahlen wir hier die 5 Euro Eintritt und nehmen den Lageplan des Klosters mit. Wir werden die Klosteranlage später rückseitig betreten.

Einige Meter weiter führt der Weg an einem **Weingarten** vorbei bergab in Richtung von Bahngleisen und Bäumen entlang der Nahe. Auf den Gleisen verkehren

*Das **Kloster Disibodenberg** ist benannt nach Disibod, einem irisch-schottischen Wandermönch, der laut Hildegard um 640 zum Zusammenfluss von Glan und Nahe kam und sich auf halber Höhe des Berges niederließ.*

Klostermeditation

Spaziergang am Disibodenberg

übrigens nur die Draisinen der Draisinentour, die in Staudernheim am Bahnhof ihren Start-/Endpunkt hat. Würden wir an den Gleisen nach links abbiegen, würden wir die bayrische Brücke erreichen. Die Nahe war einmal ein Grenzfluss. Aber wir wandern nach rechts über die Gleise und kommen ganz dicht an die

Nahe. Vielleicht wollen wir – wenn es die Temperaturen zulassen – barfuß durch das Gras zum Fluss gehen. Dabei schlendern wir auf den **Zusammenfluss von Glan und Nahe** zu.

Wenn wir rechts den Hügel hochsehen, erblicken wir den Neubau der kleinen weißen **Hildegardis-Kapelle.** Es ist das pure Entschleunigen, das wir hier rund um den Disibodenberg erleben. Weiter auf dem Weg sehen wir unterhalb der Kapelle die Rebenreihen des Weingutes Disibodenberg. Es geht tatsächlich an einem der ältesten deutschen Weinberge entlang. Schon die Römer waren auf dem Plateau des Hügels.

So spazieren wir weiter und erneut über die Bahngleise auf die **Klostermühle** mit ihrem Backsteinturm zu. Hier gäbe es auch einen Pfad den Hügel hoch zur Klosteranlage. Dann entginge uns jedoch nur knapp 500 Meter weiter die **Disibod-Treppe** ❷. Schräg rechts von der Klostermühle steht ein kleines Gebäude im Weinberg, davor liegen die Baumreihen einer Apfelplantage. Wir entscheiden uns, vor der vorderen Baumreihe entlangzugehen, so können wir den Fahrradweg verlassen und uns auf das pilgerhafte Besteigen des kleinen Bergs über die Disibod-Treppe einstimmen. Es sind knapp 90 Meter, die hinaufzusteigen sind, bis wir eine Straße erreichen und dort nach wenigen Metern rechts zur Klosterruine abbiegen. Der Weg fällt leicht, und nach 200 Metern gehen wir rechts oberhalb des Weinbergs entlang.

Wir kommen zu einer großen **alten Eiche** ❸ und gehen rechts der Klostermauer den Weg weiter leicht bergauf, bis wir links Gebäude sehen. Es handelt sich um die **Laienkapelle** und rechts daneben die Pforte. Dazwischen betreten wir das schon 1559 aufgegebene **Kloster.** Dessen vollständige Zerstörung wurde eigenartigerweise durch Napoleons Feldzug Richtung Osten aufgehalten. Später – zu Zeiten der Romantik – wurde die Klosteranlage in einen **Landschaftspark nach englischem Vorbild** ❹ überführt. Deshalb wurde das

Hildegard von Bingen
kam im Alter von acht Jahren nach Sponheim und ging zusammen mit Jutta von Sponheim ins Kloster Disibodenberg. 1137 wurde sie Juttas Nachfolgerin und verfasste wissenschaftliche Schriften. 2012 wurde sie vom Papst Benedikt XVI. heiliggesprochen.

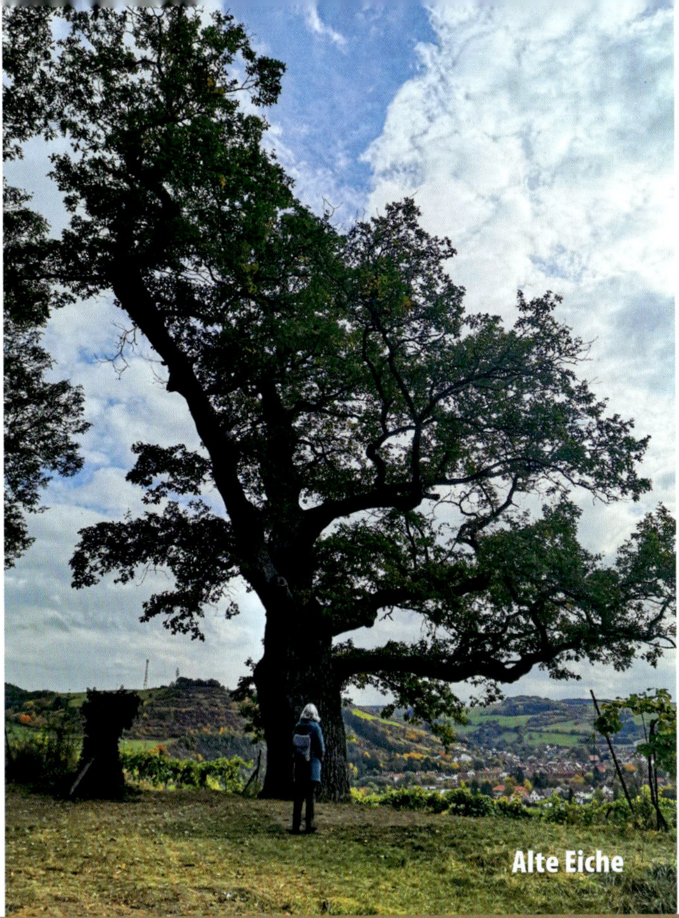

Für die Seele

Die Besinnlichkeit, die wir in der Anlage der Klosterruine Disibodenberg fühlen, inspiriert uns und gibt uns Kraft.

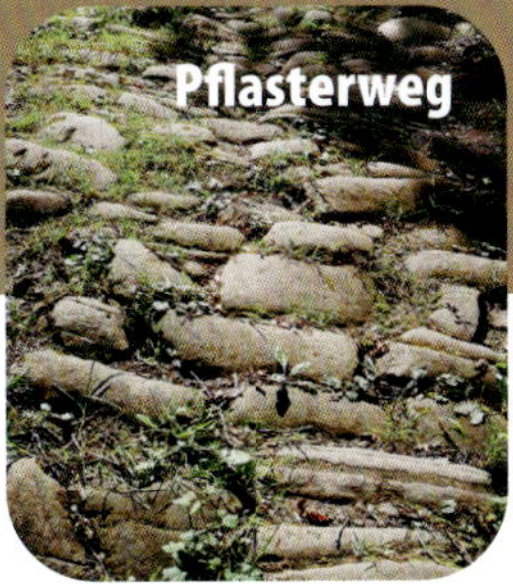

Plateau des Disibodenbergs von den Gästen der umliegenden Kurorte zur Erholung und Kontemplation besucht.

So gehen auch wir vorsichtig durch die Ruine und entschleunigen völlig. Es gibt enorm viele interessante Stellen in der Anlage, die zum Verweilen einladen. Dabei ist es auch nicht erforderlich, die hier vorgeschlagene Wegführung einzuhalten – der Weg zum offiziellen Eingang und dem Museum ist ausgeschildert und auf Übersichtstafeln ersichtlich. Wir zweigen zunächst nach rechts ab und gehen an der ehemaligen Friedhofskapelle vorbei zur modernen, 1997 erbauten **Hildegardis-Kapelle 5**. Von dort haben wir einen guten Blick über das Tal nach Odernheim. Danach treten wir wieder zurück unter das Blätterdach der Baumriesen der Parkanlage und schlendern auf das etwa 100 Jahre nach Hildegard von Zisterziensern erbaute 40 Meter lange **Abteigebäude** zu. Der Nordwestgiebel mit seinen 24 Metern steht noch. Von dort gehen wir zurück, um das Gebäude herum, bis wir die Mauern eines kleinen Gebäudes sehen – die Marienkapelle. Dort wurden **Grabplatten** aufgestellt, die wir uns ansehen – dabei ist auch die des Ritters von Boos.

Wenn wir uns nach links wenden, erblicken wir die Grundmauern der zu Hildegards Zeit erbauten **Abteikirche Sankt Nikolaus 6**. Dort steht ein Altar im Chor der ehemaligen dreischiffigen Pfeilerbasilika.

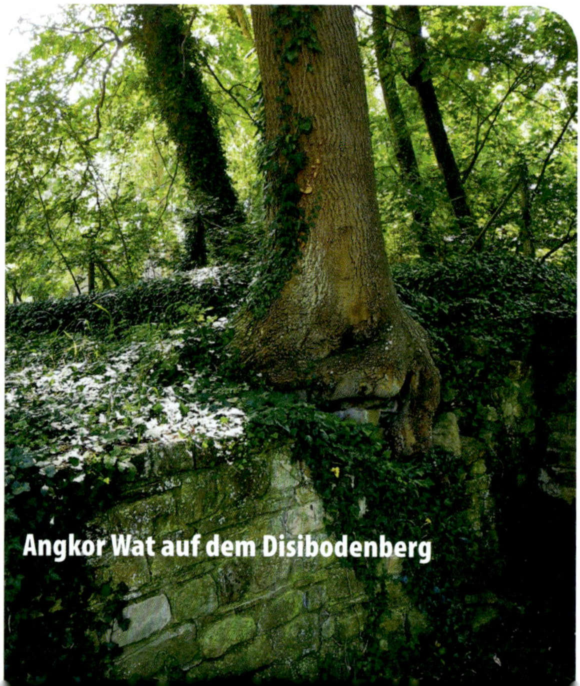

Angkor Wat auf dem Disibodenberg

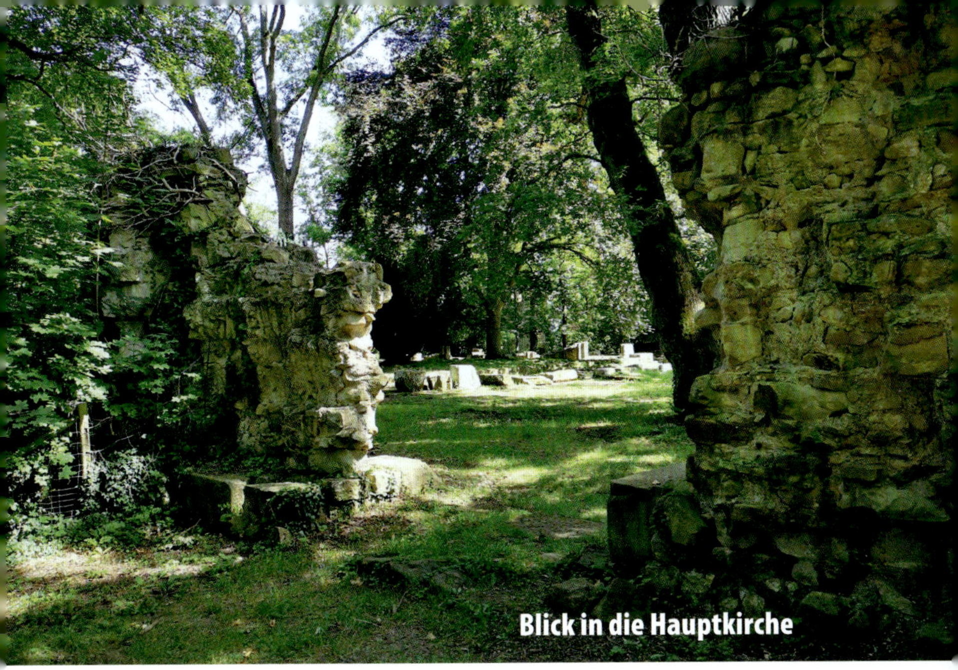

Blick in die Hauptkirche

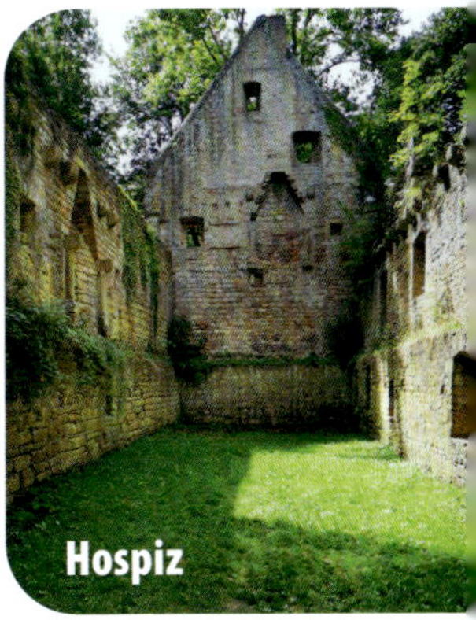

Hospiz

Die verbliebenen Bodenteile der Säulen wirken mächtig. Sich hier zwischen den Schatten spendenden Bäumen aufzuhalten, entspannt und lässt uns die Ruhe erfahren. Wenn wir den Bau gegen Norden Richtung des Kapitelsaals verlassen und auf das ehemalige **Refugium** zugehen, erahnen wir die Größe der Anlage, die mit ihren 20.000 Quadratmetern eine der größten in Deutschland ist.

Es kommt hin und wieder ein Gefühl von Angkor Wat auf – jenem kambodschanischen, von Bäumen und Wurzeln überwuchernden Tempel. Auch hier haben Bäume Mauern überwachsen. Am **Refektorium,** dem Speisesaal, gehen wir nach links und gelangen zur Küche – gewaltig sieht dieser aus benediktinischer Zeit stammende Trakt aus. Das benötigte Mehl wurde übrigens in der Kostemühle, an der wir vorbeikamen, gemahlen und den Pfad hoch ins Kloster geschafft.

Wir gehen auf das **Hospiz** ❼ zu, dessen Inneres wir im Gegensatz zum Abteibau betreten dürfen. Genau dies sollten wir unbedingt tun. Es sind die verbliebenen Reste eines 28 Meter langen Gebäudes, das unter anderem als Unterkunft für Pilger und andere Gäste genutzt wurde. Nun gehen wir nach Süden, an der Frauenklause vorbei bis zur **alten Eiche,** die wir schon kennen. Dort biegen wir scharf rechts ab und gehen auf dem Weg der Stille bis zum Klostermuseum. Ausgestellt sind hier Fundstücke aus dem Klostergelände, beispielsweise Schlusssteine aus der Marienkapelle. Nach dem Museumsbesuch und möglicherweise einer kleinen Stärkung im **Klostercafé** 8 spazieren wir nach links vom Gelände den Weg, den wir gekommen sind, zurück.

Nicht nur wenn wir mit dem Zug angefahren sind, empfiehlt sich als Alternative die Einkehr beim **3sinenwirt** 9 beim Bahnhof an der Start-/Endstation der Draisinenstrecke.

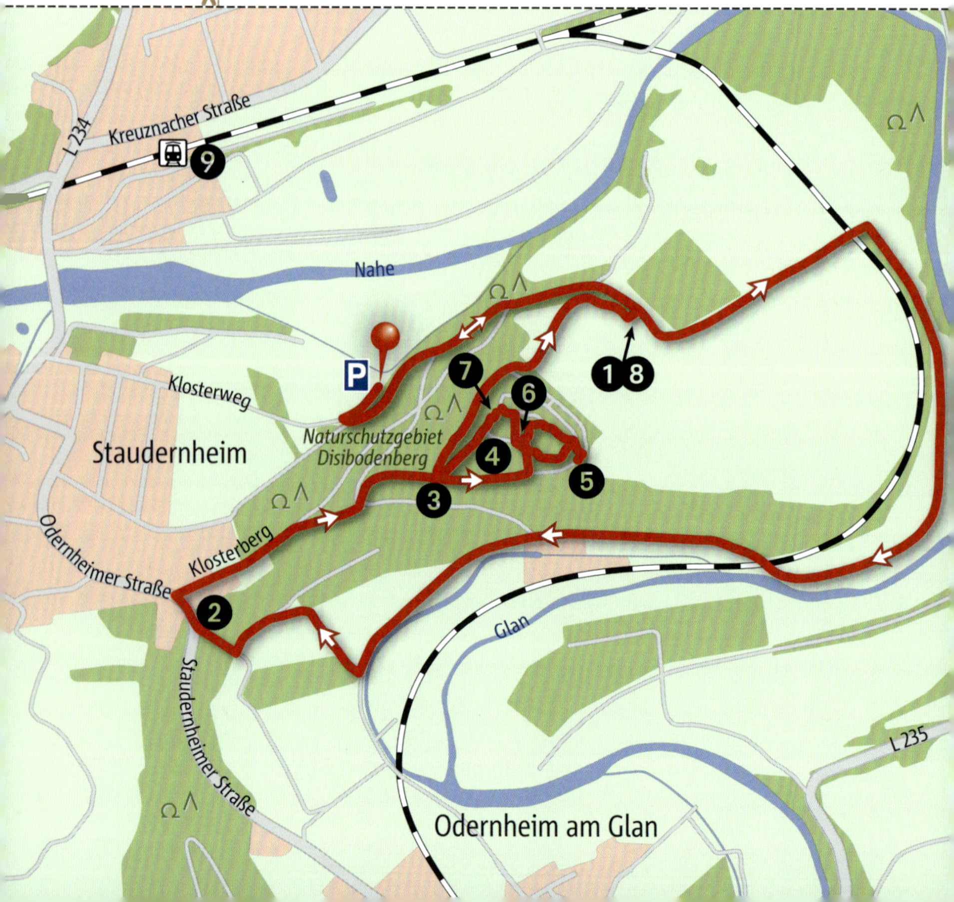

Alles auf einen Blick

WIE & WANN:
Einfache Wege, Straßenschuhe sind ausreichend. Von Ostern bis Oktober ist das Museum samstags (12–18 Uhr) und sonntags (11–17 Uhr) geöffnet. Dann ist auch das Klostercafé geöffnet.

HIN & WEG:
Auto: Wanderparkplatz am Klosterweg, 55568 Staudernheim (GPS: 49.776947, 7.697965)
ÖPNV: Staudernheim ist aus Mainz oder Kaiserslautern mit dem Zug erreichbar.

ESSEN & ENTSPANNEN:
Klostercafé ❽ Disibodenberger Hof, 55571 Odernheim am Glan

Abseits der Route empfehlenswert:
Zum 3sinenwirt ❾ Kiosk und Biergarten am Draisinen-Bahnhof, Bahnhofstraße 2a, 55568 Staudernheim, www.zum-3sinenwirt.de

ENTDECKEN & ERLEBEN:
Klostermuseum ❶ **Disibod-Treppe** ❷ **Alte Eiche** ❸
Landschaftspark nach englischem Vorbild ❹
Hildegardis-Kapelle ❺ **Abteikirche Sankt Nikolaus** ❻
Hospiz ❼

Entspannung ✸✸✸✸✸
Genuss ✸✸✸
Romantik ✸✸✸✸

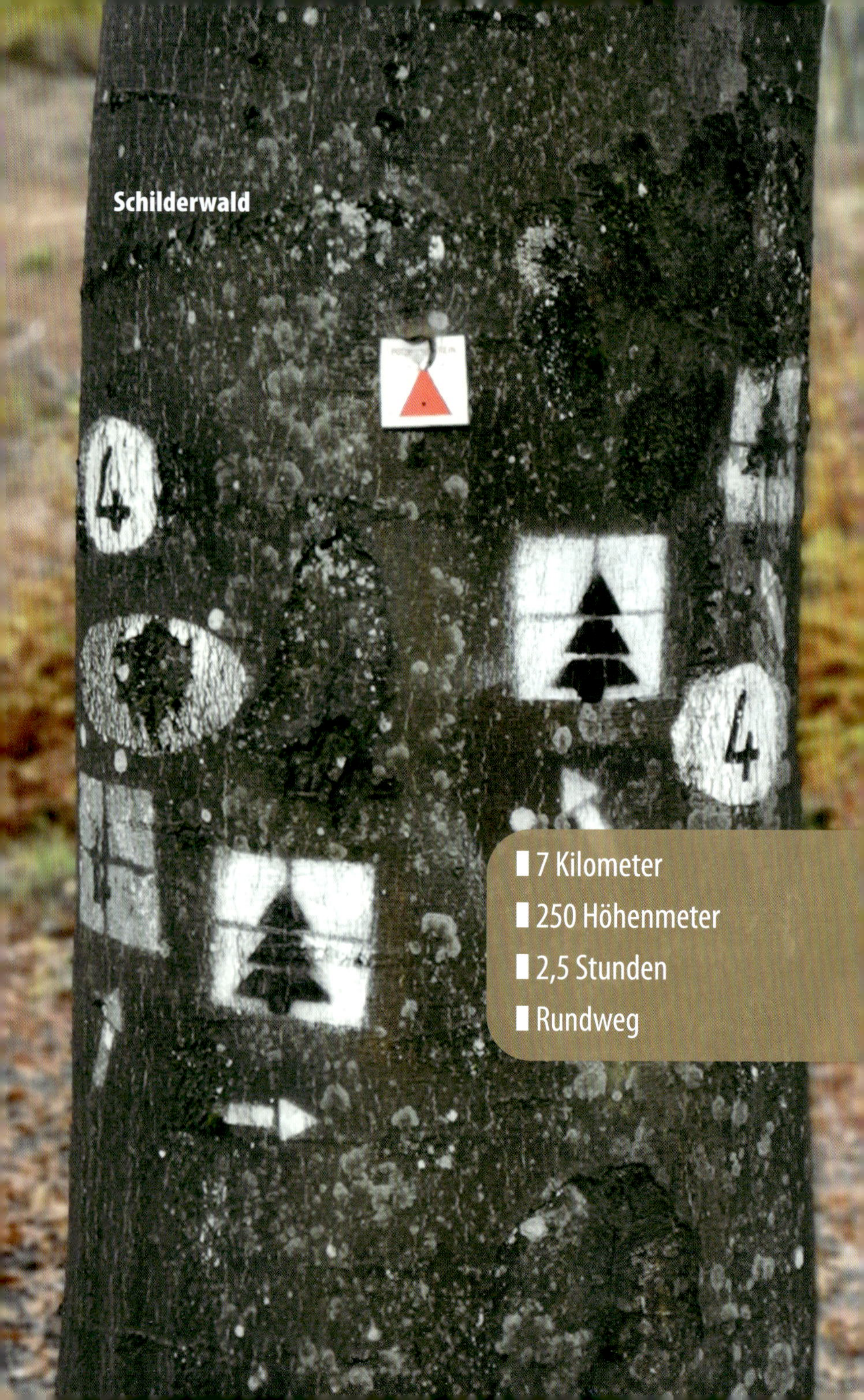

Schilderwald

- 7 Kilometer
- 250 Höhenmeter
- 2,5 Stunden
- Rundweg

Schon bei der Ankunft auf dem Gipfel des Potzbergs wundern wir uns vielleicht ein wenig. Der Gipfel ist relativ flach. Noch bevor wir den frisch renovierten 35 Meter hohen **Potzbergturm 1** zu Gesicht bekommen, erblicken wir ein burgähnliches Gebäude. Dabei handelt es sich um ein Hotel-Restaurant, das zum großen Teil mit dem in der Gegend üblichen roten Sandstein gebaut wurde – es wurde erst in den 80er-Jahren des 20. Jahrhunderts erbaut und wird derzeit lediglich für Festlichkeiten genutzt.

An der hinteren rechten Ecke des Parkplatzes finden wir eine Wanderübersichtskarte. Der örtliche Potzberg-Verein kümmert sich mit viel Liebe und Engagement um die Beschilderung der Wanderwege. Gleichzeitig wird für viele Ruhebänke gesorgt, sodass wir, wann immer wir möchten, eine Pause einlegen können – beste Gelegenheit zur Entschleunigung. Zunächst starten wir auf dem **Zickzack-Pfad 2** und folgen der Beschilderung leicht bergab. Hinter dem Schild geht es nach rechts auf einen Weg, von dem nach wenigen Metern links der Zickzack-Pfad abzweigt. Es ist

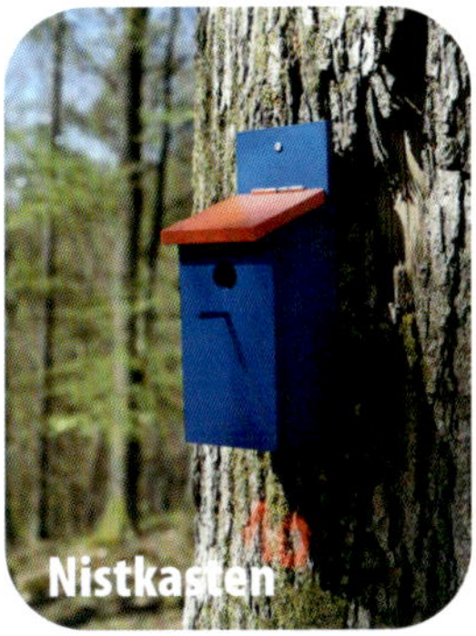
Nistkasten

Licht und Schatten

Waldrunde am Potzberg

wirklich angenehm, unsere Wanderung auf einem schmalen Pfad bergab mit weichem Untergrund zu beginnen. Gleich am Anfang kommt auch schon ein erstes „Zickzack“, bevor es einige Hundert Meter mehr oder weniger geradeaus geht. Dabei überqueren wir drei Wege und folgen immer der Beschilderung „Zickzack-Pfad“.

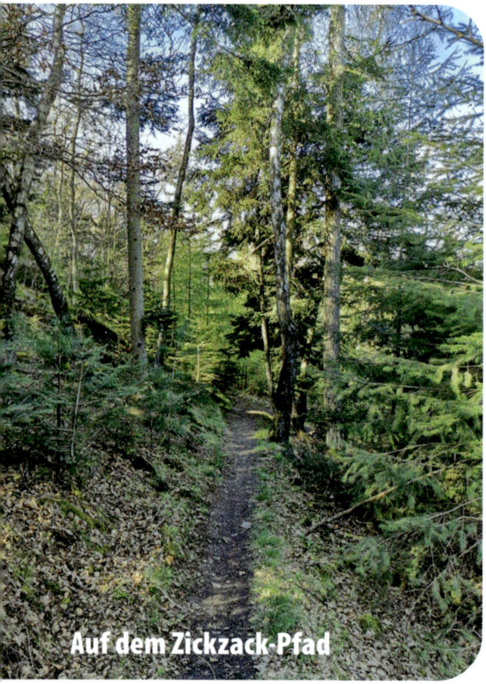

Auf dem Zickzack-Pfad

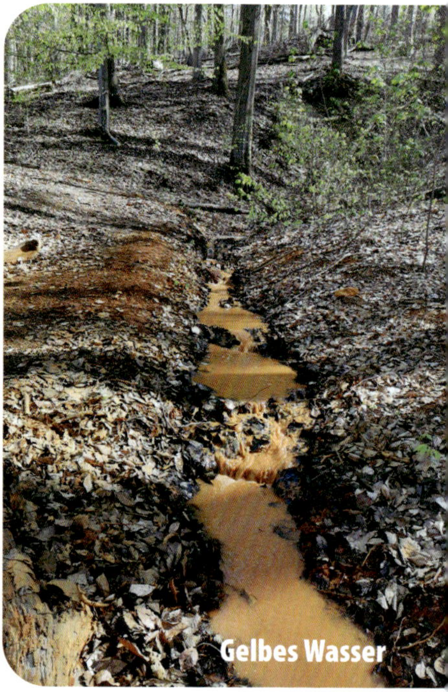

Gelbes Wasser

Beim **Gelben Wasser** handelt es sich um die Entwässerungsquelle des ehemaligen Quecksilberbergwerks „Davidskrone", einer von mehreren Gruben zur Gewinnung von Zinnobererzen. Die gelbliche Farbe stammt von herausgespültem Brauneisenerz.

Dann beginnt der wahre Zickzack. Gemütlich steigen wir bergab und folgen den Serpentinen. In einem kleinen **Birkenwäldchen** ist der Wald lichter. Ob wir im Sommer oder Herbst unterwegs sind, ist gleich: Veränderte Eindrücke durch wechselnden Baumbestand entspannen, lassen uns den Alltag vergessen und entschleunigen.

Bei dieser Tour wählen wir keine der vom Potzberg-Verein vorgeschlagenen Touren – wir kombinieren sie. An Wochenenden könnten wir die Tour leicht verlängern und den Zickzack-Pfad bis zur **Ottilienquelle** ❸ gehen. An der dortigen Schutzhütte gibt es sonntags Getränke und einfache Gerichte. Ob wir, sobald wir auf das Schild „Gelbes Wasser" stoßen, in dessen Richtung gehen oder dies von der **Ottilienquelle** aus tun, ist gleich. Wir sind jetzt erst 1,2 Kilometer unterwegs, und das **Gelbe Wasser** ❹ liegt nur 100 Meter entfernt.

Von dem gelben Bächlein gehen wir den Waldweg weiter leicht bergab, bis wir nach etwa 700 Metern an einer Bank nach links, der Markierung 4 folgend, bergauf gehen müssen. Der Weg geht etwa 400 Meter bergauf, dann biegen wir nach links ab und nach wiederum 400 Metern wieder nach rechts. Inzwischen ist das Gelände flacher, und wir nähern uns der nächsten Besonderheit unserer Tour – dem **Dreieckigen Stein ❺**, den wir nach insgesamt 3 Kilometern erreichen, sofern wir keine Umwege zu einer der Hütten gemacht haben. Aber gerade dies ist ein Teil der Entschleunigung – sich treiben lassen und auch mal nach links oder rechts abzubiegen, um wieder entspannt auf den geplanten Weg zurückzukehren.

*Um 1840 trafen an dieser Stelle die **Gemarkungsgrenzen** von Gimsbach, Theisbergstegen und Rutsweiler zusammen. Seit der Gebietsreform des 20. Jahrhunderts markiert der 1988 aufgestellte Ersatzstein die Grenzen der Verbandsgemeinden Glan-Münchweiler, Kusel und Altenglan.*

Eigenartig unspektakulär sieht er aus, dieser dreieckige Grenzstein – besonders ist er dennoch, sind Grenzsteine, selbst wenn diese an drei aufeinandertreffenden Grenzen platziert werden, in den allermeisten Fällen doch viereckig. Für uns geht es geradeaus weiter der Beschilderung zum **Schützenbrunnen ❻** folgend – manchmal entziffern wir noch eine an einen Baum gemalte 4. Nach etwa 800 Metern erreichen wir diesen wahrhaft idyllischen Ort und verlassen den Weg nach rechts unten, wo wir schon das Wasser plätschern hören, das in einen kleinen Teich fließt. Dort ziehen Goldfische gemächlich ihre Bahnen. Im Herbst, mit goldbraunem und kupferfarbenem Laub auf der Wasseroberfläche, mag eine leichte Melancholie auf-

*Der **Schützenbrunnen** in seiner aktuellen Form wurde 1998 eingeweiht. Schon 1894 wurden an dieser Stelle der Teich und die Quelle als Platz zur Erholung angelegt. Immer wieder werden hier Feste gefeiert.*

Für die Seele

Eine Bergumrundung ohne viele Höhenmeter mit einigen Kleinoden, die zum Verweilen einladen – wir entschleunigen maximal entspannt.

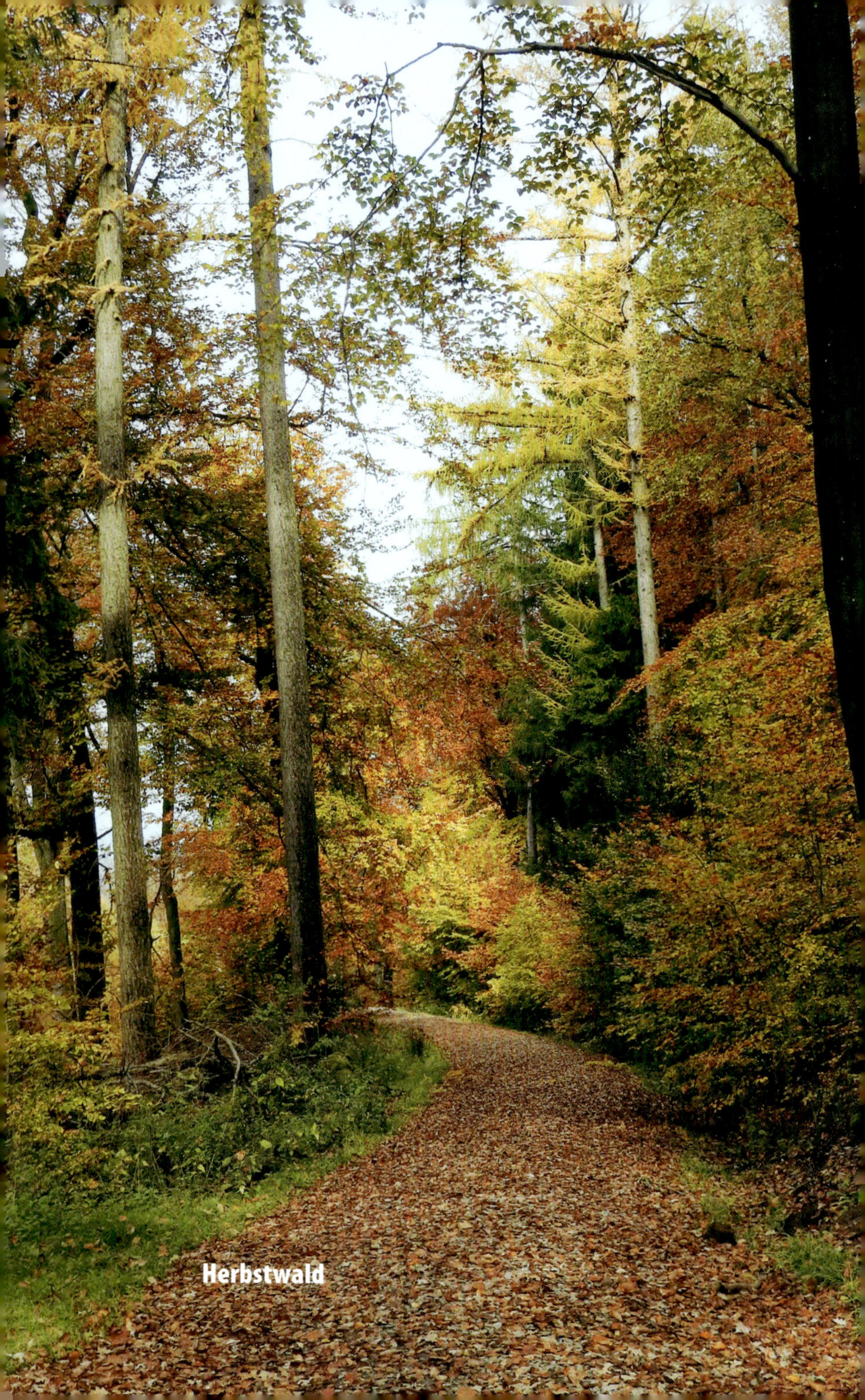
Herbstwald

kommen. Bis zum Ende unserer Tour ist diese Stimmung sicher wieder verschwunden.

Am Schützenbrunnen nehmen wir eine Treppe mit weit auseinanderliegenden Stufen, um zurück auf den Weg zu gelangen, gehen wenige Meter und stehen an einer Hinweistafel zu den Rundwanderwegen. Wir gehen links bergan und biegen gleich wieder nach rechts ab. Jetzt gehen wir einfach etwa 800 Meter geradeaus den Waldweg entlang, bis wir vor einer Gabelung stehen. Dort wählen wir den oberen, linken Weg, der **mit einem Raben gekennzeichnet** ist – oder, wenn er uns mehr anlacht, auch den rechten Weg. Nach etwa 700 Metern treffen die Wege am Waldrand unweit einer **Relaxbank** wieder aufeinander – unterwegs gibt es auf beiden Wegen **Edelkastanien,** diese sind wie in der Nordpfalz üblich weniger groß als in der Gegend um Bordeaux oder in Norditalien. An dieser auch im Sommer schattigen Bank können wir kaum vorbeigehen, legen noch eine Pause ein und kosten den Blick von oberhalb Neunkirchen über das Potzbergland. Wir sehen Windräder und hie und dort ein Dorf. In der Nordpfalz muss es entspannt zugehen.

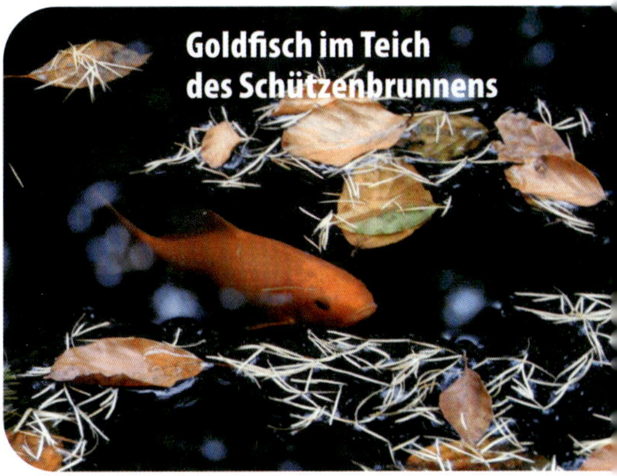
Goldfisch im Teich des Schützenbrunnens

Schon 200 Meter nach der Bank stehen wir vorm ersten Haus von Föckelberg, und genau vor diesem gehen wir links den Weg hoch, bis wir vor einem **Steinbarometer** stehen. Wir wissen, wenn der Stein trocken ist, ist das Wetter gut, ist er dagegen nass, regnet es womöglich. Dort biegen wir nach links ab. Es geht bergauf. Nach 500 Metern biegen wir erneut nach links ab. Den **Potzberggipfel** haben wir, entlang des Außenzauns des Tierparks gehend, nach weiteren 500 Metern erreicht. Wie schön wäre es, wenn das Hotel-Restaurant jetzt offen hätte. Leider bleiben die Türen meist verschlossen.

Allerdings lohnt der Besuch des **Wildparks** 7 mit seiner Greifvogelschau – auch wenn die superniedlichen Polarfuchsjungen mittlerweile erwachsen sind. Am **Kiosk** 8 bekommen wir Snacks und etwas Kaltes zu trinken. Keinesfalls entgehen lassen sollten wir uns die Besteigung des 35 Meter hohen **Potzbergturms.** Von dort sehen wir Burg Lichtenberg und den Königsberg – Ziele zweier weiterer Touren. Sollten wir größeren Hunger haben – im Gasthaus **Zum Remigiusland** 9 im nahe gelegenen Altenglan gibt es regionale Spezialitäten zu humanen Preisen.

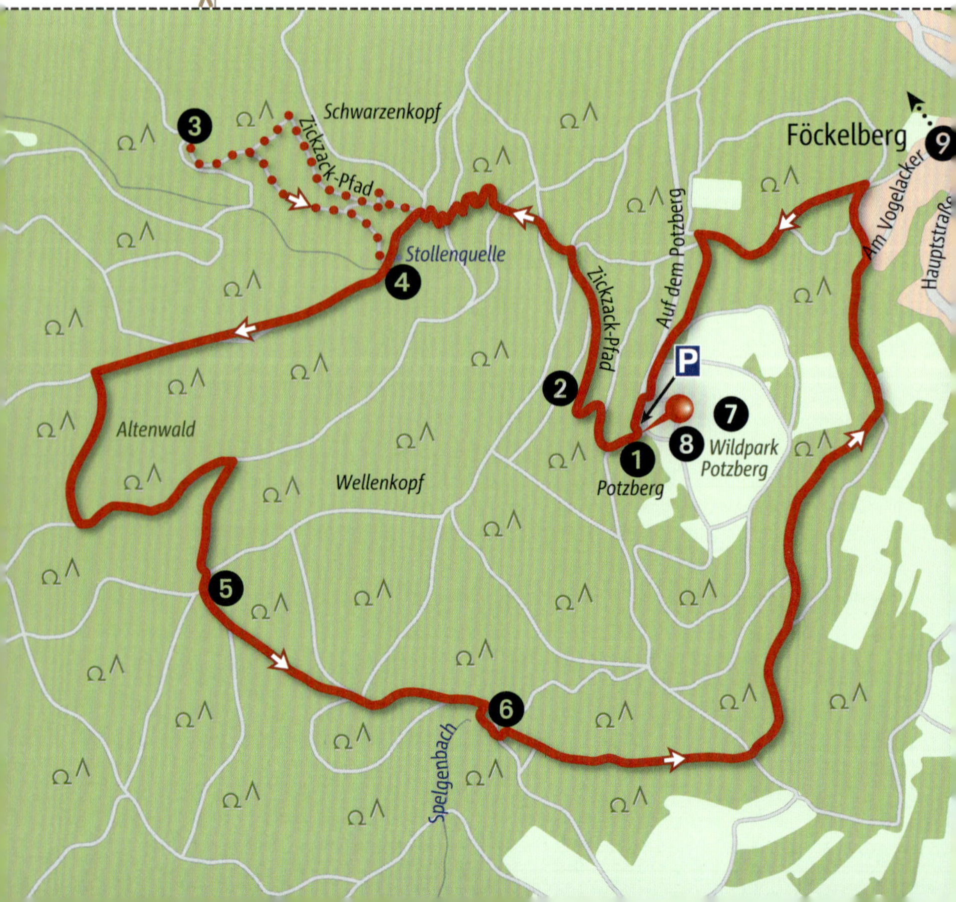

Alles auf einen Blick

WIE & WANN:
Zumeist Pfade, Gras- und Waldwege. Grundsätzlich kann die Wanderung zu jeder Jahreszeit gegangen werden. Der Tierpark am Gipfel hat ganzjährig offen, allerdings ist das Programm von April bis Ende Oktober umfangreicher. Sonn- und feiertags haben die Vereinshütten geöffnet.

HIN & WEG:
Auto: Parkplatz des Wildparks Potzberg, 66887 Föckelberg (GPS: 49.521730, 7.480612)
ÖPNV: keine direkte Anbindung an die Strecke

ESSEN & ENTSPANNEN:
Bitte unbedingt an Picknickutensilien denken!
Schutzhütte an der Ottilienquelle ❸ (nur sonntags)
Kiosk im Tierpark ❽

Abseits der Route empfehlenswert:
Restaurant Zum Remigiusland ❾
Glanstraße 21, 66885 Altenglan, Tel. (0 63 81) 24 31

Entspannung ★★★★☆
Genuss ★★★★☆
Romantik ★★★☆☆

ENTDECKEN & ERLEBEN:
Potzbergturm ❶ **Zickzack-Pfad ❷** **Gelbes Wasser ❹**
Dreieckiger Stein ❺ **Schützenbrunnen ❻**
Wildpark Potzberg ❼ mit Greifvogelschau, www.wildpark.potzberg.de

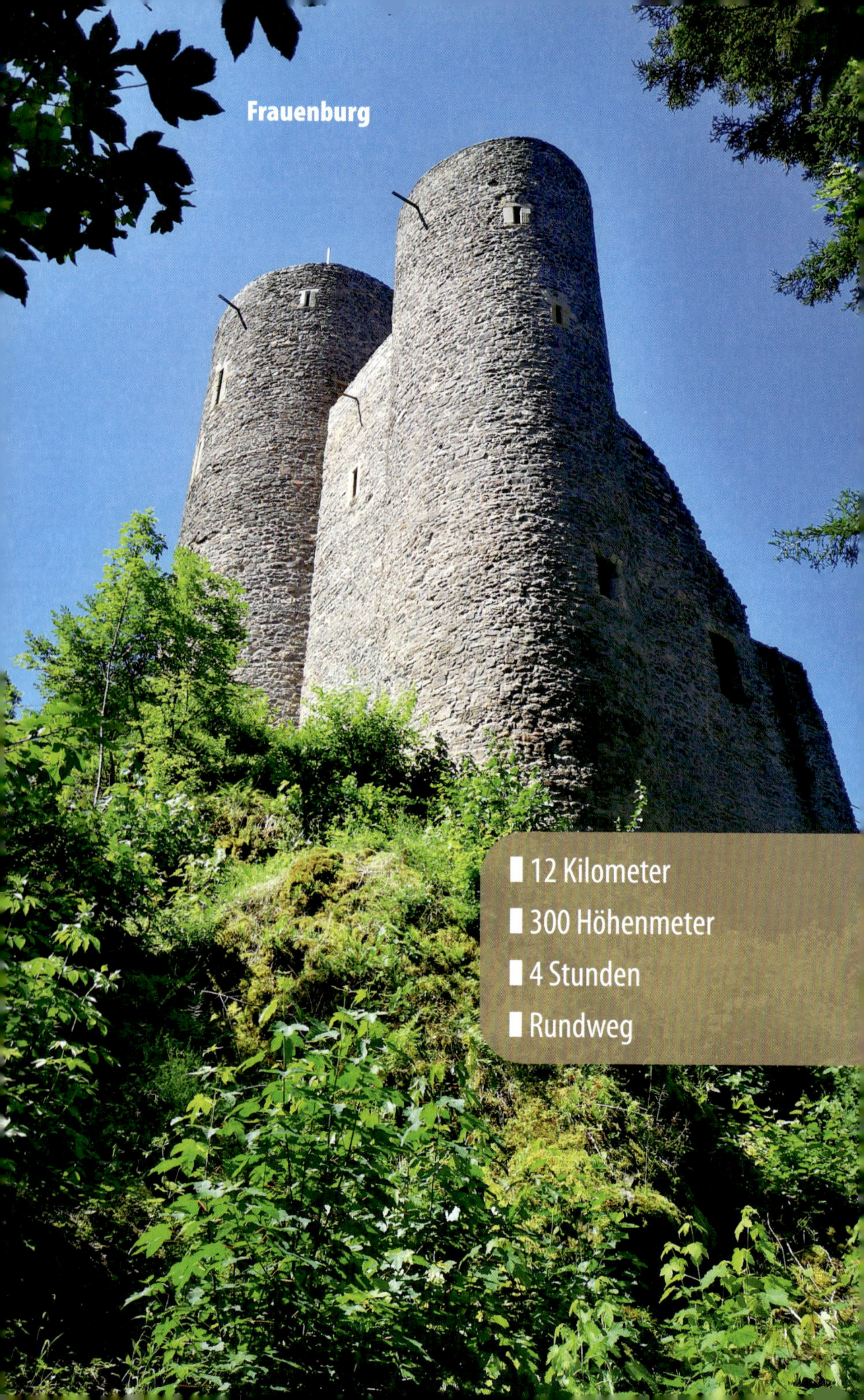
Frauenburg
12 Kilometer
300 Höhenmeter
4 Stunden
Rundweg

Wir starten am Wanderparkplatz in der Bahnhofstraße am Rand von Frauenberg und gehen zum Eingangsportal unserer wunderbaren Traumschleife. Schon hören wir das Wasser eines kleinen Bachs rauschen. Wir gehen in den Wald hinein. Schon nach 300 Metern erreichen wir die von der Gräfin Loretta von Sponheim erbaute **Frauenburg** ❶ – ein wunderschöner Ort, umgeben von bewaldeten Hügeln. Auch wenn wir erst kurz unterwegs sind, dürfen wir eine Pause einlegen und die Aussicht genießen, schließlich gehen wir eine Entschleunigungstour.

Weiter geht es zunächst auf einem Pfad, mal ein wenig bergauf, dann wieder bergab – wir fühlen uns leicht und folgen immer der **Beschilderung „Gräfin Loretta Traumschleife“.** Nach insgesamt etwa 1 Kilometer erreichen wir einen Bach mit Brücke. An sonnigen Tagen ist das Spiel der Sonne im Dach des Laubwaldes wunderhübsch. Danach müssen wir ein Stück bergauf gehen, bis wir eine Straße überqueren und zu unserer ersten **Relaxliege** mit Blick auf die Frauenburg gelangen. Auch wenn wir gleich wieder in den Wald

__Gräfin Loretta von Sponheim__ war eine der starken Frauen des 14. Jahrhunderts. Nachdem ihr Mann 1323 und ihr Schwiegervater 1324 gestorben waren, musste sie ihre Grafschaft selbst steuern. Sie nahm den damals sehr mächtigen Balduin von Luxemburg, Erzbischof von Trier, in Beugehaft. Aus dem Lösegeld soll die Frauenburg bezahlt worden sein.

Laufen und liegen

Frauenberger Gräfin-Loretta-Runde

einbiegen – auf den kommenden Metern bergauf dürfen wir noch einige Male einen Blick auf die malerisch im Wald gelegene Burg erhaschen. Nach etwas mehr als 2 Kilometern Wegstrecke haben wir den **Nahekopf** ❷ erreicht. Hier erwartet uns neben einer Schutzhütte eine durchaus beeindruckende Anlage. Wir sehen Säulen mit den Abbildern römischer

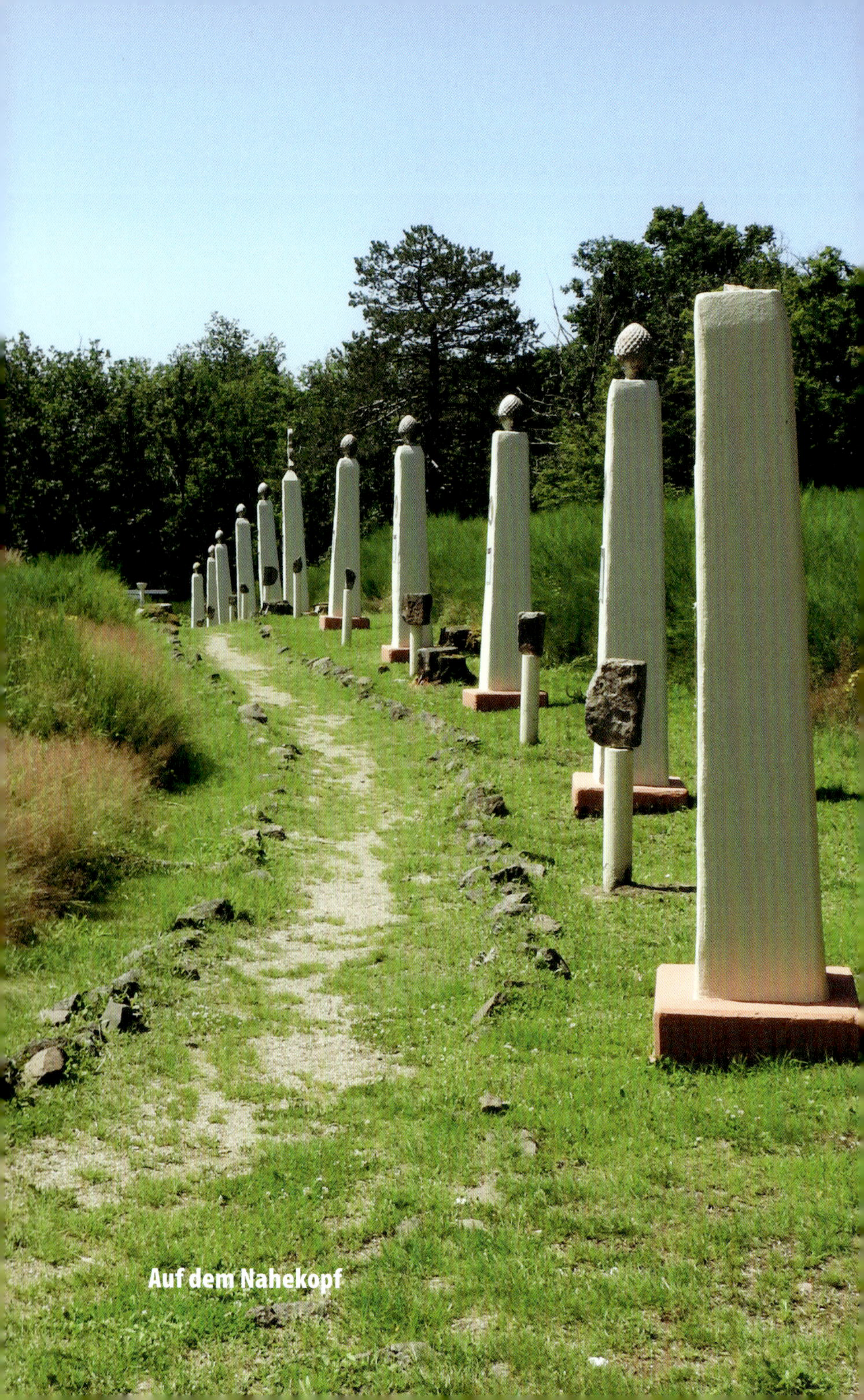

Auf dem Nahekopf

Kaiser. Nach Norden haben wir einen tollen Blick auf den Hunsrück.

Ob wir an der nahezu obligatorischen Relaxliege eine Pause machen? Etwas weiter bergab gibt es noch ein schattiges Plätzchen, die **Wilderei,** die an heißen Sommertagen sicher der angenehmere Ort ist. Für uns geht es weiter bergab, der Markierung folgend. Dabei stoßen wir auf die **Heidenquelle ❸** – eine Quelle, die auch während der heißen Sommer der vergangenen Jahre nicht austrocknete. Wir gehen danach etwa 100 Meter links einer Straße entlang und überqueren diese anschließend. Es geht geradeaus, bis wir einen kleinen Bach erreichen und diesen überqueren. Nun müssen wir wieder bergauf – es gibt hier einige **Mottopfade ❹,** die von unserem Hauptweg abzweigen und denen wir unbedingt folgen sollten. Zunächst ist es der **„Pfad der Trolle“.** Uns begegnen lustige kleine Figuren: der Steintroll, ein Pilztroll und sogar ein unsichtbarer Troll – das ist wirklich allerliebst und mit viel Herzenswärme entwickelt. Kurz nach dem Ende des Pfades, wir sind wieder auf einem

Auf dem Plateau des ***Nahekopfs*** *gab es schon in der La-Tène-Zeit (5.–1. Jh. v. Chr.) eine keltische Befestigungsanlage. Etwa zur Hochzeit der Römer in Trier im 3. bis 4. Jahrhundert errichteten diese ebenfalls eine Befestigungsanlage an dieser Stelle.*

Für die Seele

Entschleunigung auf vielen Relaxliegen, Erfrischung an Bächen und an der Nahe – es ist eine uralte Kulturlandschaft, durch die wir mit Gräfin Loretta wandern.

Forstweg, erreichen wir **Dirks Blick** und haben gleichzeitig den höchsten Punkt unserer Wanderung erreicht. Natürlich mit Relaxliege.

Wir sind jetzt gerade einmal 3,5 Kilometer unterwegs und haben schon viel erlebt. Die folgenden 1,5 Kilometer geht es oberhalb von Frauenberg ab-

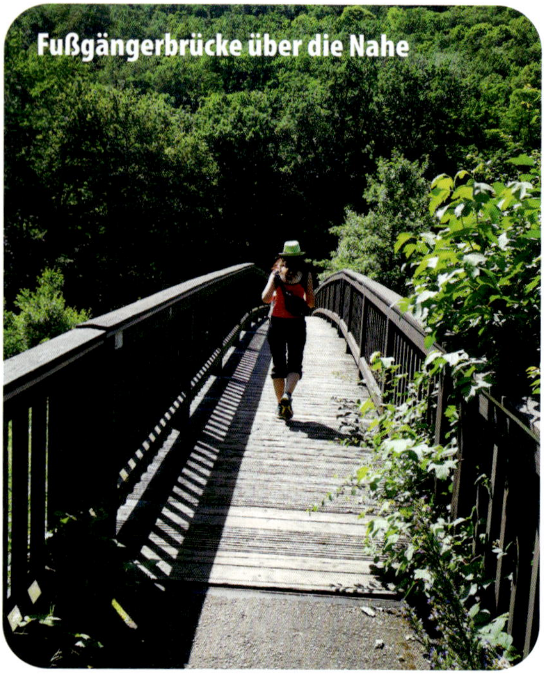
Fußgängerbrücke über die Nahe

wärts. Wir gehen auf dem **Pfad des Jägers,** und immer wieder erhaschen wir einen schönen **Blick über das Naheland und den Hunsrück.** Selbst im Hochsommer ist diese Runde ein Vergnügen – immer wieder haben wir schattige Abschnitte, durchbrochen von Stellen mit eindrucksvoller Aussicht. Jetzt geht es wieder etwas aufwärts, und bald erreichen wir den **Klausgraben** ❺ – ein Bächlein im lichten Wald, das fröhlich dahinplätschert und zu einer kleinen Rast einlädt. Erfrischung gibt es also auch mit Gräfin Loretta. Wir haben fast die Hälfte unseres Weges geschafft – die etwas anstrengenden Stellen sind auf jeden Fall absolviert.

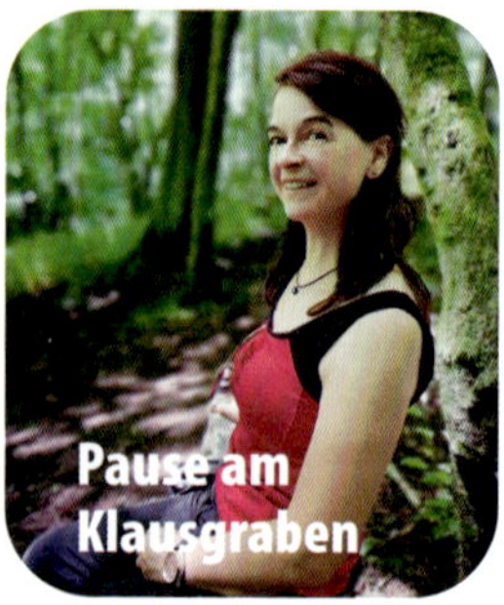
Pause am Klausgraben

Nun geht es leicht abwärts, bevor wir den **Pfad des Wilderers** erreichen. Im Juli blühen hier die **Malven.** Der Weg führt, nachdem wir den Pfad verlassen haben, etwa 1,5 Kilometer ohne bemerkenswerte Steigung oder Gefälle weiter nach Hammerstein. Hier gibt es eine wunderbar schattig gelegene – Überraschung! – Relaxbank. Besonders an heißen Sommertagen ist diese empfehlenswert. In Hammerstein kommen wir am **Vereinsheim des Verschönerungsvereins Hammerstein** ❻ vorbei. Samstags und sonntags ist es normalerweise bewirtschaftet. Danach erreichen wir einen Aussichtspunkt mit Blick auf Idar-Oberstein – natürlich mit Relaxbank.

Danach geht es bergab, relativ steil. Abwärts macht dieser Pfad so richtig Spaß – vielleicht begin-

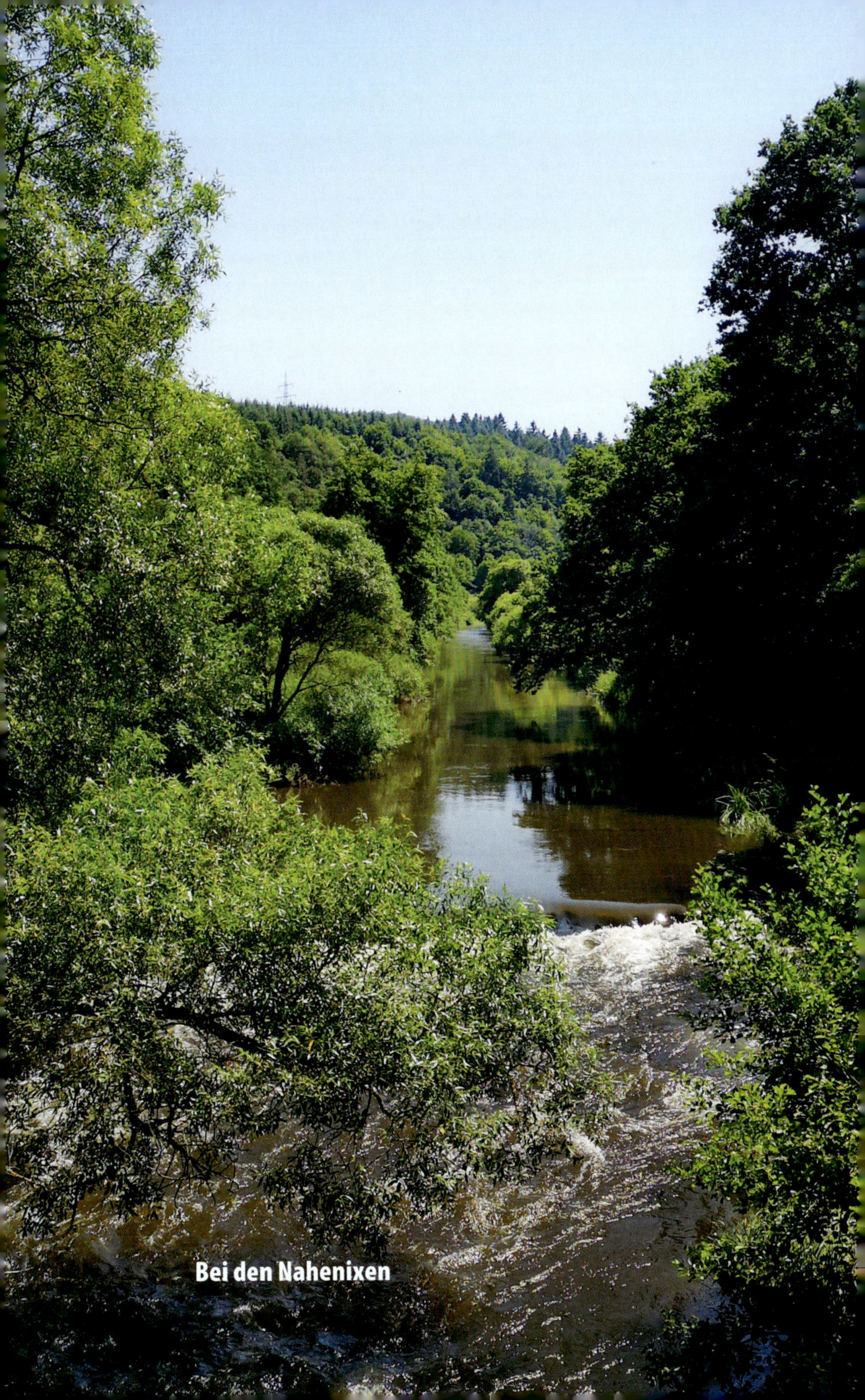

Bei den Nahenixen

nen wir sogar zu laufen. Auch wenn eine moderne Brücke wenig romantisch wirkt – die **Streetart** ❼ an dieser Stelle überführt die Brücke schon ein wenig in eine gefühlvolle Umgebung. So erreichen wir die Nahe und sind nun **Bei den Nahenixen** ❽. Enttäuscht müssen wir nicht sein, wenn wir kein lebendiges Exemplar erblicken. Der Pfad an der ruhig dahinfließenden Nahe entschädigt auf jeden Fall.

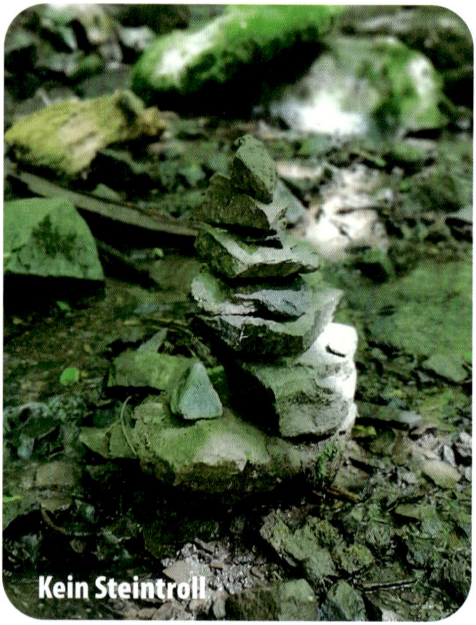

Kein Steintroll

300 Meter naheaufwärts gegangen, erreichen wir eine Fußgänger- und Radfahrer-Brücke. Gleich, ob wir flussaufwärts oder -abwärts blicken – die Natur ist hier frei. Bäume stehen links und rechts des Flusslaufs, und die Sonne spiegelt sich im Wasser. Nach der Brücke haben wir zwei Möglichkeiten: Wir folgen dem nach links laufenden Naheradweg – das Teilstück bis Sonnenberg nennt sich übrigens **„Rudi-Altig-Allee"** –, oder wir gehen nach rechts weiter auf der Gräfin-Loretta-Traumschleife. Der Radweg ist sonniger und bei allzu feuchtem Wetter durchaus empfehlenswert, weil er nicht durch das Feuchtbiotop „Elfensümpfe" führt.

Wenn wir weiter der Traumschleife folgen, liegen noch knapp 4 Kilometer vor uns. Wir gehen übrigens wieder flussabwärts, um unter der Nahebahn hindurch in den Wald zu gelangen. Unterwegs überqueren wir den am **Teufelsgraben** ❾ wild herabstürzenden Bach. Dann gelangen wir zum sogenannten **Weibersprung,** dem Klausfelsen, der mitunter auch Naheloreley genannt wird.

*Der **Teufelsgraben** bildet die Grenze zwischen den Gemarkungen Oberbrombach und Sonnenberg. Nach der Legende sind an dem verwunschen anmutenden Bach immer wieder Tiere, Dinge und sogar Menschen verschwunden. Daher der Name.*

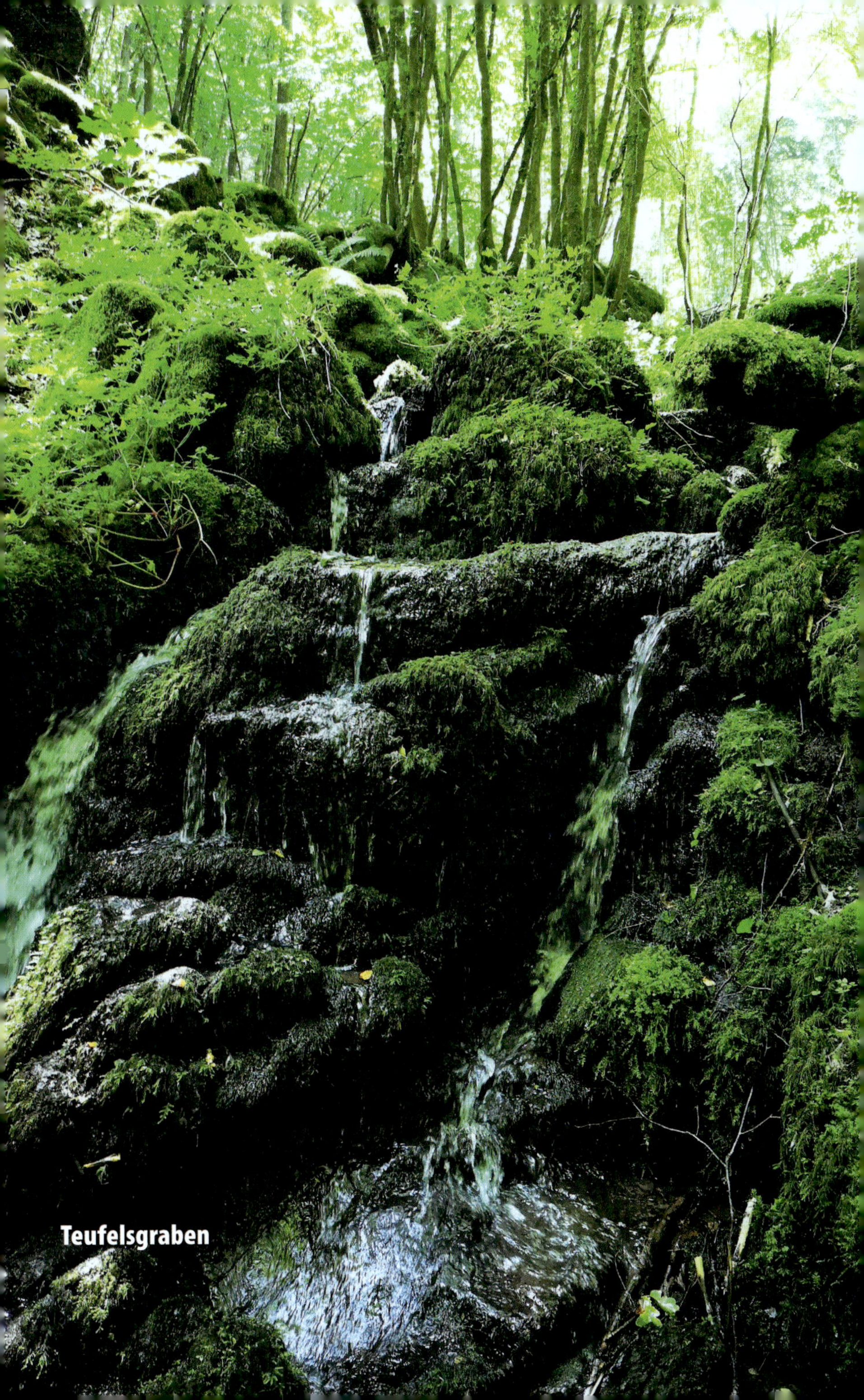

Teufelsgraben

500 Meter danach unterqueren wir wieder die Nahebahnstrecke und überprüfen unsere Entscheidung nochmals: Ist unser Schuhwerk wirklich ausreichend für den **Meerjungfrauenweg** durch die **Elfensümpfe ⑩?** Dabei macht es Spaß, auf dem gut gepflegten Weg von Baumplatte zu Steinplatte und weiter zu hüpfen und zu springen. Die Zeit vergeht dabei wie im Fluge, dann erblicken wir auch schon den Wanderparkplatz, müssen nur noch einige Meter über die Brücke und zu unserem Wagen gehen. Ist der Hunger groß, können wir noch im **Gasthaus Sonnenberg ⑪** einkehren. Dazu folgen wir der Straße in den Ort – es sind etwa 500 Meter.

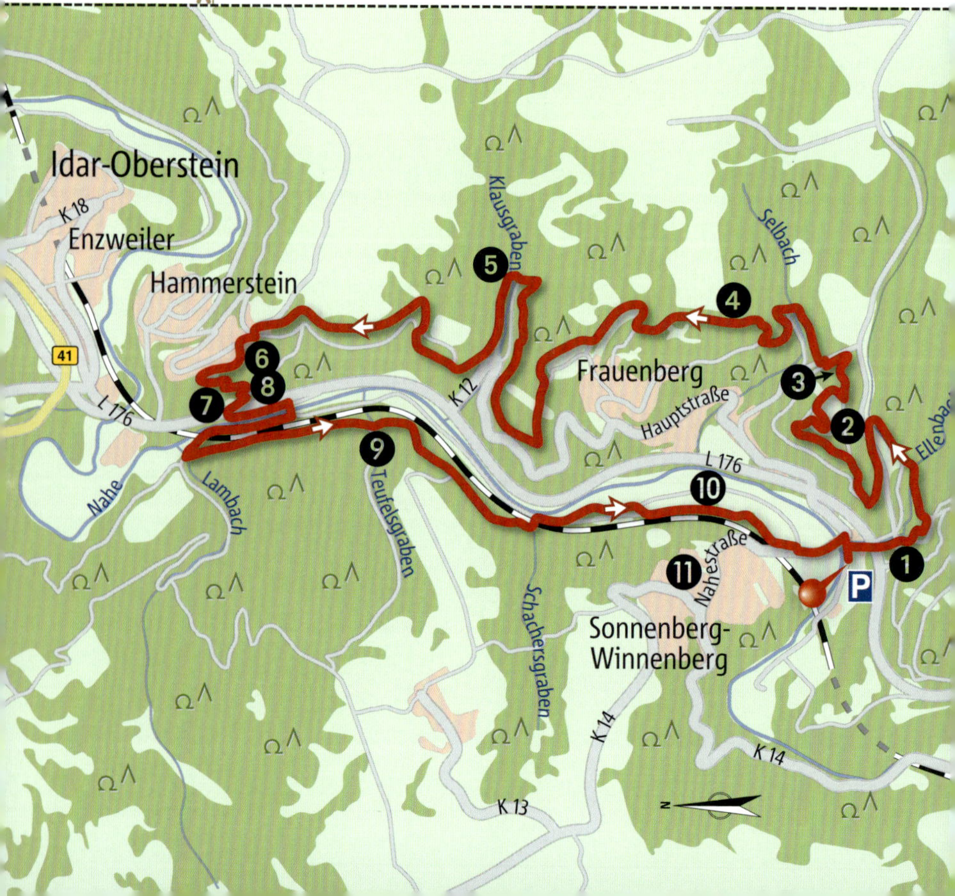

Alles auf einen Blick

WIE & WANN:
Zumeist Pfade, Gras- und Waldwege. Leichtwander- oder Joggingschuhe sind für geübte Wanderer ausreichend, ansonsten sollte festeres Schuhwerk gewählt werden. Die Monate von April bis Oktober sind am schönsten.

HIN & WEG:
Auto: Wanderparkplatz der Gräfin-Loretta-Traumschleife, Bahnhofstraße 3, 55776 Frauenberg (GPS: 49.666502, 7.281037)
ÖPNV: keine Anbindung an die Strecke

ESSEN & ENTSPANNEN:
Vereinsheim des Verschönerungsvereins Hammerstein ❻
(am Wochenende geöffnet)
Speisegaststätte Sonnenberg ⓫ Nahestraße 6, 55767 Sonnenberg-Winnenberg, Tel. (0 67 87) 7 94 42 25 (normalerweise an Wochenenden geöffnet)

ENTDECKEN & ERLEBEN:
Frauenburg ❶ Nahekopf ❷ Heidenquelle ❸
Mottopfade ❹ Klausgraben ❺ Streetart ❼
Bei den Nahenixen ❽ Teufelsgraben ❾ Elfensümpfe ❿

Entspannung ★★★★☆
Genuss ★★★★☆
Romantik ★★★★☆

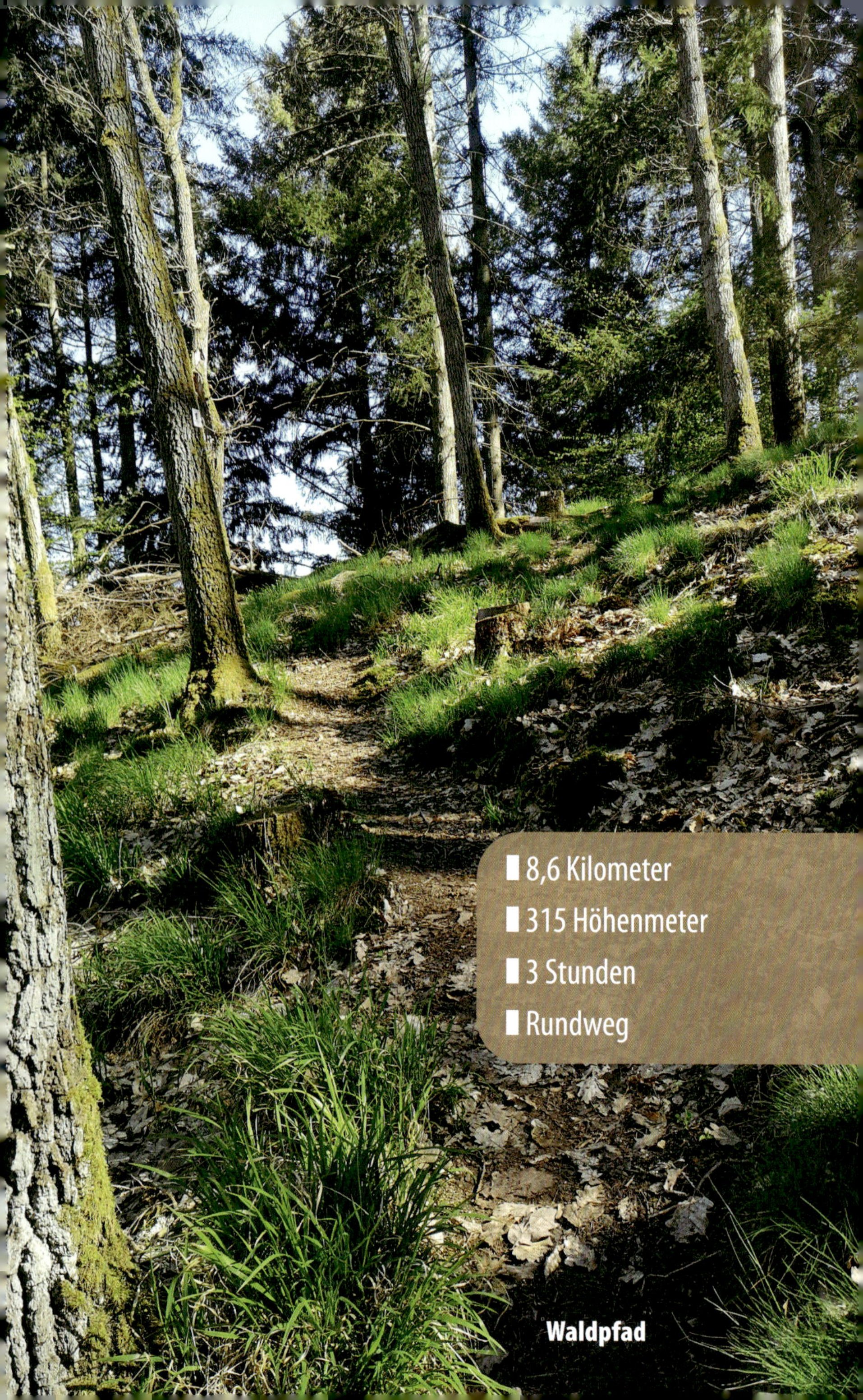

- 8,6 Kilometer
- 315 Höhenmeter
- 3 Stunden
- Rundweg

Waldpfad

Unsere Tour beginnt unterhalb der Naumburg am Wanderparkplatz in Bärenbach – es handelt sich um eine abgekürzte Variation der Vitaltour Bärenroute. Deshalb können wir im Grunde in den meisten Fällen der Markierung der Tour folgen. So gehen wir zunächst in Richtung der Bundesstraße. Nach einigen Metern geht ein Pfad rechts steil bergauf – es ist quasi der Einstieg in die Tour und gleichzeitig die schwierigste Stelle. Hier war früher ein kleiner Schiefersteinbruch. Nach wenigen Minuten erreichen wir die **Naumburg ❶**, nur 400 Meter Weg liegen hinter uns. Auf dem Rückweg kommen wir an der gleichen Stelle vorbei – so können wir entscheiden, ob wir uns die Ruine jetzt oder später ansehen.

Wir gehen nach links und folgen der Markierung auf den linken Pfad. Es macht Spaß, so am Hang entlangzugehen – leicht abwärts, bis wir nach insgesamt 1 Kilometer Wegstrecke an der Bundesstraße landen. Dort beginnt der kleine Aufstieg zum **Dieterfelsen ❷**, benannt nach einem Adligen, der bei einem Trinkgelage wettete, dass er mit einem Pferd vom Felsen springen werde. Solchem Unsinn fallen wir natürlich nicht anheim und steigen den Pfad zum Felsen hoch, genießen den Blick über die Wiesen des Nahetals und gehen weiter auf dem Pfad bergauf. So kommen wir auf einen Waldweg.

*Von der **Naumburg** stehen nur noch einige Grundmauern und der restaurierte Turm. Sie wurde als Neue Burg, so die Bedeutung des Namens, zwischen der Kirner Kyrburg und der Feste Hachenfels nahe Idar-Oberstein zur Mitte des 12. Jahrhunderts errichtet.*

Gelöst wandern

Wald & Aussicht bei Bärenbach

Etwa 600 Meter nach dem Dieterfelsen – noch immer im Wald unterwegs – erblicken wir eine Schauta-

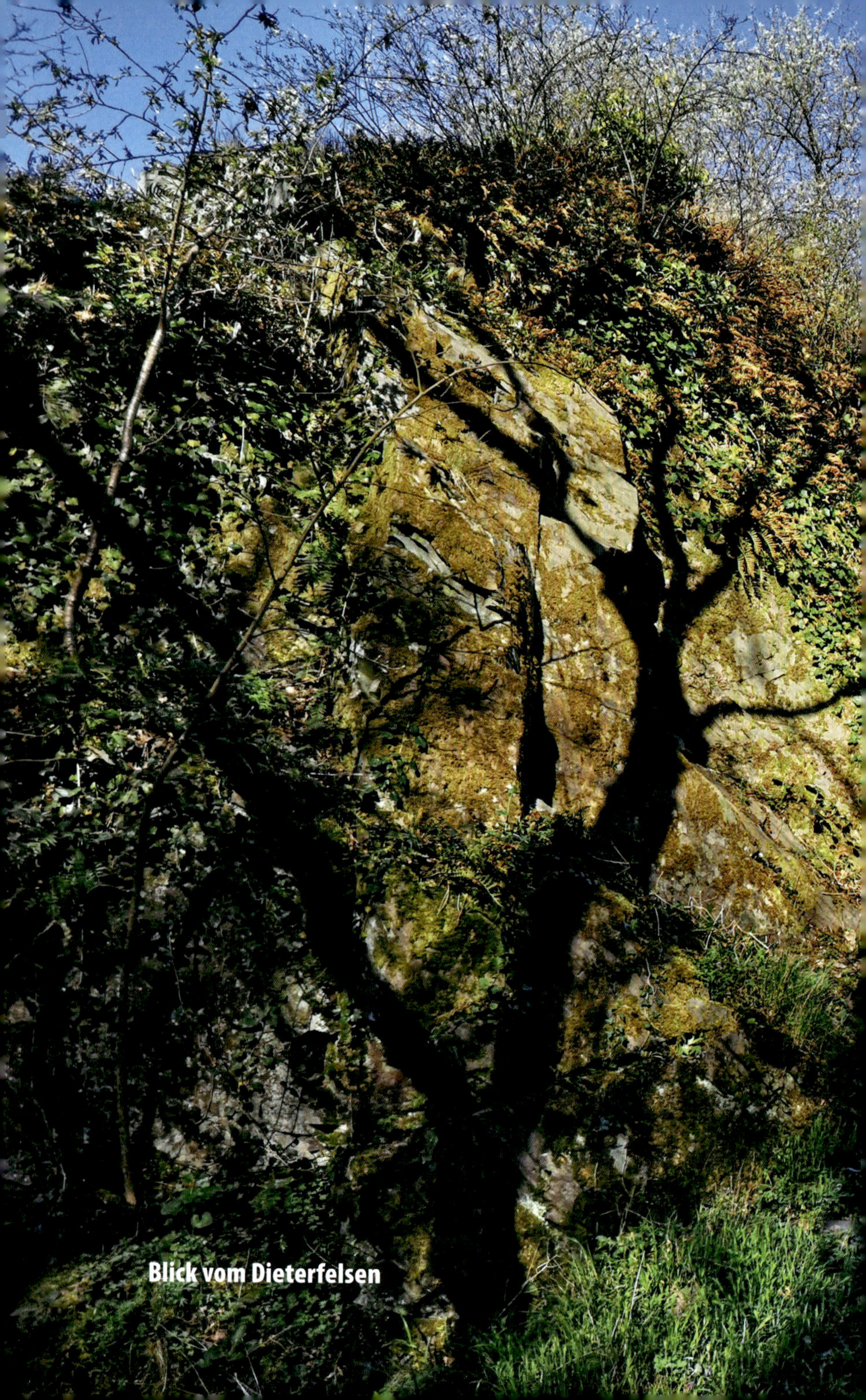

Blick vom Dieterfelsen

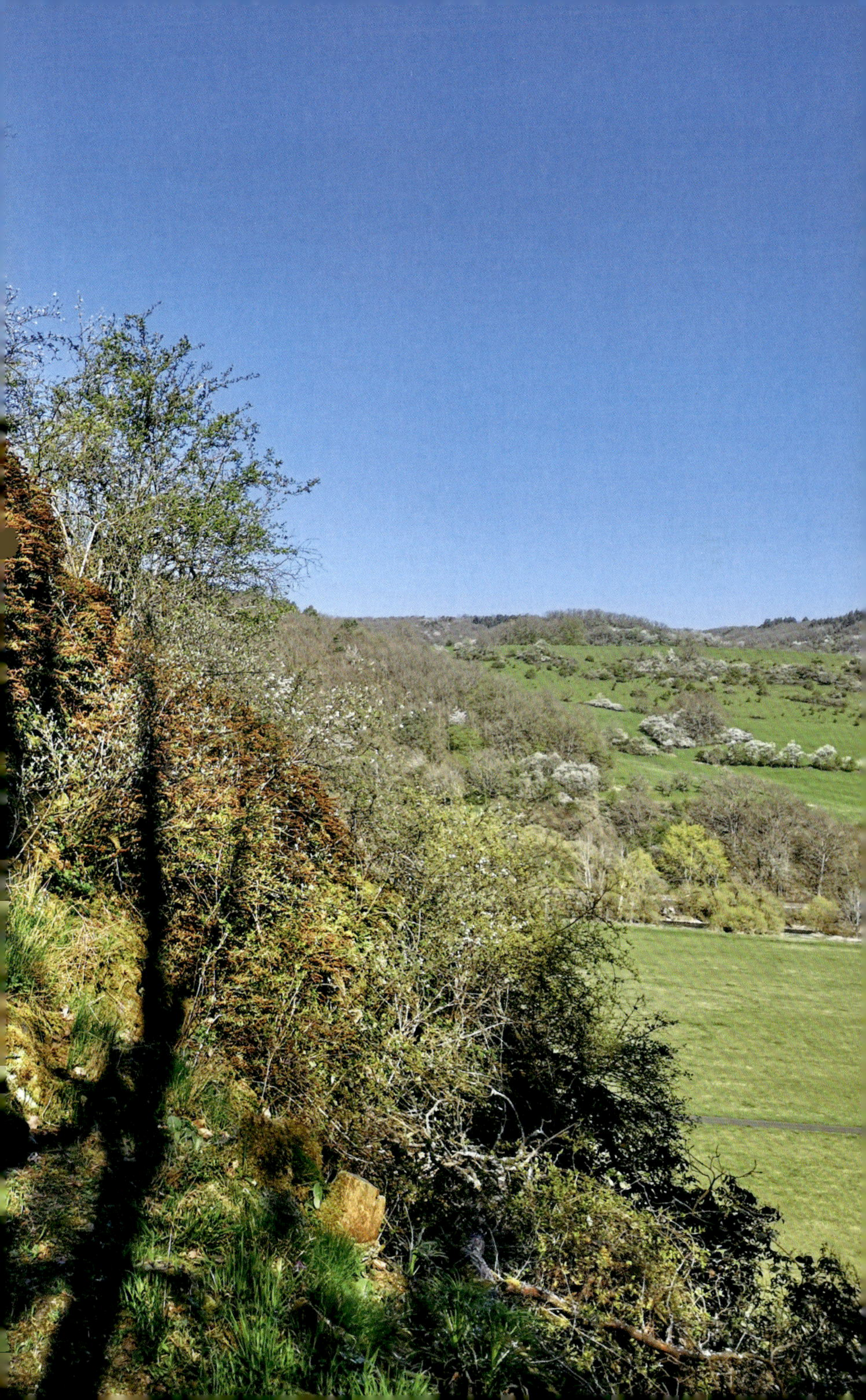

fel zur **Zeidlerstation ③.** Um uns diese **Wildimkerei** in ausgehöhlten Baumstämmen anzuschauen, gehen wir auf die Lichtung und folgen dem Pfad bis zu einer weiteren Schautafel.

Zurück auf dem Weg der Vitaltour geht es weitere 1,6 Kilometer bergauf – mal ist der Wald dichter und dann wieder lichter. Der Weg hat größtenteils einen weichen Untergrund und ist ausgesprochen angenehm begehbar. Wenn wir dann im Sommer das Nadelgehölz im Mischwald riechen, ist es ein Wohlfühlmoment. Die Bänke scheinen extra für uns aufgestellt, damit wir unsere Auszeit voll und ganz auskosten können. Schön, dass es nur leicht bergan geht und immer wieder die Sonne durch das Blätterdach scheint!

So erreichen wir eine winzige **Lichtung.** Dort gibt es an einer Kreuzung eine Eiche und davor einen Pfosten mit der Vitaltour-Markierung nach links. Darunter ist ein Schild mit weißem Kreuz auf grünem Grund und der Nummer 6210–812. Hier können wir die Tour abkürzen, indem wir geradeaus weitergehen, links an einem Waldhaus vorbei. Nach weniger als 100 Metern kommen wir aus dem Wald und gehen am Wiesenrand entlang, zwischen Feldern hindurch, bis wir nach 300 Metern wieder den Weg der Vitaltour erreichen. Hier biegen wir nach rechts auf die **Römerstraße ④** ab – die Römerstraße, auf der wir auch bei anderen Touren, so der nahe gelegenen Erfrischungstour in Schmidthachenbach, wandern. Es ist eben eine alte Kulturlandschaft, die wir an der Nahe und in der Nordpfalz begehen. Im Frühjahr, bis in den Juni hinein, blüht auf den Feldern der Raps. Was ansonsten häufig an großflächige Monokultur erinnert, ist hier klein parzelliert und wirkt im Sonnenschein heiter, angenehm. Etwa 200 Meter nach dem Abknick steht ein einsamer Kirschbaum mit einer Bank darunter. Hier wird uns ein wenig zu den Römerstraßen erklärt.

Im Winter, wenn hier der Wind über die Hänge peitscht, fühlt sich der Bergrücken schon sehr nach

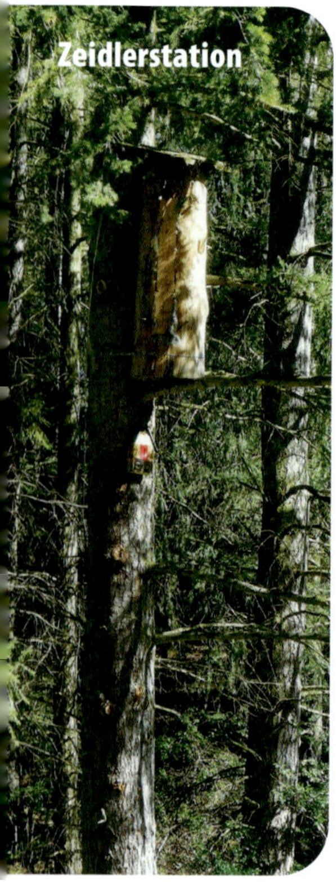

*Als **Zeidler** bezeichnete man im Mittelalter Wildimker. Diese hielten ihre Bienenvölker in ausgehöhlten Baumstämmen, die sie im Wald an Bäumen aufhängten. Hier ist die erste Wildbienenstation in Rheinland-Pfalz zu sehen.*

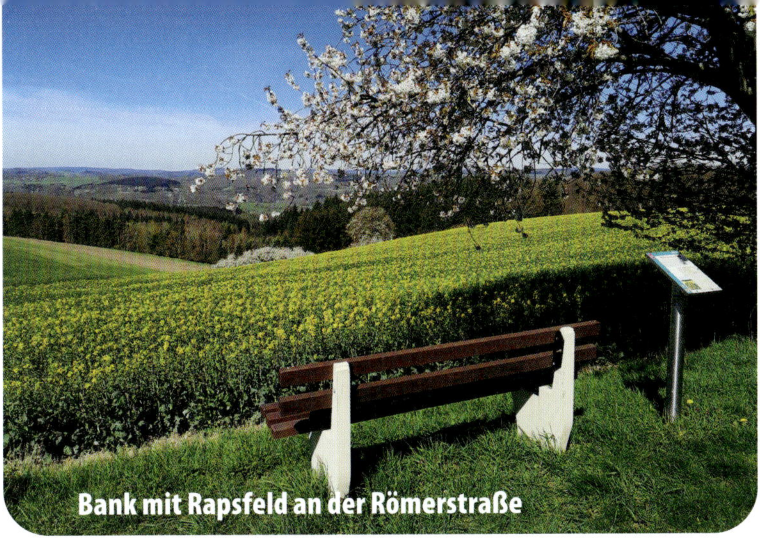

Bank mit Rapsfeld an der Römerstraße

dem nahe gelegenen Hunsrück an – das Klima ist rau. Dafür ist der Wind im Frühjahr und Sommer durchaus willkommen, geht es doch bergauf bis zu einem Wäldchen, vor dem wir nach links abbiegen, um nach 100 Metern den **Donnersbergblick** ⑤ zu erreichen, gleichzeitig den höchsten Punkt unserer Tour. Von hier haben wir einen phänomenalen Blick über einen großen Teil unserer Wanderregion, zum Staunen. Natürlich ist das namengebende lang gezogene Donners-

Wir bewegen uns hier auf der ehemaligen ***Römerstraße*** *zwischen dem Nahetal bei Kirn-Sulzbach und Lauterecken. Aus strategischen Gründen führten die Römerstraßen meist über Bergrücken – so behielt man den besseren Überblick.*

Für die Seele

Viel Wald, beste Aussichten, eine Burg, Relaxliegen, ein plätscherndes Bächlein – herrliche Bedingungen für eine kurze Auszeit von der Hektik.

bergmassiv im Süden zu sehen. Im Osten sind die **Steinbrüche** des Nahetals deutlich zu erkennen und auch die **Kyrburg,** an der wir bei anderer Gelegenheit entlangwandern. Drei Schautafeln helfen uns, die Umgebung zu erkennen und einzuordnen. Meistens liegt die Bank im Schatten und noch dazu etwas wind-

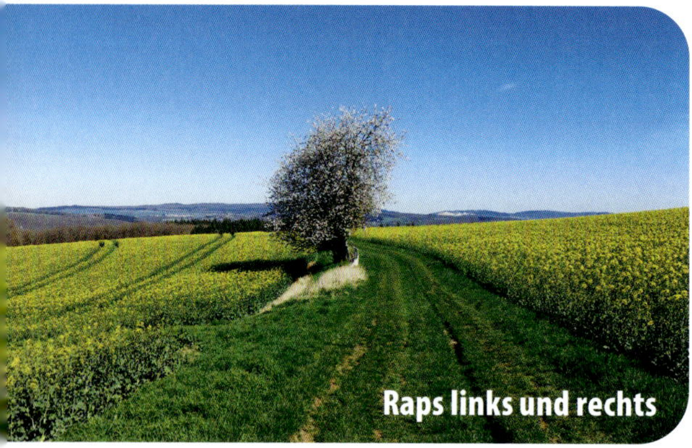
Raps links und rechts

geschützt. So ist eine Auszeit wahrlich lohnend – eine solche Aussicht nach drei Himmelsrichtungen haben wir nur hier!

Danach geht es zurück auf die Vitaltour, am Wald vorbei nach rechts und gleich wieder nach links abwärts zwischen Feldern. Am nächsten Abzweig, wir sind etwa 300 Meter geradeaus gegangen, zweigen wir nach rechts ab in Richtung eines kleinen Wäldchens. Dort gibt es eine **Relaxbank** mit Blick nach Norden – noch dazu ist es hier nachmittags sonnig. Sollten wir also noch ein wenig Licht tanken wollen – hier ist die Gelegenheit, noch dazu mit einer völlig anderen Aussicht als eben. Die Hügel des Hunsrücks liegen vor uns. Die Ruhe hier lässt uns Energie tanken und runterkommen.

Wir schauen über die Felder vor uns. Rechts davon sieht es etwas wilder, unregelmäßig aus. Deshalb biegen wir am Ende des Wäldchens nach links ab. An der nächsten Kreuzung verlassen wir den ausgeschilderten Weg und gehen geradeaus. Leicht bergab schlendern wir 200 Meter zwischen Feldern und Wiesen, bevor wir uns an einem Hochsitz aus Metall wieder nach rechts wenden, um auf eine Baumreihe zuzugehen – vielmehr ist es ein schmaler Streifen **Wald** am Weg. Unterhalb liegt eine **Streuobstwiese.** So könnten Wiesen und Felder vor der Industrialisierung der Landwirtschaft ausgesehen haben – irgendwie malerisch idyllisch. Wenn auch noch ein paar Kühe auf der Wiese herumstapfen, fühlen wir uns im Herzen der guten Natur – eine kleine Zeitreise.

Dann macht der Weg beinahe eine 180-Grad-Wende. Wir befinden uns wieder auf der Streckenführung der

Vitaltour. Vor uns ist eine Gabelung, an der wir den rechten Weg nehmen. Neben uns plätschert ein **Bächlein** vor sich hin. Auch wenn wir uns gerade jetzt Erfrischung wünschen und das kühlende Nass in einer Hohl läuft – es dauert nicht lange, bis wir die Gelegenheit zur Abkühlung bekommen und leicht an den kleinen Wasserlauf gehen können.

Nun geht es noch mal etwas aufwärts. Nach der Hälfte der 500 Meter Anstieg verlassen wir den Wald und wandern am Waldrand entlang. Oben angekommen biegen wir nach links ab. Jetzt geht es nur noch bergab bis zur Naumburg. Auf der Hälfte unseres Weges über die große Lichtung, auf der wir uns befinden, kommen wir zu einer Bank mit einem sichtlich alten, grob behauenen **Grenzstein.** Vom Grenzstein bis zur Burg ist es jetzt noch knapp 1 Kilometer. Haben wir uns die Burg kurz nach dem Start nicht angesehen, dann sollten wir dies jetzt tun.

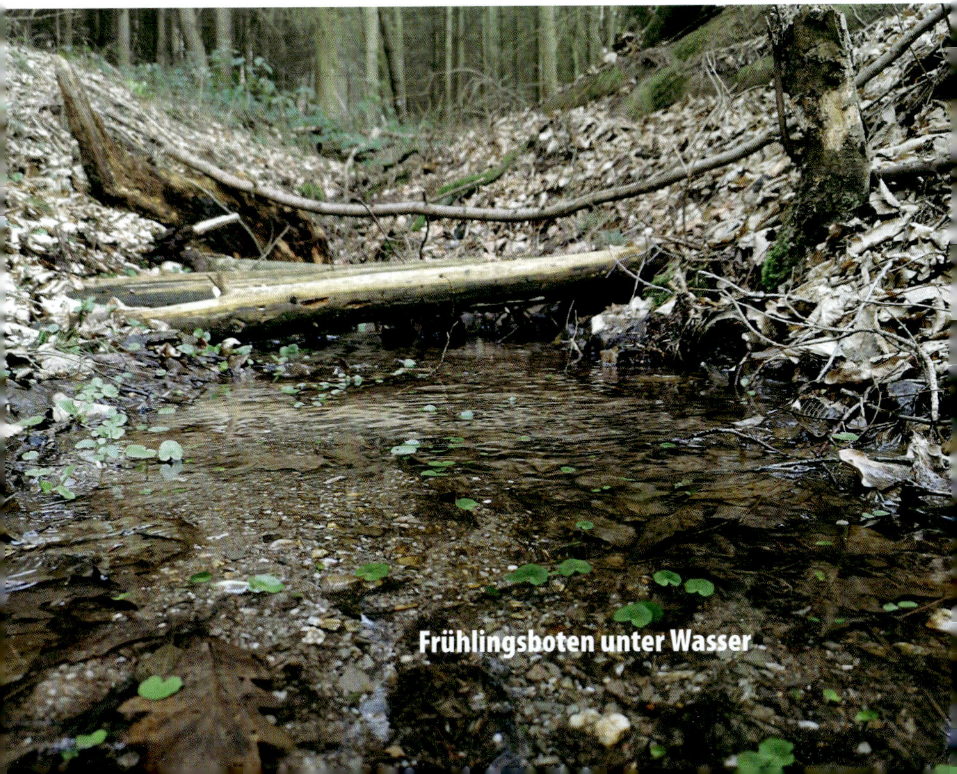

Frühlingsboten unter Wasser

*In Bärenbach und besonders im nahe gelegenen Fischbach wurde sehr lange **Kupfer** abgebaut, wahrscheinlich bereits von den Römern. Im Besucherbergwerk Fischbach wird gezeigt, wie im Mittelalter Kupfer abgebaut wurde.*

Ansonsten biegen wir nach links ab und gehen den Schlossberg hinunter. Nach wenigen Metern sehen wir links einen Stolleneingang. Dabei handelt es sich um ein kleines, vermutlich ab dem Mittelalter betriebenes **Kupferbergwerk ⑥**, das in den 30er-Jahren des vorigen Jahrhunderts endgültig stillgelegt wurde. An der nächsten Kreuzung biegen wir ganz scharf rechts ab und gehen noch 200 Meter bis zu unserem Fahrzeug bergab.

Wer nach der Wanderung noch einkehren möchte, bekommt im **Kupferbergwerk ⑦** in Fischbach einfache Gerichte und Getränke. Soll es etwas mehr sein, empfiehlt sich der Weg zum nahe gelegenen Kirn, etwa zum **Restaurant Kyrburg ⑧.**

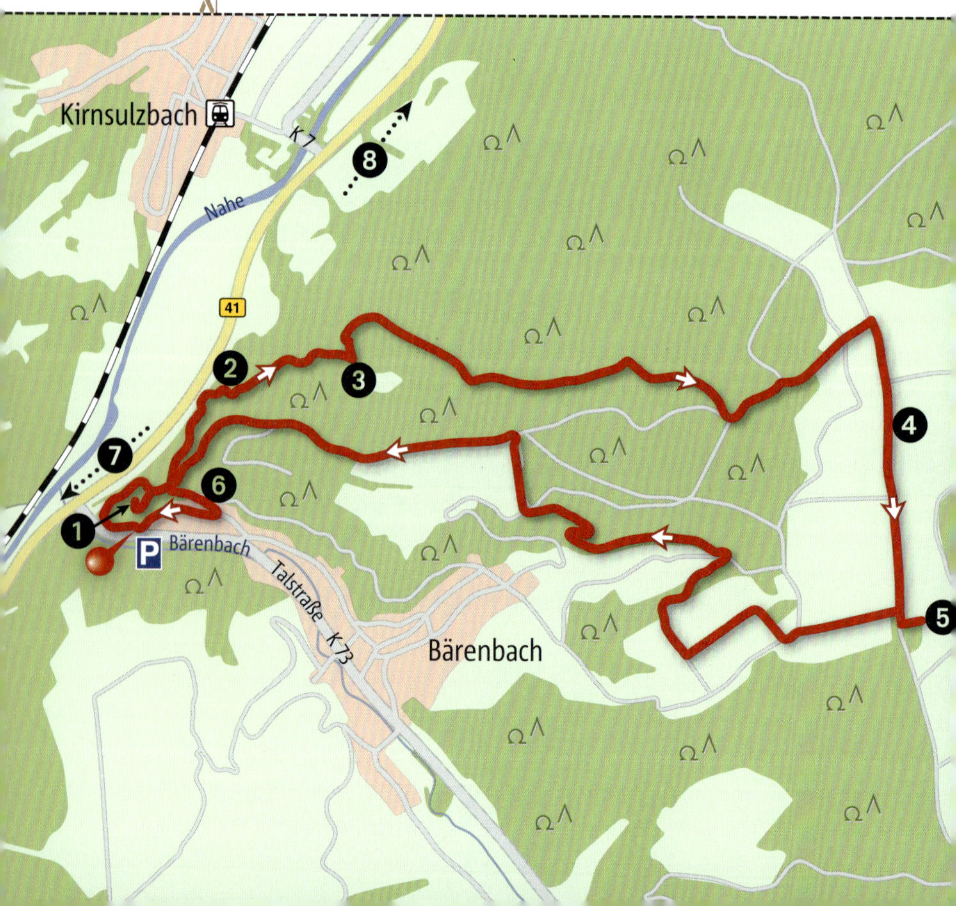

Alles auf einen Blick

WIE & WANN:

Anfangs ein ganz kurzes Abenteuer beim Aufstieg zur Burg, dann Pfade, Gras- und Waldwege. Leichtwander- oder Joggingschuhe sind für geübte Wanderer ausreichend. Gerade am Anfang ist eine griffige Sohle empfehlenswert. Die Monate von April bis Oktober sind am schönsten.

HIN & WEG:

Auto: Wanderparkplatz am Ortseingang von 55758 Bärenbach (GPS: 49.751312, 7.432113)
ÖPNV: Bärenbach wird nur wochentags und ganz selten von Bussen angefahren.

ESSEN & ENTSPANNEN:

Wir sollten unbedingt Utensilien für ein Picknick mitbringen, am Weg und in Bärenbach gibt es keine Gelegenheit zur Einkehr.

Abseits der Route empfehlenswert:
Einkehrmöglichkeit am Kupferbergwerk Fischbach ❼ Hosenbachstraße 17, 55743 Fischbach, Tel. (0 67 84) 23 04, www.besucherbergwerk-fischbach.de
Restaurant Kyrburg ❽ Auf der Kyrburg 1, 55606 Kirn, Tel. (0 67 52) 9 11 90, www.kyrburg.de

Entspannung ★★★★☆
Genuss ★★★☆☆
Romantik ★★★★☆

ENTDECKEN & ERLEBEN:

Naumburg ❶
Dieterfelsen ❷
Zeidlerstation ❸
Römerstraße ❹
Donnersbergblick ❺
Kupferbergwerk ❻
Kupferbergwerk Fischbach ❼ s. ESSEN & ENTSPANNEN

Museumsmühle mit Teich

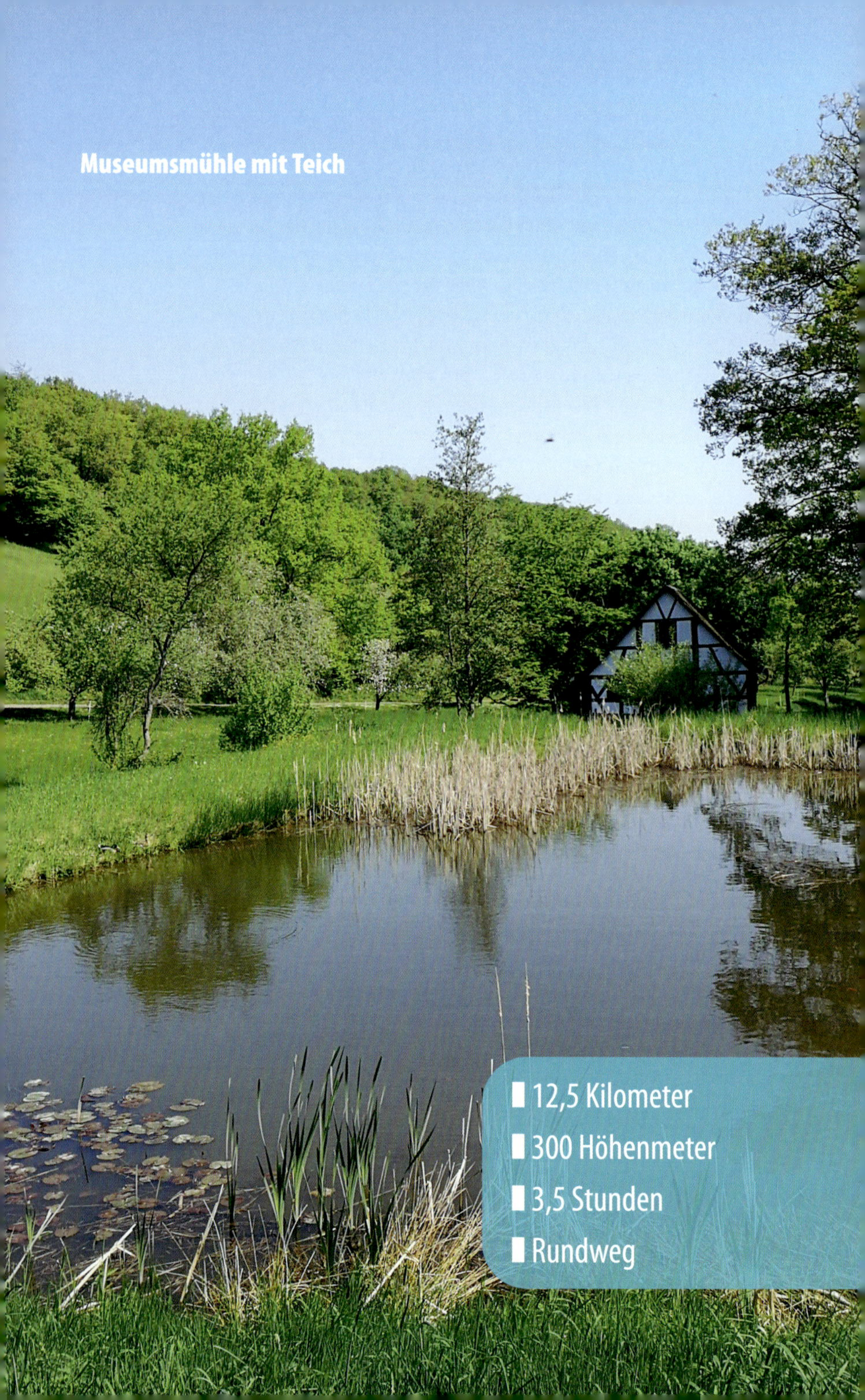

- 12,5 Kilometer
- 300 Höhenmeter
- 3,5 Stunden
- Rundweg

Los geht unsere Wanderung am Parkplatz vor dem **Bollants** ❶ am südlichen Stadtrand von Bad Sobernheim. In dem Hotel- und Spa-Komplex können wir nach der Wanderung in verschiedenen Restaurants mit und ohne Stern einkehren. Zunächst aber folgen wir nun dem geteerten Weg naheaufwärts. Meistens ist diese Tour mit **„Hottenbach-Weg"** markiert. So gehen wir am Waldrand entlang, rechts von uns fließt die Nahe dahin. Schon nach wenigen Minuten wandern wir direkt an der erst kürzlich **renaturierten Nahe** ❷. Das sieht mit mancherorts umliegenden Bäumen und aus dem Wasser ragenden Felsen spannend und einladend aus. Erfrischung kann auch schon ganz am Anfang unserer Tour stattfinden! Das Ufer in diesem naturbelassenen, nicht begradigten Gebiet zu erkunden ist eine Freude.

Nachdem wir den Wald verlassen haben, biegen wir nach etwa 300 Metern links ab. Der **Hottenbach** ist bereits ausgeschildert. Dieser verläuft jetzt rechts von uns zwischen den Bäumen. Das Plätschern des Bächleins wird uns auf den nächsten knapp 5 Kilometern begleiten. Schon nach 200 Metern überqueren wir den Bach und gehen weiter talaufwärts. Rechts von uns sind **Weinberge** – nicht sonderlich groß, deshalb eher niedlich. Es fühlt sich gut an, zwischen dem Bach auf der einen und Weingärten auf der anderen Seite.

Bald sollten wir die Gelegenheit zur Erfrischung nutzen. Ein schattiges, begrastes Plätzchen für eine Pause ist hier überall zu finden. Besonders nett ist eine

Füße im Wasser

Bachrunde bei Bad Sobernheim

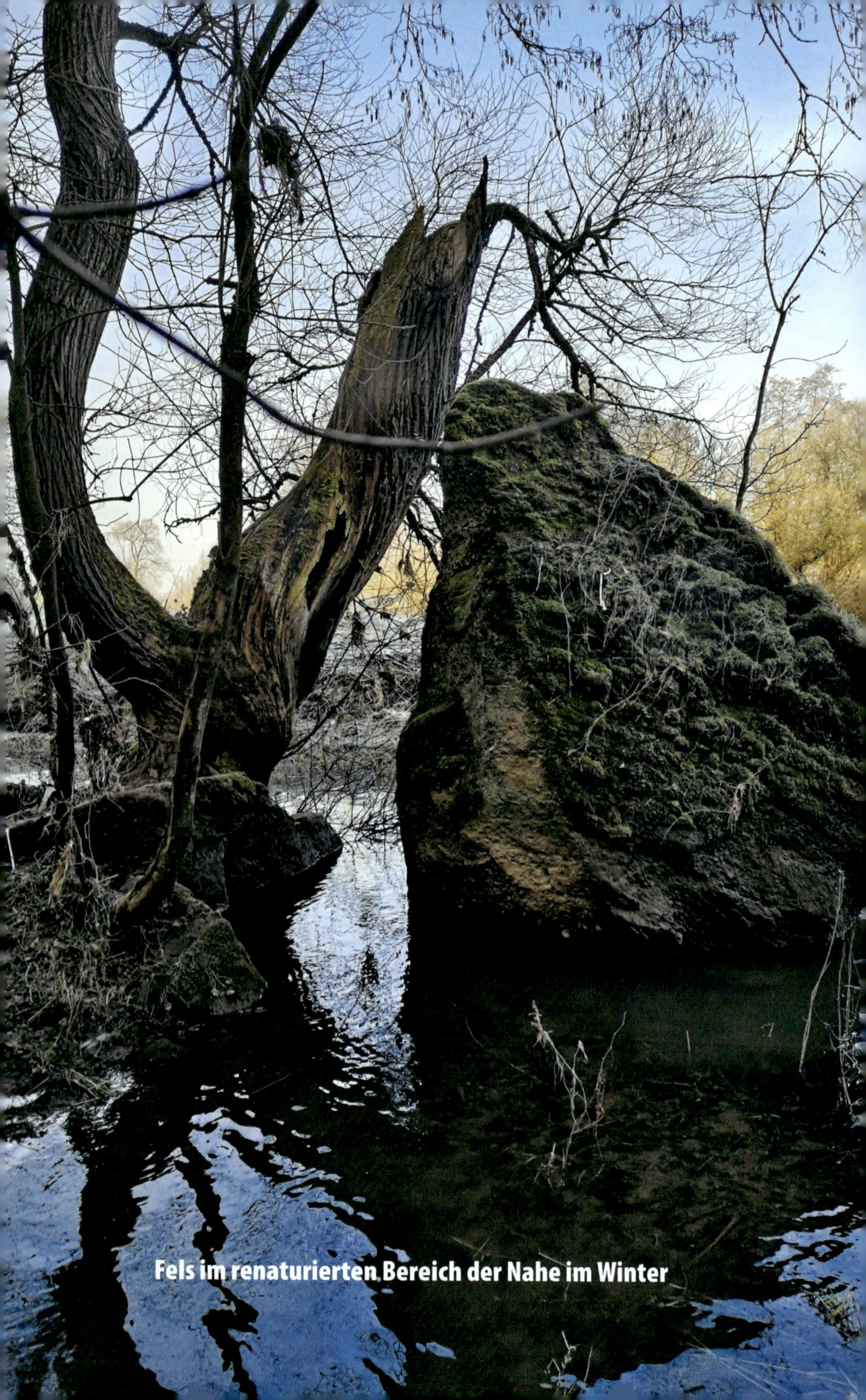

Fels im renaturierten Bereich der Nahe im Winter

Stelle nach etwa 3 Kilometern, kurz bevor wir wieder in ein Waldstück gelangen. Aber auch im Winter und bei Sonnenschein, vielleicht bei einem noch ein wenig gereiften Gras und Boden, macht der Weg Spaß. Hier am Bach ist die Strecke recht flach und lässt sich deshalb völlig entspannt wandern. Eilig haben wir es nicht – zu viel gibt es zu sehen. An vielen Bäumen wachsen **Misteln,** die im Winter besonders gut zu erkennen sind.

Nach etwa 4 Kilometern müssen wir nach links abbiegen und über eine Wiese gehen. Dort steht ein einzelner Baum – solitär. Dann geht es in den Wald und bergauf – nur kurz. Anschließend biegen wir ganz scharf nach rechts ab und wandern durch den Wald abwärts, wieder auf den Hottenbach zu. Im Sommer ist der schattige **Laubwald** eine willkommene Abkühlung zum sonnigen Weg am Bach entlang.

Aus dem Wald heraus gehen wir am Waldrand entlang über eine Wiese – da ist er wieder, der Hottenbach, und wir erahnen hinter den Bäumen ein Gebäude. Nach 5 Kilometern kommen wir an der **Lohmühle ③** vorbei. Es ist schon ein wenig schade, dass diese nur noch für Gruppen öffnet – möglicherweise ändert sich das auch wieder. Es ist ein schöner Ort an dem kleinen Bach und wäre eine tolle Gelegenheit zur Rast, bevor wir 2 Kilometer bergauf wandern.

Wirklich anstrengend sind die folgenden 100 Höhenmeter nicht. Vor uns liegt ein malerischer Pfad durch den Laubwald an einem kleinen Bächlein ent-

*Die an dieser Stelle **renaturierte Nahe** ist Teil eines größeren Projekts „Lebendige Nahe" der Deutschen Umwelthilfe (DUH) zusammen mit dem Regionalbündnis Soonwaldnahe. Ziele sind die Verbesserung der ökologischen Qualität, Hochwasserschutz und der Naturgenuss für den Menschen.*

Für die Seele

Hier können wir die Füße in die Nahe stecken, am kleinen Hottenbach entlangschlendern, uns immer wieder erfrischen und den Schatten des Laubwaldes genießen.

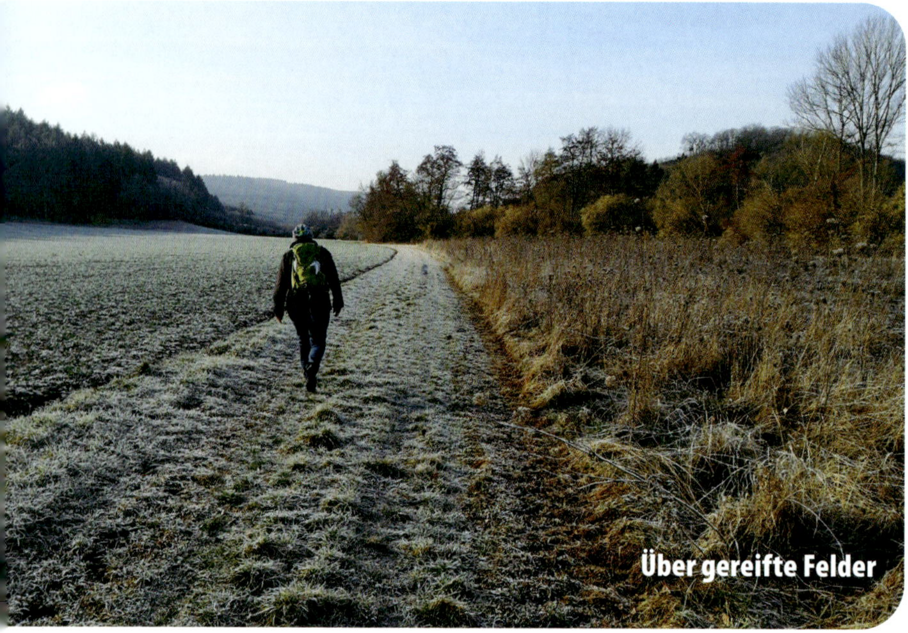

Über gereifte Felder

lang – es geht in Richtung der Quelle des Hottenbachs. Dann, nach weniger als 1 Kilometer, sehen wir links von uns eine gerodete Fläche im Wald – hier gab es tatsächlich einen **Wingert** mitten im Wald. Ähnlich finden wir dies in Meisenheim – nur ist der Weinberg dort bewirtschaftet und nicht wie hier verlassen. Am Weg steht kurz darauf ein **verlassenes Haus 4.** Es ist baufällig, in der Küche erblicken wir einen nicht mehr wirklich betriebsbereiten Ofen. Das Tor zur Scheune steht einen Spalt offen. Wir schauen hinein und sehen im hinteren Teil eine eingestürzte Mauer. Was das wohl war? In der Scheune liegt sogar noch ein alter **Pflug,** der einst von Pferden oder Kühen gezogen wurde.

Wir wandern weiter bergauf – auch wenn dieses kleine Päuslein beim Aufstieg durchaus willkommen war, unser Ziel ist der Hottenbachblick. Dazu müssen wir nur noch etwa 400 Meter bergauf wandern, bevor

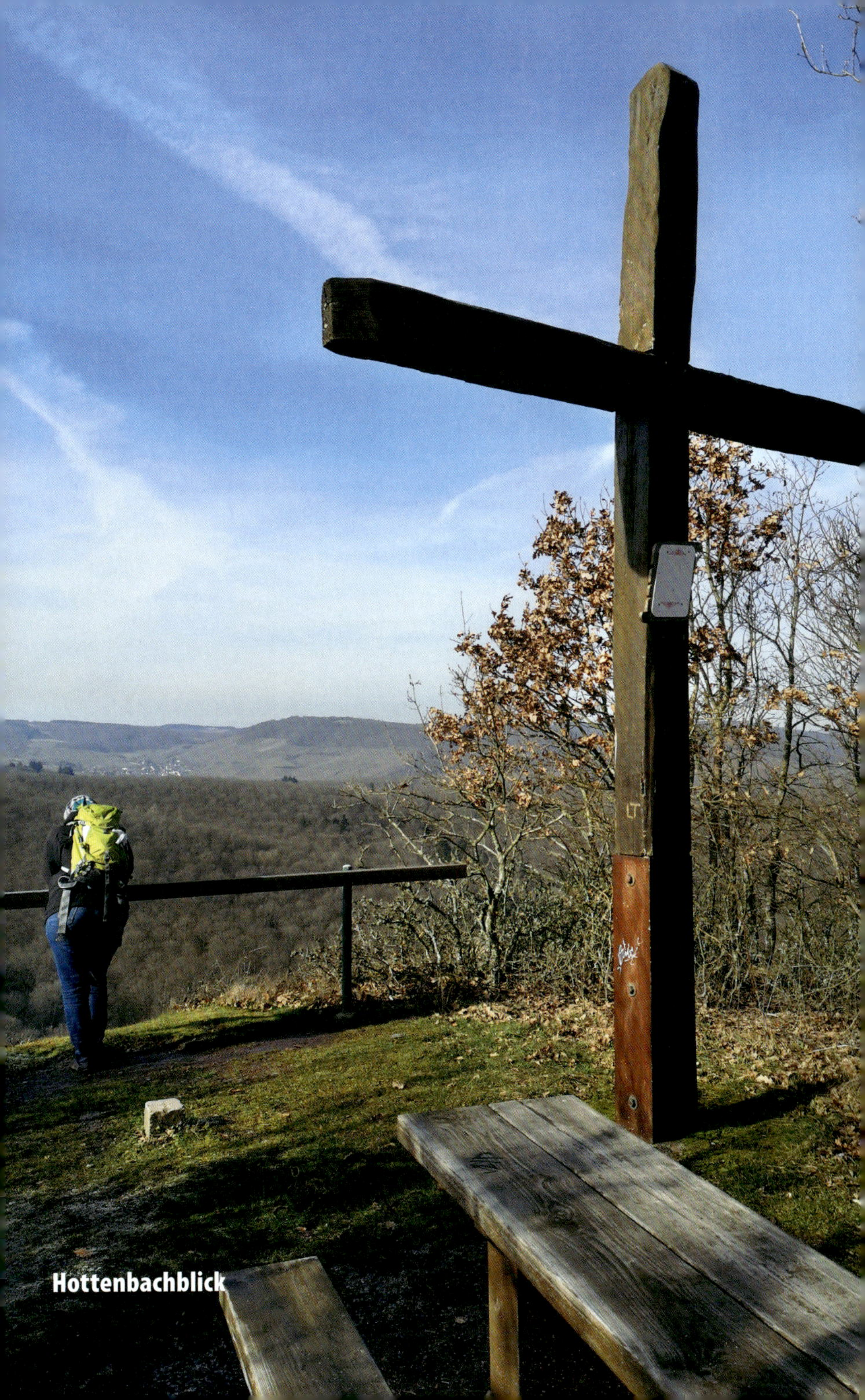

Hottenbachblick

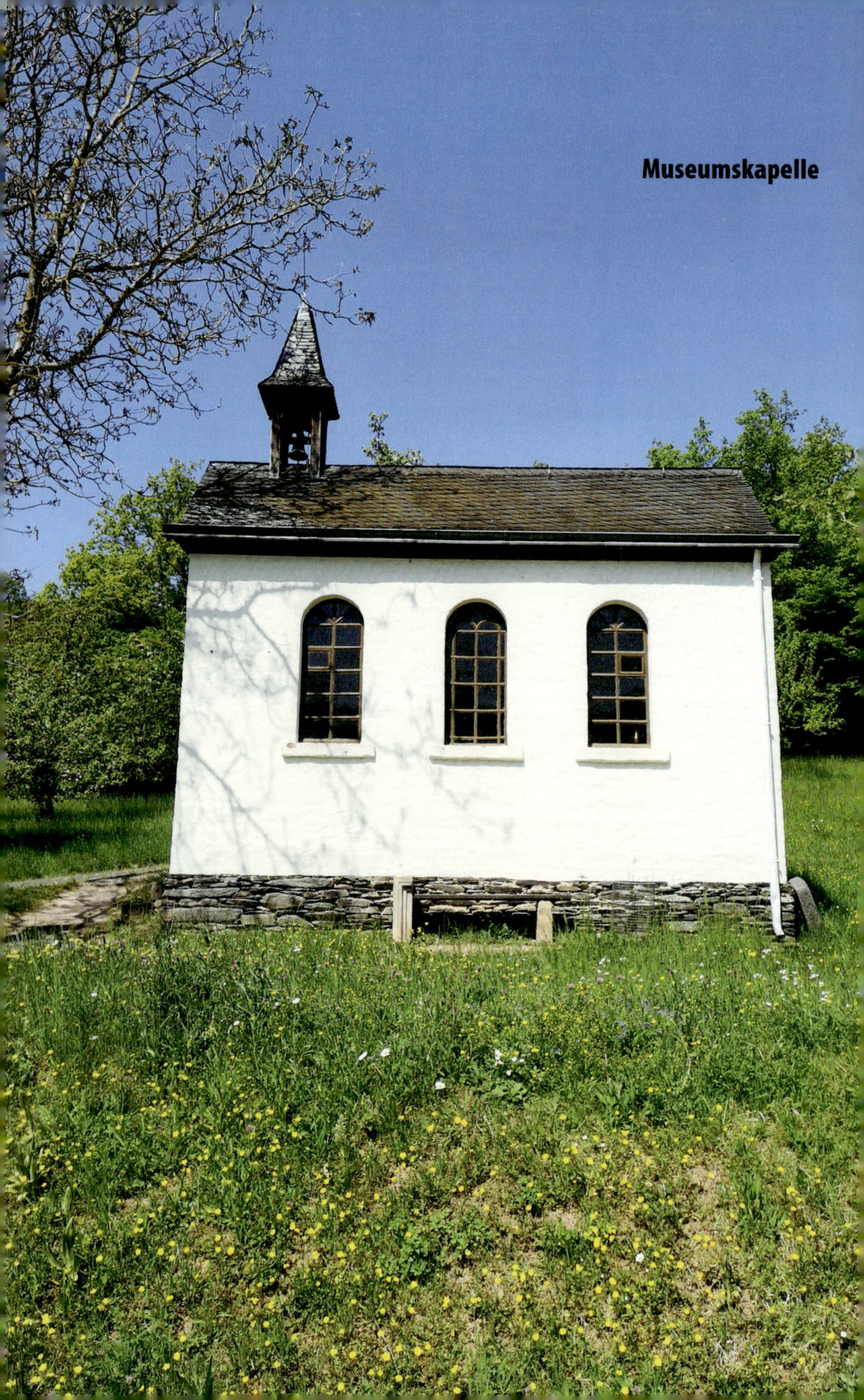
Museumskapelle

es deutlich flacher wird. Wir biegen nach links und nach 200 Metern wieder nach links ab. Die Beschilderung sagt uns, dass es noch 700 Meter bis zum Aussichtspunkt sind. Diese knapp 1,5 Kilometer mehr auf unserer Tour sollten wir – abgesehen davon, dass es recht flach ist – auf jeden Fall gehen. Nur ganz wenige Höhenmeter gehen wir oberhalb des Pfades, den wir bergauf gestiegen sind, zurück, und die Vegetation ist plötzlich ganz anders. Die Bäume sind viel niedriger, etwas verknorrt. Es gibt Trockenmauern, und wir haben Sicht nach Süden über das Nordpfälzer Bergland. Die Aussicht am **Hottenbachblick** ⑤ ist grandios, und es gibt eine ausgesprochen angenehme Rastanlage mit – und das ist geradezu unglaublich – einem Schwenkgrill. Mit „Inspiration“ lässt sich das Gefühl wohl am deutlichsten beschreiben, das uns durch den Wechsel der Landschaft in Verbindung mit der gewissen Luftigkeit des Ortes ereilt. Hier machen wir auf jeden Fall eine Pause, genießen das Gefühl und den Ausblick. Erfrischung findet nicht nur durch Wasser statt! Es ist einfach toll hier. Der Weg, die Aussicht und die Ruhe an dieser Stelle lassen uns schwelgen.

Nun haben wir deutlich über die Hälfte unserer Tour geschafft, sind gestärkt von unserer Pause und gehen – abgesehen von ganz leichten Steigungen – nur bergab. Zurück auf dem Hottenbachweg bleiben wir nur etwa 100 Meter auf dem Waldweg. Dann zeigt die Beschilderung nach rechts – wir gehen geradeaus weiter und erreichen nach weiteren 100 Metern eine **Wiese im Wald.** Wenn wir links durch das Gehölz schauen, scheint auch dort das Gelände offen zu sein – eine weitere Wiese, die sich ganz wunderbar für eine Ruhepause abseits der Wege eignet, so wir eine Decke dabeihaben.

Am Ende der Wiese treffen wir wieder den Hottenbachweg. Dieser geht jetzt etwas steiler bergab, und nach wenigen Minuten hören wir wieder Wasser plätschern: den **Schlossgraben.** Es ist ein tiefer Hohlweg,

Für das rheinland-pfälzische ***Freilichtmuseum*** *wurden überall im Bundesland Gebäude abgetragen und am Schlossgraben wieder aufgebaut: 500 Jahre Landesgeschichte bei einem Spaziergang mit Museumsrestaurant.*

den sich der kleine Bach im Laufe von Jahrtausenden gebuddelt hat. Nach etwa 1 Kilometer wird der Weg wieder flacher, und wir folgen der Beschilderung des Hottenbachwegs. Etwa 1 Kilometer, bevor wir wieder am Bollants ankommen, erreichen wir mit dem **Kurt-Eimer-Tempelchen 6** einen Aussichtspunkt mit der besten Aussicht über Bad Sobernheim. Hier nehmen wir uns etwas Zeit und überblicken die Gegend – und überlegen, wo wir nach unserer Tour einkehren möchten, ob es vielleicht noch einen Besuch des **Freilichtmuseums 7** geben soll und wann wir uns die 3,5 Kilometer auf dem Bad Sobernheimer **Barfußpfad 8** vornehmen.

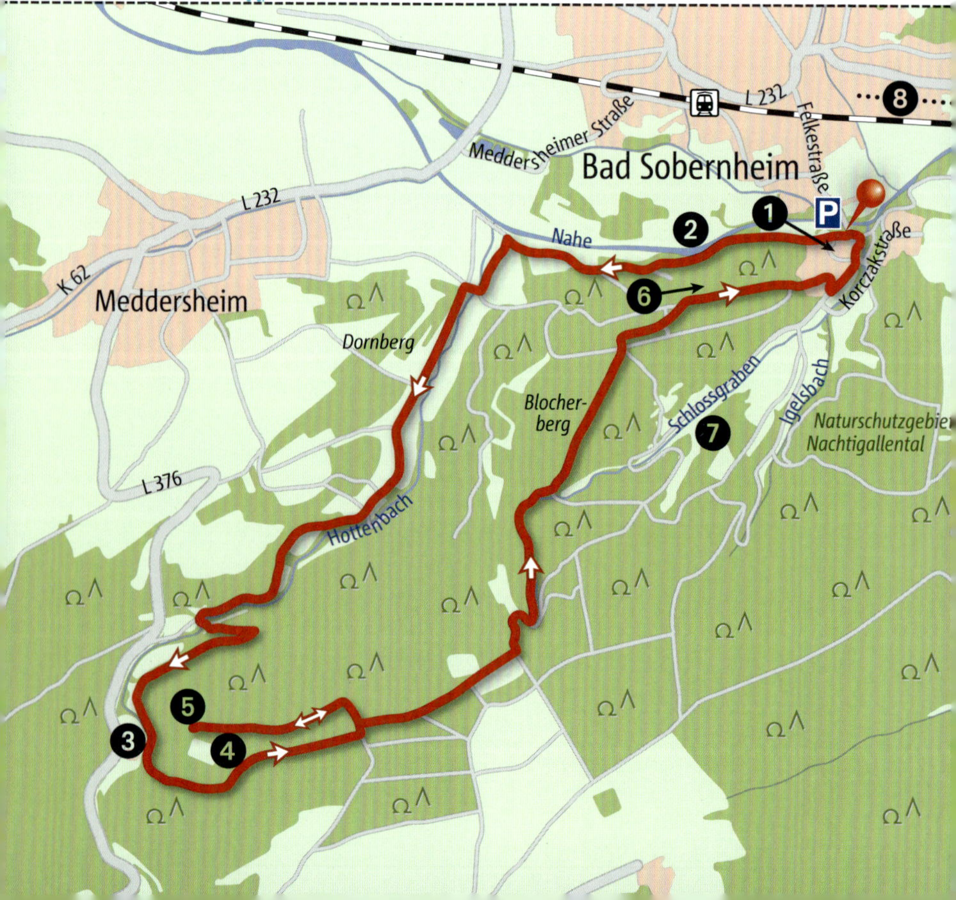

Alles auf einen Blick

WIE & WANN:
Zumeist Gras- und Waldwege sowie ein wenig Teer. Diese Tour ist bei sonnigem Wetter immer schön. Selbst wenn es heiß ist, gibt es hier genügend Gelegenheit zur Erfrischung sowie Schatten. Im Winter lädt das Bollants Hotel & Spa zum Aufwärmen ein. Die Wege sind mit Leichtwander- oder Joggingschuhen gut begehbar.

HIN & WEG:
Auto: Parkplatz vor dem Bollants, Abzweig von der Felkestraße, 55566 Bad Sobernheim (GPS: 49.777444, 7.655934), alternativ am Freilichtmuseum
ÖPNV: Bad Sobernheim ist mit dem RE3 aus Mainz und Saarbrücken erreichbar. Man setzt dann im Ort mit der Wanderung ein.

ESSEN & ENTSPANNEN:
Bollants Spa im Park ❶ Felkestraße 100, 55566 Bad Sobernheim, Tel. (0 67 51) 9 33 90, www.bollants.de

ENTDECKEN & ERLEBEN:
Renaturierte Nahe ❷
Lohmühle ❸
Verlassenes Haus ❹
Hottenbachblick ❺
Kurt-Eimer-Tempelchen ❻
Freilichtmuseum ❼ Nachtigallental 1, 55566 Bad Sobernheim, Tel. (0 67 51) 85 58 80
Barfußpfad ❽ Staudernheimer Straße 90, 55566 Bad Sobernheim, Tel. (0 67 51) 8 56 92 92, www.barfusspfad-bad-sobernheim.de

Entspannung ✱✱✱✱✱
Genuss ✱✱✱✱✱
Romantik ✱✱✱✱✱

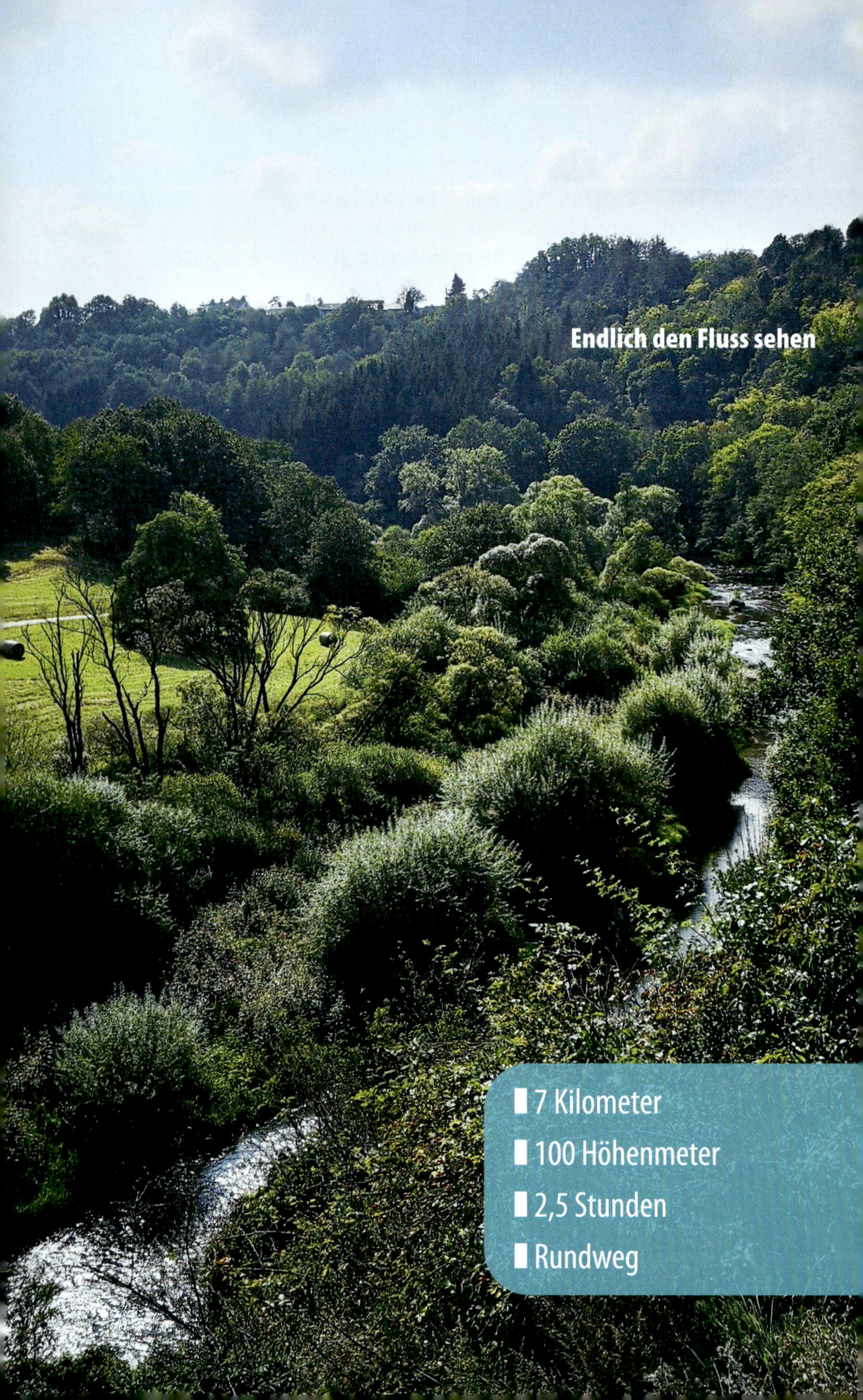
Endlich den Fluss sehen
7 Kilometer
100 Höhenmeter
2,5 Stunden
Rundweg

Auch wenn wir mit dem Zug anreisen, ist diese Wanderung nur unwesentlich länger als vom Wanderparkplatz der Traumschleife **„Rund um die Kama“** am westlichen Rand von Idar-Oberstein aus. Wir gehen los und folgen der lila Wegkennzeichnung der Traumschleife in Richtung des **Restaurants Kammerhof 1.** Direkt nach dem Restaurant biegen wir rechts ab und wandern leicht bergan durch das **Portal des Nahesteigs.** Von richtigen Steigungen bleiben wir hier erfreulicherweise verschont. Das Gelände ist wellig, und wir gehen meistens unweit der Nahe – so auch jetzt.

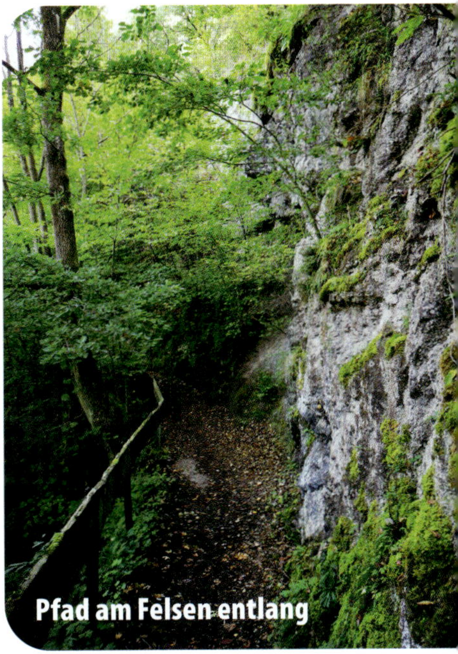

Pfad am Felsen entlang

Bald wird der Weg zum Pfad und führt am **Felsen** entlang. Hier ist es zunächst feucht, und es gibt Farne. Dann öffnet sich die Landschaft, und wir freuen uns über den Blick auf die Büsche und Bäume des **Naturschutzgebiets Kammerwog,** durch das sich die Nahe wohl schlängelt. Sehen können wir sie hier nicht wirklich, nur erahnen. An sonnigen Tagen ist der Wechsel von sonnigen Stellen und Schatten im Laub- und Nadelwald sehr angenehm und hält frisch.

Nach etwas mehr als 1 Kilometer hören wir seltsam klopfende Geräusche. Das Naturschutzgebiet wird von der Brücke einer Bundesstraße über-

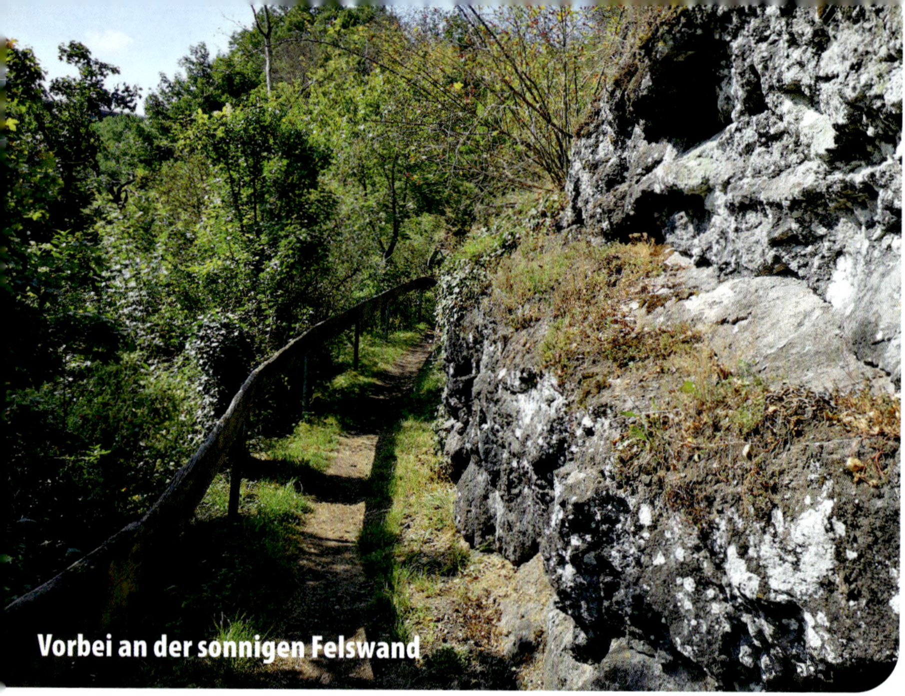

Vorbei an der sonnigen Felswand

*Das **Naturschutzgebiet „Kammerwoog und Krechelsfels“** wurde erst 1998 ausgewiesen. Die geologisch-morphologische Eigenart mit hohen Felsen und der Nahe soll als Standort seltener bedrohter wild wachsender Pflanzen- und Tierarten geschützt werden.*

*Erst in den 1970er-Jahren wurden die Fundamente der **Villa Rustica Enzweiler** ausgegraben. Der Hobbyarchäologe Paul Geiß wurde dabei vom rheinischen Landesmuseum Trier unterstützt. Es wurde viel Koch- und Trinkgeschirr gefunden.*

quert. Weiter geht es auf dem Pfad, mal ist es sonnig, mal schattig. Immer sehen wir viel Grün und immer wieder Felsen, an denen wir entlangwandern. Es ist ein wenig spektakulär und gleichzeitig viel weniger anstrengend als im Hochgebirge – dann sehen wir endlich den Fluss und würden am liebsten die Füße hineinhängen.

Wirklich lange müssen wir nicht auf die Möglichkeit zur Erfrischung warten. Nach weniger als 2 Kilometern Weg erreichen wir die Überreste der **Hoppstätter Achatschleife** ❷ mit direktem Zugang zum flachen Wasser der Nahe – Erfrischung! Schauen wir flussaufwärts, sehen wir die Blaue Brücke – eine malerisch gelegene, wunderschön anzusehende Fußgänger- und Fahrradbrücke über das Wasser. Auf unserem Rückweg werden wir sie überqueren. Zunächst führt uns der Weg über einige Serpentinen bergauf, bis wir vor einer Hinweistafel auf eine ehemalige **Villa Rustica** ❸ stehen.

So gehen wir weiter und kommen nach **Enzweiler.** Dort wandern wir etwa 300 Meter eine Straße am

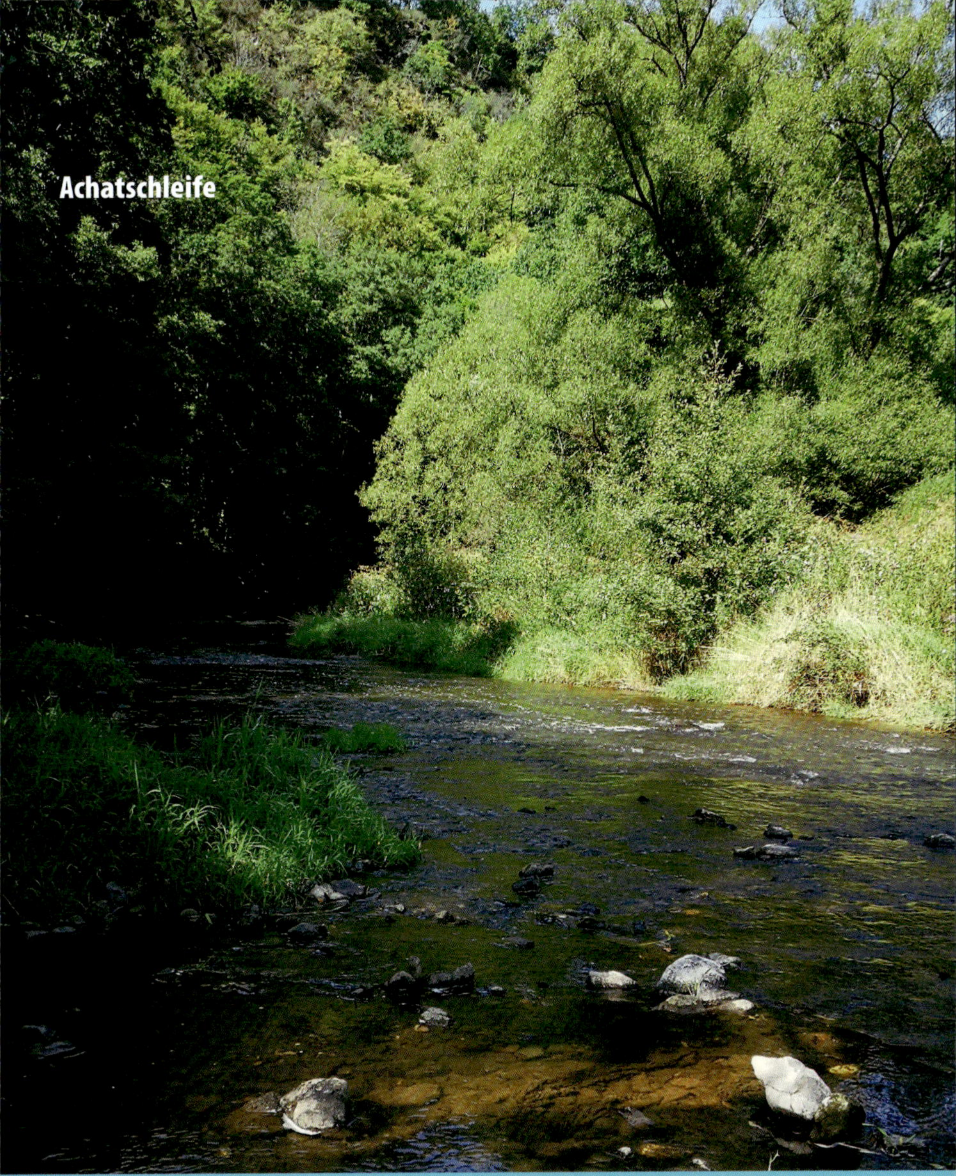

Für die Seele

Wir gehen quer durch das Naturschutzgebiet „Kammerwoog und Krechelsfels". Dabei ist die Nahe meistens zum Greifen nahe.

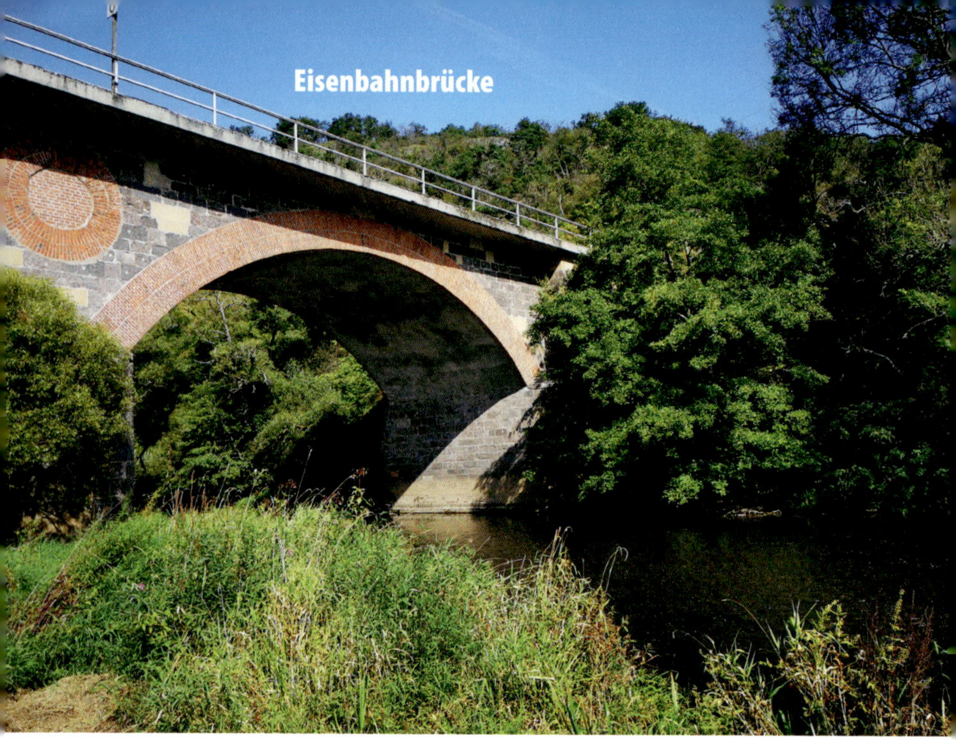

Ortsrand entlang, bis wir den Sportplatz der TSG Idar-Oberstein 1889/1973 erreichen. Es geht im Grunde links um den Sportplatz – allerdings biegen wir am Sportgelände an der ersten Eckfahne wieder rechts in den Wald ein. Schatten spendende Bäume sind gerade an heißen Tagen willkommen. Ein Schild weist uns den Weg zu einem **Aussichtspunkt,** an dem wir Blick auf Enzweiler haben. Je nach Laune nehmen wir den zusätzlichen Weg auf uns. 3 Minuten wie angeschrieben werden wir nicht benötigen.

Von dieser Stelle verläuft der Pfad mal abwärts, dann wieder bergan – es kommen eine Wiese und etwas lichterer Bewuchs. Schlendernd bewältigen wir die nächsten etwa 1,5 Kilometer, bis wir zu einer kleinen, niedlichen Lehreinheit kommen. Ein Verein hat hier seltene Bäume und Sträucher gepflanzt und beschildert. So erfahren wir, wie eine gewöhnliche Felsenbirne oder ein Essigbaum aussehen. Bei diesen nicht ganz alltäglichen Gewächsen macht es Spaß, genauer hinzusehen.

Vor uns sehen wir eine Brücke. Hier ist die Nahe ganz flach, und es gibt die absolut beste Gelegenheit, sich zu erfrischen. Wer auch immer es war, der die Bank hier im hohen Gras so dicht am Wasser des Flüssleins aufgestellt hat: Wir sind zu größtem Dank verpflichtet. Energie können wir hier tanken, uns entspannen, picknicken, mit nackten Füßen durch die Nahe gehen und die Ruhe genießen. Auch die Brücke ist nett anzusehen. Darüber fahren Züge, Straßenlärm droht nicht. Direkt sichtbar ist dieses Kleinod nicht – glücklicherweise. Die **schönste Nahebank** 4 überhaupt erreichen wir, wenn unser Weg nach etwa 50 Metern nach unserer kleinen Einführung in seltene Pflanzen der Region auf einen geteerten Fahrradweg trifft. Dort halten wir nach einem mitunter nicht ganz deutlich ausgetretenen Pfad durch das Gras Ausschau. Zur Nahe sind es nur wenige Meter. Links von zwei Bäu-

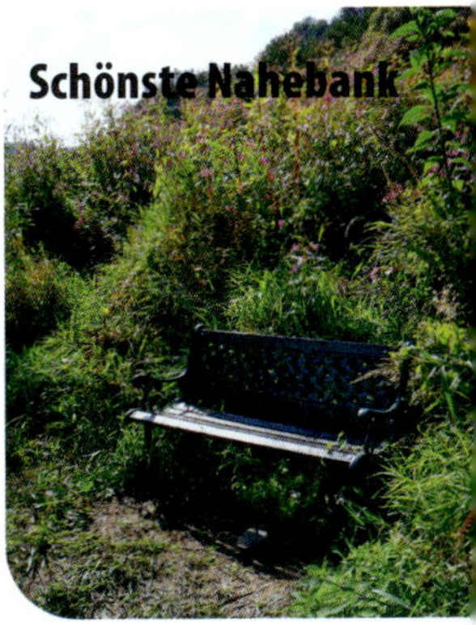
Schönste Nahebank

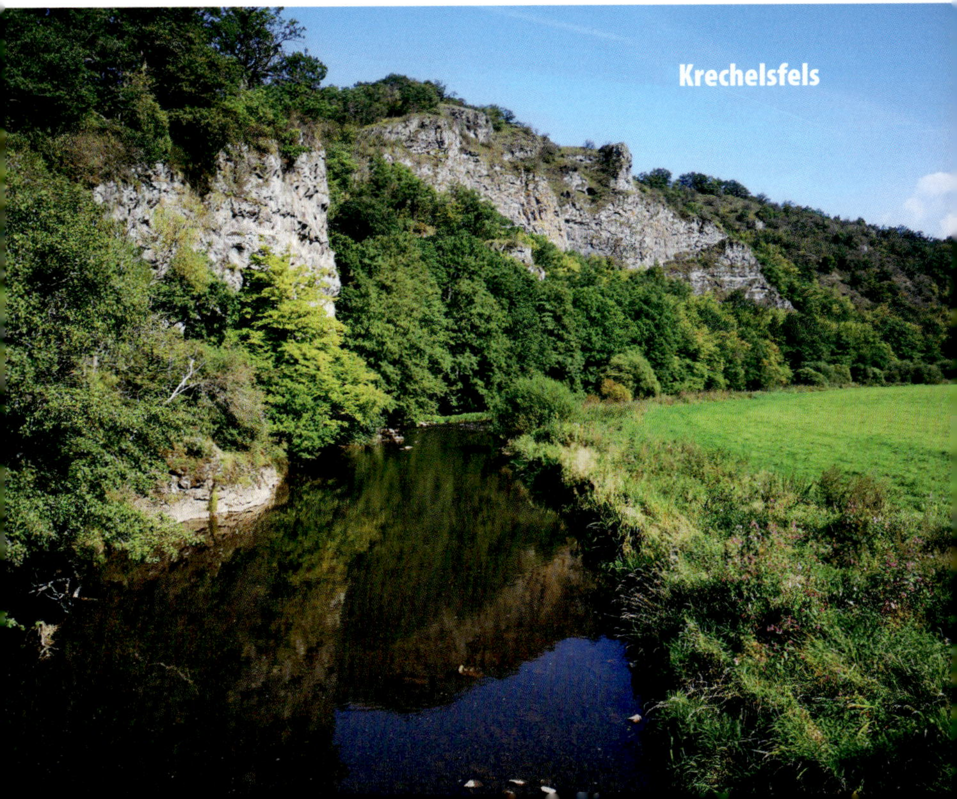
Krechelsfels

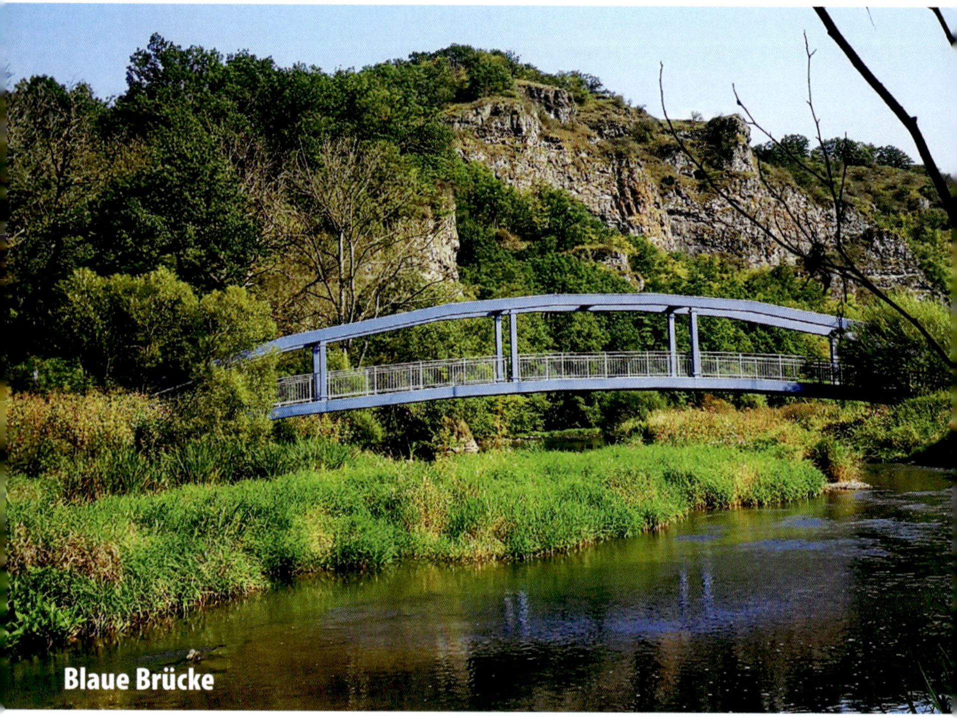
Blaue Brücke

men steht sie dann: nur 2 Meter vom Wasser entfernt, von Gras und Büschen umgeben.

Jedes Dolcefarniente hat ein Ende, und wir brechen auf zu unserem Ausgangspunkt – auf dem Fahrradweg unter der Brücke hindurch und links auf den Pfad. Es geht leicht bergauf, und wir gelangen zu der Wiese, an deren oberem Rand wir auf dem Weg nach Enzweiler entlanggegangen sind. Die Natur lässt uns hier immer wieder staunen. Ob es im Frühling Heckenrosen und Margeriten sind oder im Herbst Hagebutten, nicht dem EU-Standard angepasste Äpfel und mit etwas Glück Herbstzeitlose – hin und wieder dürfen wir auf den südlich liegenden **Krechelsfels** 5 schauen. Dann landen wir wieder auf dem Radweg, kommen an einer Relaxliege vorbei und sehen wieder die **Blaue Brücke** 6. Dort hätten wir eine letzte Gelegenheit zur Erfrischung, bevor wir in etwa 1,5 Kilometern den Ausgangspunkt unserer Tour erreichen. Vielleicht war ja die Sonne auf der Wiese etwas stark.

Gleich, ob wir von der Brücke naheauf- oder -abwärts schauen: Der Blick ist einfach traumhaft, die Nahe fließt langsam, Gras wächst auf einer kleinen Insel, und der Krechelsfels erhebt sich majestätisch über das **Naturschutzgebiet.** Nachdem wir durch ein Stück Wald gegangen sind, blicken wir über eine Wiese auf eine mächtige Felswand. Es ist geradezu unglaublich: Am unteren Rand der Wand sind wir noch vor Kurzem entlanggeschlendert, und die Höhe des Felsen ist uns völlig entgangen. So ist es möglich, das Wegstück

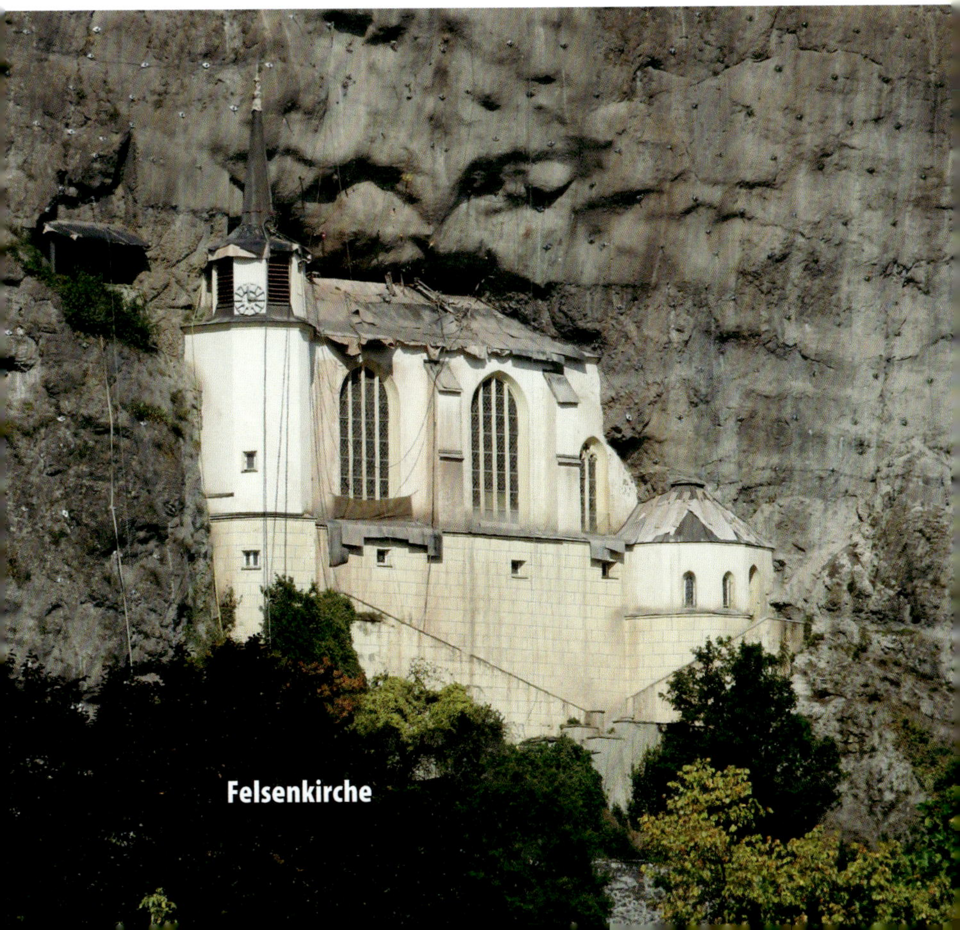

Felsenkirche

noch mal zu rekapitulieren – ja, wir sind dort frohen Mutes entlangspaziert.

Gleicht geht es wieder in den Wald, und dort bleiben wir – bis auf eine kurze Unterbrechung – auf schattigen Pfaden bis zu unserem Ziel. Kurz vor dem **Restaurant Kammerhof** überqueren wir die Nahe. Einladend wirkt dieses Plätzchen schon, eine weitere Pause könnte durchaus angebracht sein, möchten wir im Anschluss noch die **Felsenkirche** 7 in Oberstein besuchen, das Wahrzeichen der Stadt, oder auch das **Deutsche Edelsteinmuseum** 8, wenn wir mit unserer Wanderung einen Tagesausflug nach Idar-Oberstein geplant haben.

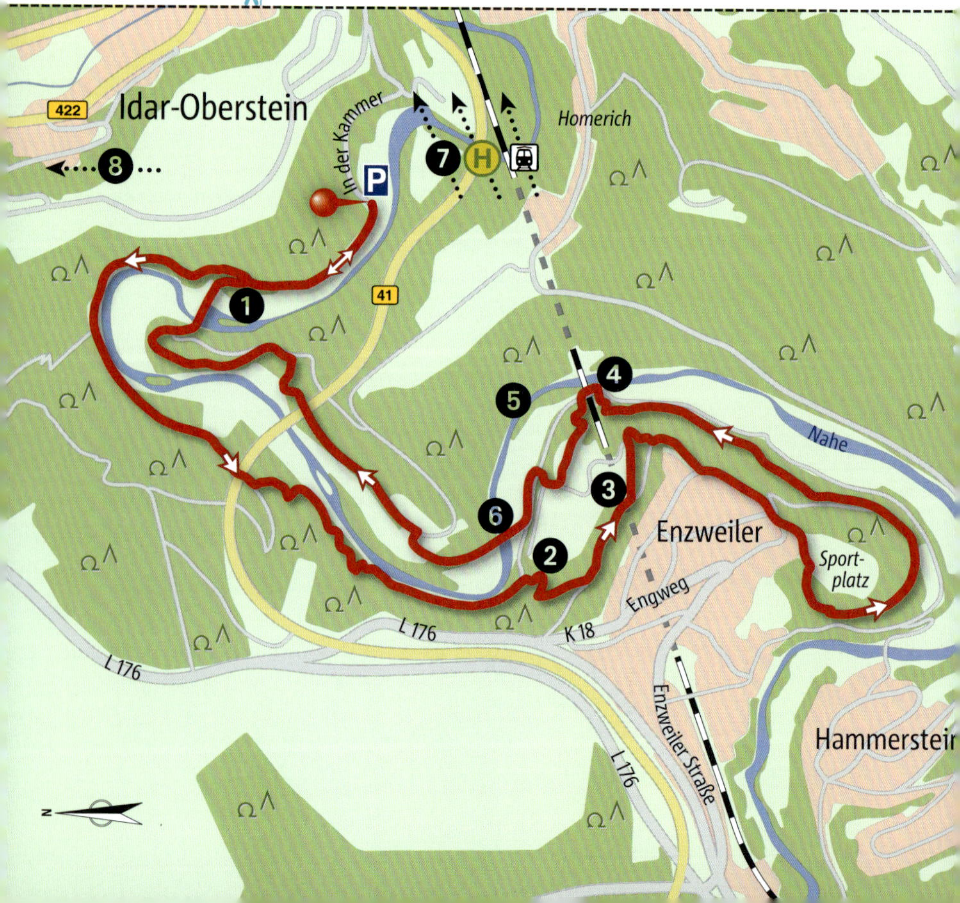

Alles auf einen Blick

WIE & WANN:
Zumeist Waldwege und Pfade, nur in Enzweiler ein wenig Teer. Für diese kleine Erfrischungstour sollte es sonnig und warm sein. Dann können wir die Nahe richtig genießen. Die Wege sind mit Leichtwander- oder Joggingschuhen gut begehbar.

HIN & WEG:
Auto: Parkplatz der Traumschleife, Weinsau 3, 55743 Idar-Oberstein (GPS: 49.700238, 7.311832). Diesen Parkplatz benutzen und nicht den des Restaurants Kammerhof.
ÖPNV: Idar-Oberstein ist mit dem RE3 aus Mainz und Saarbrücken erreichbar. Man setzt dann im Ort mit der Wanderung ein.

ESSEN & ENTSPANNEN:
Restaurant Kammerhof ❶ In der Kammer, 55743 Idar-Oberstein, Tel. (0 67 81) 2 43 48, www.restaurant-kammerhof.de

ENTDECKEN & ERLEBEN:
Hoppstätter Achatschleife ❷
Villa Rustica ❸
Schönste Nahebank ❹
Krechelsfels ❺
Blaue Brücke ❻
Felsenkirche ❼
Deutsches Edelsteinmuseum ❽ Hauptstraße 118, 55743 Idar-Oberstein, Tel. (0 67 81) 90 09 80

Entspannung ★★★★★
Genuss ★★★★☆
Romantik ★★★★☆

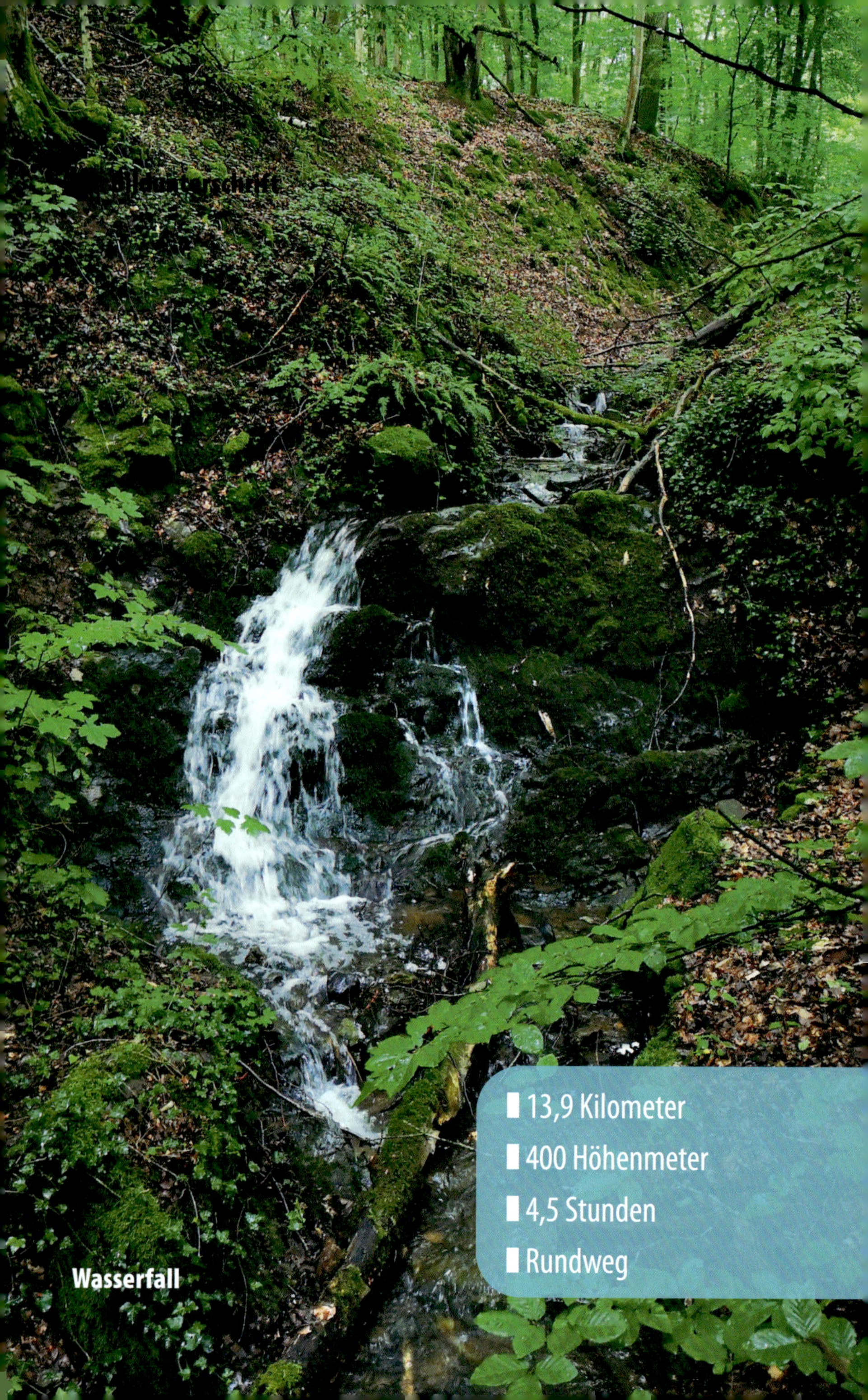

- 13,9 Kilometer
- 400 Höhenmeter
- 4,5 Stunden
- Rundweg

Wasserfall

Heute sind wir leicht sportlich unterwegs. Vorgenommen haben wir uns eine Wanderung, auf der uns gleich drei Burgen, ein ausgesprochen idyllisches Tal mit plätscherndem Bach und die **Kirner Dolomiten** – eine imposante Felsformation – erwarten. Fast 14 Kilometer werden wir zu Fuß unterwegs sein. Dabei ist unser Start der Wanderparkplatz unterhalb der **Kyrburg** ❶ in Kirn. Etwas oberhalb des Parkplatzes biegen wir links auf den Weg unserer Vitaltour ab. Wenn wir im **Restaurant Kyrburg** ❷ essen möchten, was wirklich lohnend ist, müssen wir aufgrund der Öffnungszeiten der Küche planen – erst essen und dann wandern oder umgekehrt? Es locken eine sehr gute Küche, Wildgerichte und eine große Whisky-Auswahl mit Whisky-Museum. Burg und Restaurant sind auf jeden Fall einen Besuch wert.

*Die **Kyrburg** wurde 1128 erstmals urkundlich erwähnt. Das Restaurant Kyrburg befindet sich im 1768 erbauten Garnisonshaus. In der Burg gibt es noch ein Standesamt, außerdem wird sie als Freilichtbühne genutzt.*

Nach etwa 400 Metern auf einem leicht abfallenden Waldweg sehen wir rechts ein Portal, das uns für den heutigen 3-Burgen-Weg begrüßt. Wir wandern nun auf einem wildromantischen Pfad durch das **Trübenbachtal** ❸. Schon nach wenigen Metern erreichen wir den Bachlauf, dem wir auf den nächsten 2 Kilometern folgen werden. Es plätschert und rauscht, hin und wieder gibt es eine kleine Brücke, und wir überqueren den Bach. Dann stehen wir nach etwa 1 Kilometer an einer Gabelung – wir sind uns nicht sicher,

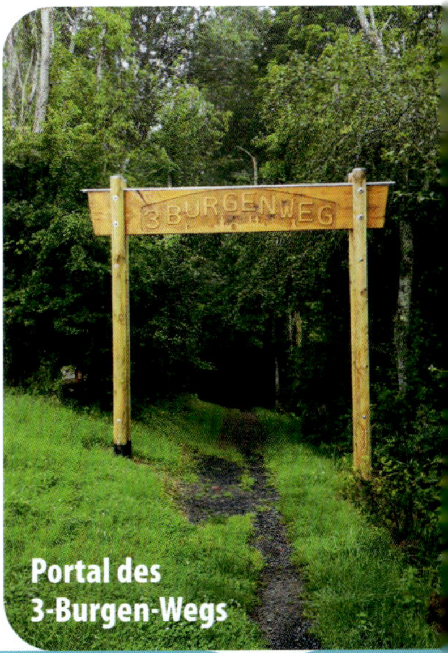

Portal des 3-Burgen-Wegs

Walderfrischung

Burgen, Felsen & Wasser bei Kirn

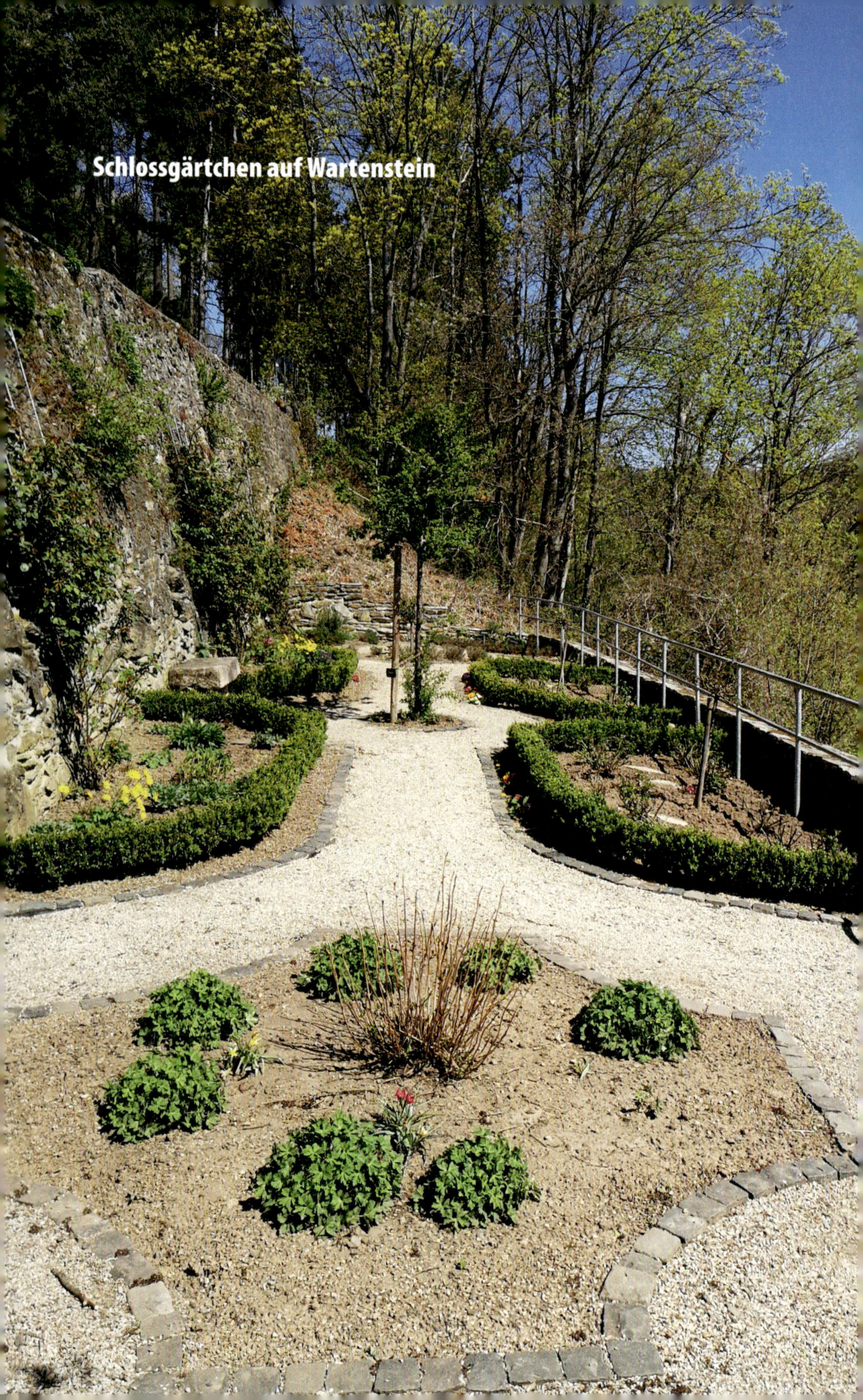

Schlossgärtchen auf Wartenstein

sollen wir den rechten oder linken Weg wählen? Die Beschilderung der Vitaltour ist nicht ganz klar. Wir gehen nach links und stehen nach wenigen Metern vor einem kleinen **Wasserfall.** Dieses Rauschen und Plätschern, dazu das Vogelzwitschern – all das ist angenehm beruhigend. Das lädt besonders im Sommer zur Erfrischung ein. Nur fragen wir uns, wie der Weg weiterläuft. Rechts von unserem kleinen Wasserfall ist ein kleiner Aufstieg, bei dem wir die Hände zu Hilfe nehmen müssten – es sind nur 5 Meter, dann läuft der Pfad normal weiter. Ist uns das zu anstrengend oder gefährlich, dann gehen wir zur Gabelung zurück und nehmen den rechten Pfad.

Weiter geht es durch den Buchenwald. Auch Eichen und Eschen gibt es dort. Nach knapp 2 Kilometern Wegstrecke müssen wir rechts abbiegen. Der Wald wird etwas lichter. Die nächste Gabelung kommt rasch. Wir gehen rechts, und dem Moos folgt Gras und dann Farn. Wir wandeln leicht meditativ aufwärts.

Wir erreichen eine Straße. Diese überqueren wir und gehen wenige Meter nach rechts. Dort führt unser Pfad weiter. Links liegt ein **kleiner ehemaliger Steinbruch.** Nach einigen Minuten im Wald eröffnet sich uns ein weiter Blick auf Getreide- und Rapsfelder. Vor uns liegt der Ort Bergen, es geht nur noch wenig bergan. Wir erreichen einen geteerten Wirtschaftsweg, biegen nach rechts und dann gleich wieder nach links ab und wandern weiter durch die Felder. Dabei gehen wir auf einen kleinen Wald zu und

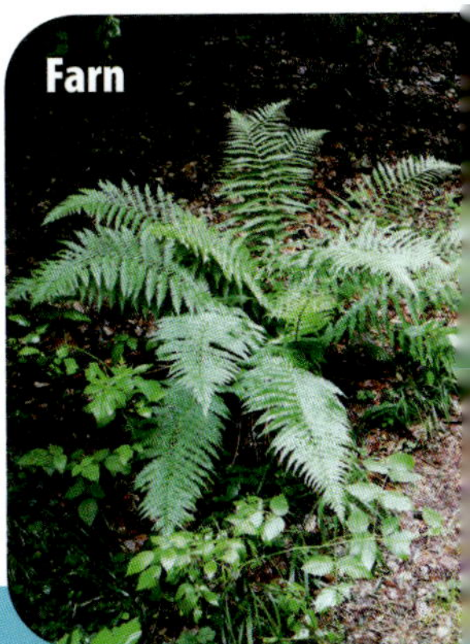
Farn

Für die Seele

Wir nehmen viele sehr unterschiedliche Eindrücke auf, manche Passage ist fast schon meditativ. Burgen, immer wieder Felsen und Wasser erwarten uns.

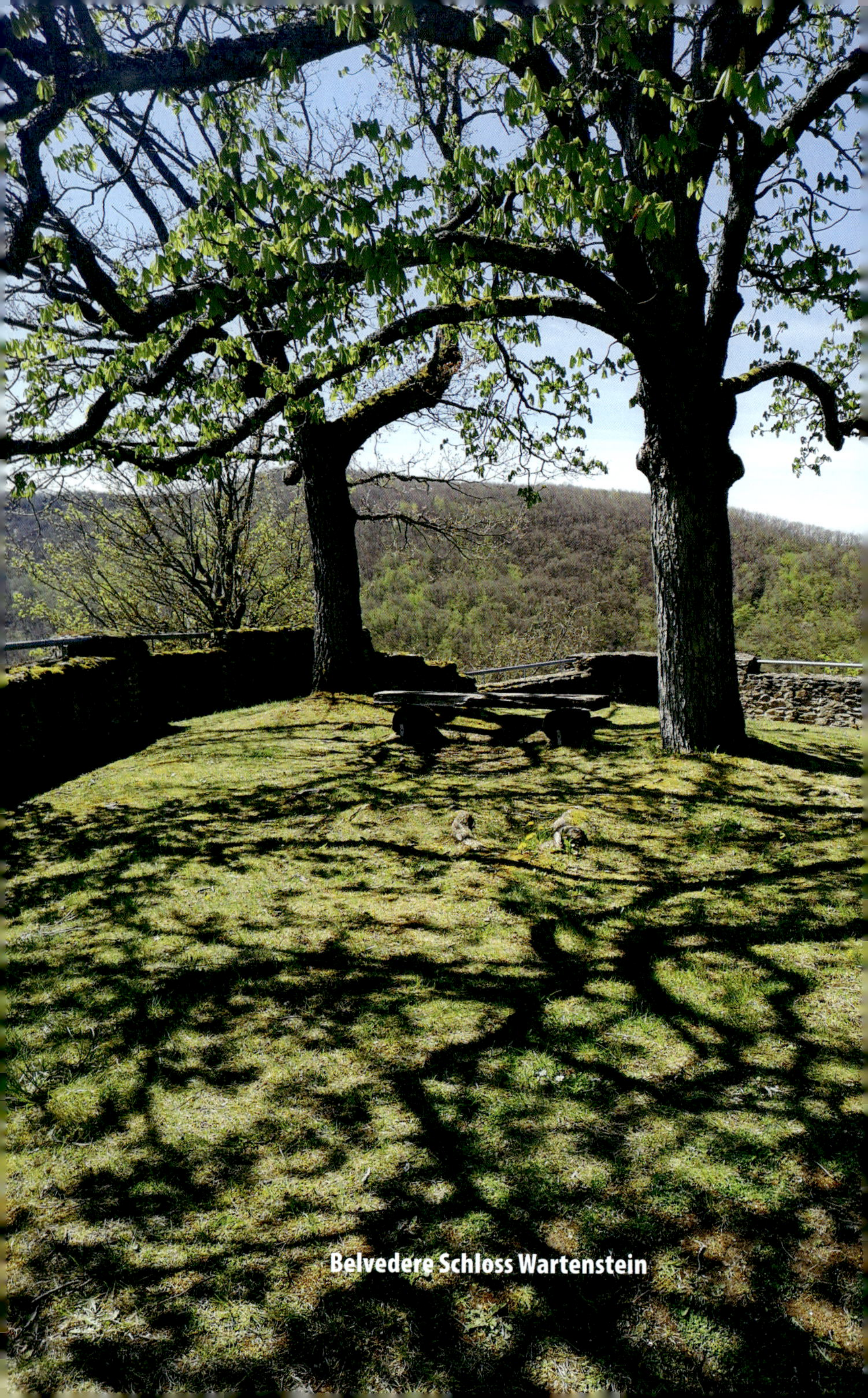

Belvedere Schloss Wartenstein

erreichen eine **Panoramaliege** – eine gute Gelegenheit für eine Pause.

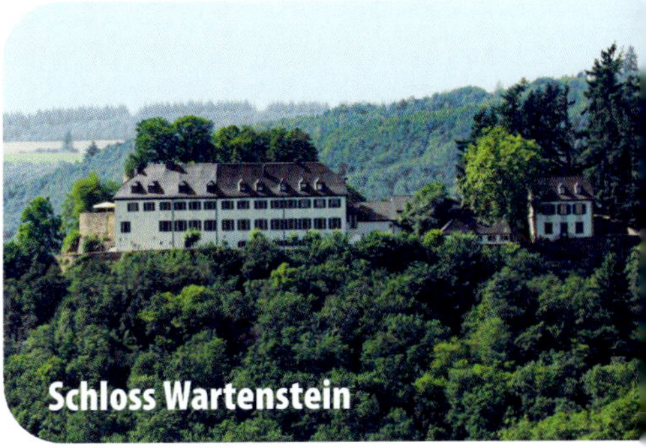
Schloss Wartenstein

Dann umrunden wir gut gelaunt das kleine Waldstück – wir haben den höchsten Punkt unserer Tour erreicht. Es geht durch Felder am Waldrand bergab – uns ereilt möglicherweise ein Gefühl des Pilgerns. Dabei haben wir besten Blick auf die **Burgruine Stein-Kallenfels ④**, die an eine Felsformation gebaut wurde.

Im Tal angekommen, haben wir bereits die Hälfte der Wanderung geschafft und überqueren im Kirner Ortsteil Kallenfels zunächst den Hahnenbach und biegen nach links ab. Nun folgen wir der Straße für etwa 400 Meter, bevor wir wieder einen Pfad betreten dürfen. Es folgt der Anstieg zu **Schloss Wartenstein ⑤**. Wir steigen frohen Mutes durch den Wald, sehen einige Stationen des Waldlehrpfades. Kinder stauen hier häufig das Wasser des Bächleins. Beste Gelegenheit, die Füße ins Wasser zu stecken oder im Frühjahr Bärlauch für einen abendlichen Imbiss zu sammeln. Ansonsten freuen wir uns auf eine Pause beim Schloss. Dort angekommen, gehen wir eine Steintreppe hinauf. Rechts ist eine Eisentür, durch die wir das **Schlossgärtchen** betreten dürfen. Dies ist allerliebst bepflanzt – Romantik pur. Wir legen eine Pause auf der **Steinbank** ein und blicken nach Süden auf die Burgruine Stein-Kallenfels. Der Ort lädt zu einem Picknick ein. Sollte das Gärtchen besetzt sein, entdecken wir auf einem kleinen Rundgang am Schloss noch genügend andere Sitzgelegenheiten. Ganz um das Schloss herum die Treppe hinauf findet sich so etwas wie ein kleines Belvedere – sagenhaft ruhig und meist ohne irgendwelche Störungen.

Nach unserem Besuch auf Schloss Wartenstein sind wir bereits 8 Kilometer gegangen. Nun geht es leicht bergab auf einem Waldweg. Nach etwa 800 Me-

Schloss Wartenstein *wurde im 14. Jahrhundert zunächst als Burg errichtet. Heute ist das kurz nach 1700 auf dem Gelände der Ruine errichtete Schloss Hauptbestandteil der Anlage. Im Kavaliershaus befinden sich die Informationsstelle des Naturparks Soonwald-Nahe und die Ausstellung Wald und Natur.*

Die ***Burg Stein-Kallenfels*** *wurde erstmals 1212 urkundlich erwähnt. Das Reichslehen der Herren von Stein wurde auf den Felsen der sogenannten Kirner Dolomiten gebaut und schon 1682/84 von den Franzosen gesprengt.*

tern erreichen wir ein richtiges **Feuchtbiotop** 6. Der Teich ist dicht mit Pflanzen bewachsen, und der Blick ins dahinterliegende Tal lässt uns an verwunschene Schlösser denken. Auch wenn wir gerade erst eine Pause hatten – das Wasser lädt zu einer weiteren ein. Danach folgen wir der Beschilderung unserer Tour. Nun geht es leicht bergauf, und nach rund 500 Metern erreichen wir freies Gelände. Schon sehen wir **Oberhausen.** Der Beschilderung folgend gehen wir einige Meter in den Ort und biegen dann scharf rechts ab, um bis zum Ende der Bebauung zu wandern. Dort biegen wir nach links ab und gehen unterhalb der Häuserreihe weiter. Wir erreichen einen Weg und biegen nach rechts in diesen ab. Es liegt Wald vor uns. Dort müssen wir etwas auf die Beschilderung achten und erreichen nach nur 600 Metern die **Kirner Dolomiten** 7. Der Fels ist überaus imposant. Steht man direkt davor, dann wirkt er auf uns sehr viel größer als unten aus dem Tal. Hin und wieder sind Kletterer am Felsen aktiv – spektakulär.

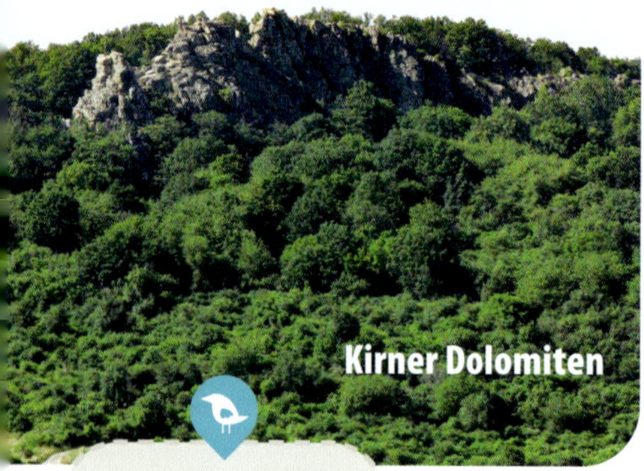
Kirner Dolomiten

An mehreren Stellen oberhalb der Stadt Kirn ragen 30 Meter hohe Quarzitfelsen aus dem Wald, die sogenannten ***Kirner Dolomiten.***

Nach den Dolomiten kommt die einzige ein wenig schwierige Stelle unserer Runde. Es geht recht steil den Hügel hinunter. Wenn wir nicht ganz sicher zu Fuß sind, können hier Stöcke helfen. Glücklicherweise ist die steile Passage nur kurz und stört unser Wandervergnügen nicht wirklich.

Nun verlassen wir den Wald und gehen nach links über Wiesen. Hier gibt es die letzte Liege der Wanderung mit Blick auf die drei Burgen. Ein Stück weiter, der Markierung folgend, überqueren wir eine Straße. Kirn ist wieder erreicht, und die Durchquerung der Stadt steht an. Zunächst gehen wir auf Pfaden quer durch das Stadtgebiet, bevor wir nach links auf eine

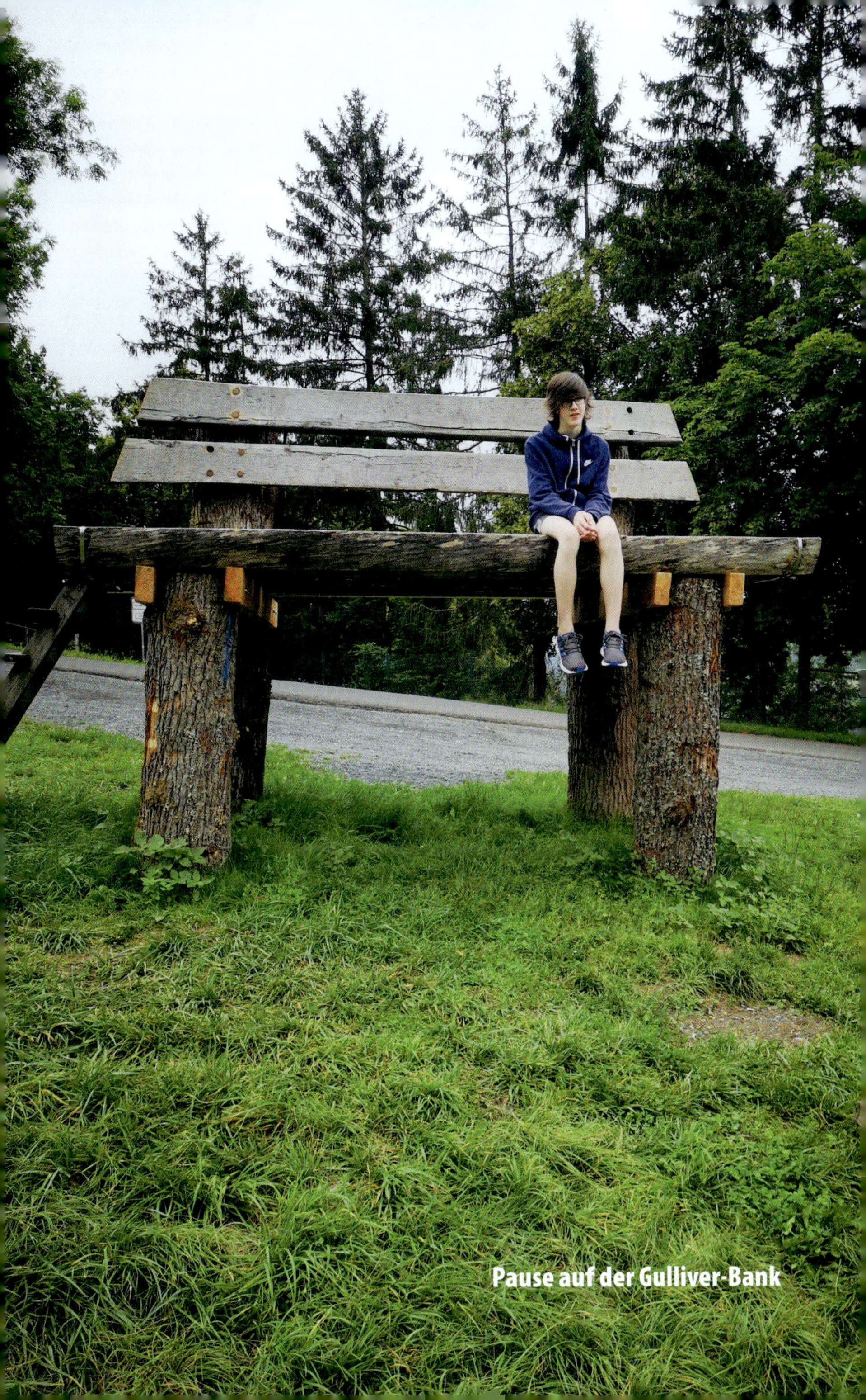

Pause auf der Gulliver-Bank

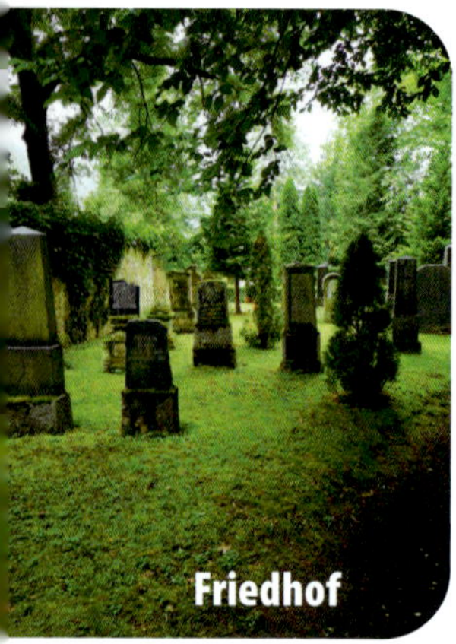

Friedhof

Straße einbiegen und dieser für knapp 500 Meter folgen müssen. Gegenüber einem Discounter geht es an einer Bushaltestelle wieder auf einen Pfad, und wir steigen hoch zu einem **Friedhof 8**, den wir durchqueren. Am Anfang sehen wir rechts uralte Grabsteine. Schon wieder denken wir: „Verwunschen – aus welcher Zeit die Gräber wohl stammen?“ Der Friedhof ist größer, als wir anfangs ahnten. Neugierig betrachten wir die Gräber. Am Tor verlassen wir die Anlage gehen nach links und gleich vor dem Pflanzengeschäft wieder nach rechts. Nun schauen wir bergauf und sehen die beeindruckend große **Gulliver-Bank 9** – eine originelle Attraktion zum Abschluss unserer Runde, die auf jeden Fall ein Foto wert ist.

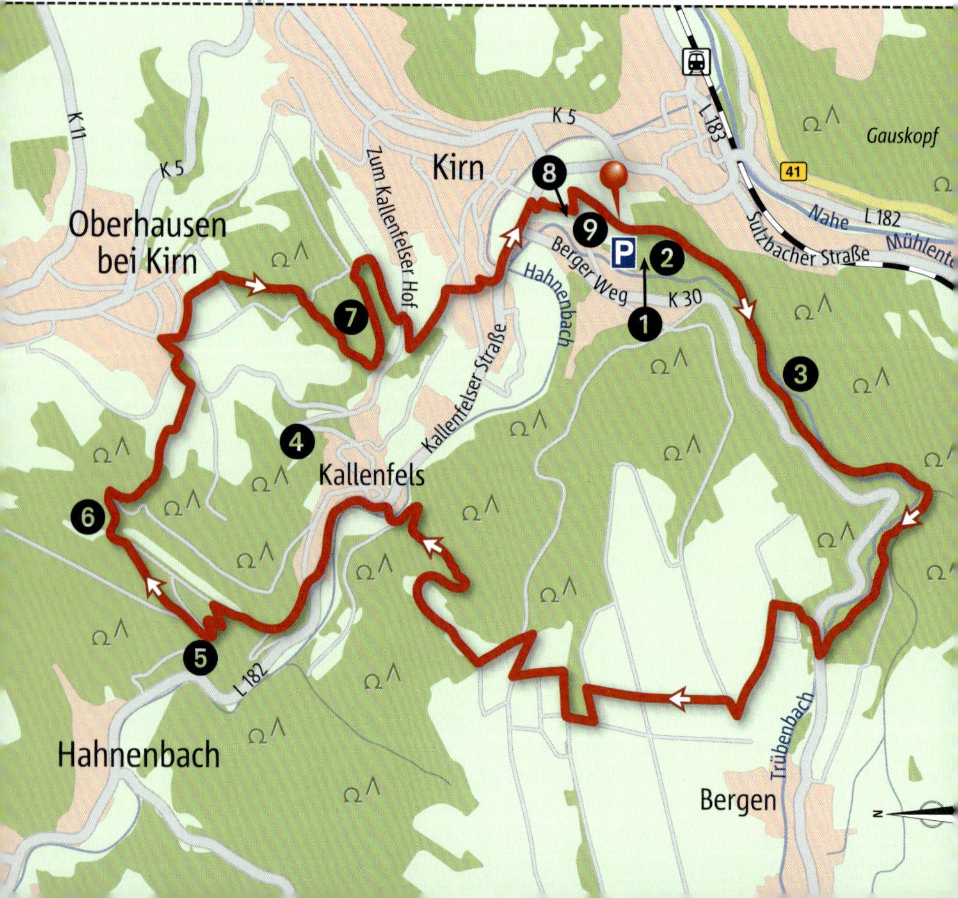

Alles auf einen Blick

WIE & WANN:

Zumeist Pfade, Gras- und Waldwege. Zwei Ortsdurchquerungen auf Teerstraßen. Wenn es feucht ist, kann es an einigen Stellen rutschig werden. Deshalb ist festes Schuhwerk erforderlich. Der Abstieg von den Kirner Dolomiten ist eine etwas schwierigere Passage, bei der Stöcke durchaus hilfreich sein können. Empfehlenswert von März bis November, besonders schön ist die Wanderung zur Zeit der Rapsblüte im späten Frühjahr. Hat viele schattige Passagen, daher auch im Sommer geeignet.

HIN & WEG:

Auto: Wanderparkplatz unterhalb der Kyrburg, 55606 Kirn (GPS: 49.787515, 7.453381)
ÖPNV: Kirn ist mit dem RE3 aus Mainz und Saarbrücken erreichbar. Man setzt dann im Ort mit der Wanderung ein.

ESSEN & ENTSPANNEN:

Restaurant Kyrburg ❷ Auf der Kyrburg 1, 55606 Kirn, Tel. (0 67 52) 9 11 90, www.kyrburg.de

ENTDECKEN & ERLEBEN:

Kyrburg ❶
Trübenbachtal ❸
Burgruine Stein-Kallenfels ❹
Schloss Wartenstein ❺
Feuchtbiotop ❻
Kirner Dolomiten ❼
Friedhof ❽
Gulliver-Bank ❾

Entspannung ✱✱✱✱✱
Genuss ✱✱✱✱✱
Romantik ✱✱✱✱✱

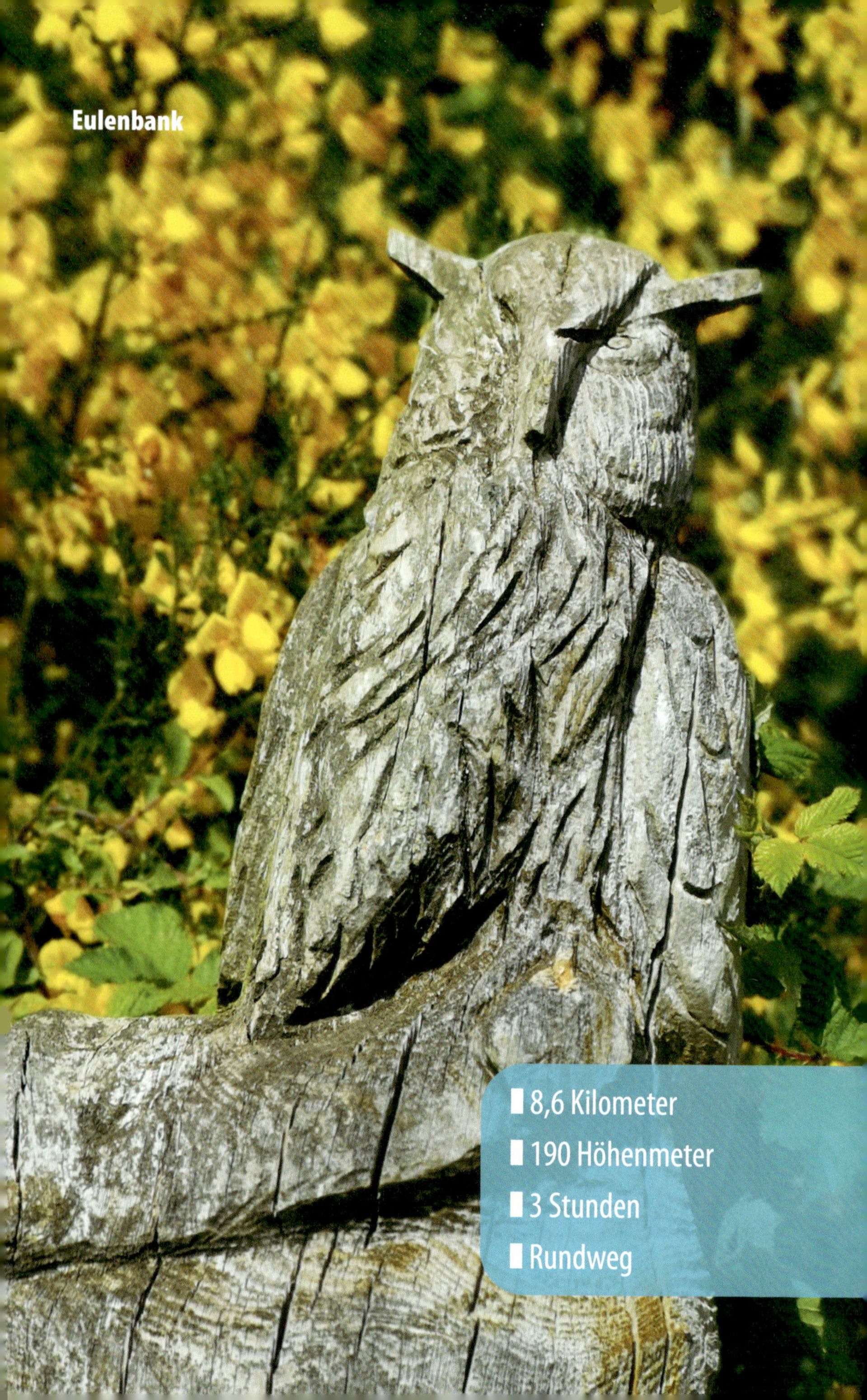

Eulenbank

- 8,6 Kilometer
- 190 Höhenmeter
- 3 Stunden
- Rundweg

Die Gemeinde Schmidthachenbach hat im idyllischen **Antestal** vier schöne Wanderungen angelegt, die am Wanderparkplatz südlich des Ortes beginnen. Für unsere Erfrischungstour gehen wir einen Teil des **Eselspfads** kombiniert mit einem Teil der **Schinderhannes-Raubroute.** Am Parkplatz gehen wir der Beschilderung der beiden Routen folgend bergauf und knicken nach wenigen Metern vom Forstweg links bergauf ab. Steil sieht die Passage aus, die jetzt vor uns liegt und die wir 200 Meter bergauf steigen müssen, bevor wir nach rechts auf einen wildromantischen Pfad abbiegen. Im Tal hören wir das Bächlein plätschern, und hier gehen wir jetzt ohne große Steigung am Hang entlang. Dieser über 2,5 Kilometer lange Pfad ist eine der Lieblingsstrecken in diesem Buch. Zunächst geht es leicht bergab, dann wieder leicht aufwärts durch einen auf uns entspannend wirkenden Laubwald. Beinahe mystisch wirken die Bäume, die so weit gebogen sind, dass sie mit dem Wipfel beinahe den Boden erreichen.

Nach etwa 1 Kilometer sehen wir ein Schild zum **Aussichtspunkt Junkerwaldblick** ①. Diesem Abzweig sollten wir unbedingt folgen und uns auch nicht verunsichern lassen, wenn wir nach den genannten 70 Metern keinen Aussichtspunkt erreicht haben – es ist etwas weiter. Wir treffen auf eine einfache Bank mitten im Wald mit einem Blick auf Wald auf der gegenüberliegenden Talseite. Wir hören das Bächlein im Tal und schauen auf den ehemaligen Waldbesitz

*Der **Schinderhannes** war ein Halunke und Dieb, der um 1800 an Nahe und Hunsrück bis zum Taunus für einige Jahre sein Unwesen trieb. Möglicherweise hielt sich Johannes Bückler, wie er bürgerlich hieß, vorübergehend in einer der Mühlen des Antestals auf.*

Wildromantisch

Abenteuerpfad Schmidthachenbach

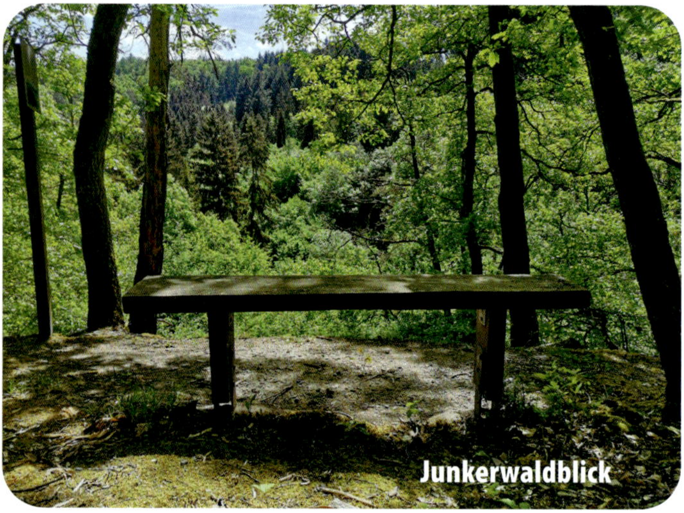

vom Junker Harald vom Dietz, einem Kleinadligen, der hier seinen Waldbesitz hatte.

Am **Junkerwaldblick** können wir in Gehrichtung einem schwach erkennbaren Pfad aufwärts folgen und gelangen auf unseren Weg zurück. Wem Steigung und Strecke zu schwer erscheinen: Diese Abkürzung ist nur winzig. Alternativ gehen wir zurück zum Abzweig und dort nach rechts auf dem markierten Pfad weiter. Das Gelände ist relativ flach – auf den folgenden knapp 1,5 Kilometern haben wir gerade 30 Meter Anstieg. Meistens sehen wir Laubbäume, dann auch ein wenig Nadelgehölz und immer wieder von Moosen bewachsenen Boden. Es ist ein zauberhafter Pfad durch das Blätterrauschen der Natur – immer wieder wehen uns neue Gerüche an.

Dann kommen wir langsam zu einem Südhang – eine gewaltige Kiefer erhebt sich vor uns in den Himmel und lässt uns staunen. Nun geht es bergab, bis wir einen Forstweg erreichen. Dort sind wir dem Großbach ganz nah und lassen uns möglicherweise zu einer ersten Erfrischung hinreißen. Hier, unweit der **Antes-**

*Es gab vier **Mühlen** im Antestal: Schirragsmühle, Antesmühle, Schinderhannesmühle und Speiersmühle. Von zweien ist nur noch der Standort bekannt, die beiden übrigen werden derzeit bewohnt. Informationstafeln erläutern uns jeweils die historischen Gegebenheiten.*

mühle, gelangen wir ganz einfach zum **Großbach,** der häufig auch als Hachenbach bezeichnet wird. Diese Stelle erreichen wir nochmals auf dem Rückweg.

So lange sind wir noch nicht unterwegs. Deshalb ist es unter Umständen naheliegender, eine Informationstafel zum Schinderhannes zu lesen und dem Weg 700 Meter aufwärts zu folgen. Gleich liegen rechts von

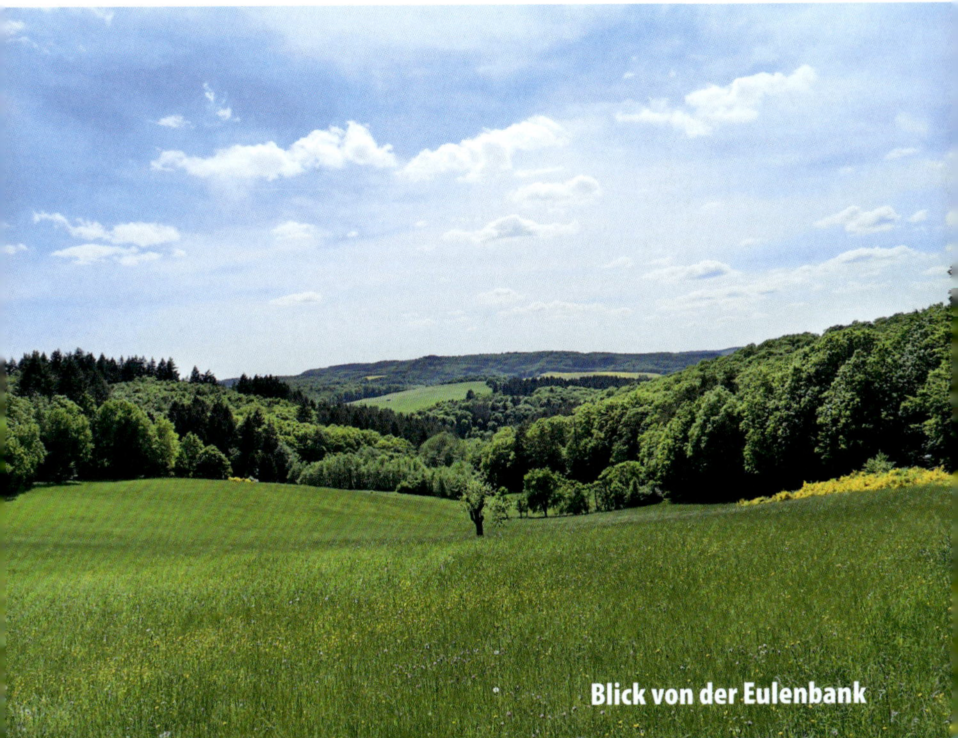
Blick von der Eulenbank

Für die Seele

Ein wenig abenteuerlich ist er schon, der Pfad, auf dem sich einst der Schinderhannes bewegt haben soll. Er führt uns zu einer tollen Aussicht und zu einem bezaubernd erfrischenden Bach.

uns Wiesen, links stehen immer wieder gewaltige Nadelbäume. Trotz oder gerade wegen der Bäume kommt immer wieder das Gefühl der Idylle auf. Je nach Jahreszeit weiden auf den Wiesen Kühe, und wir sehen, dass der größte Aufstieg unsere Tour wirklich nicht lang ist. Fast oben angekommen erblicken wir eine Bank, die aus Bäumen zusammengesetzt wurde, so wie diese gewachsen waren, und bequem ist die **Eulenbank** **2** noch dazu – aus einem der Pfosten wurde eine Eulenskulptur geschnitzt. Der Blick über die Landschaft wirkt ausgesprochen entspannend und ist befreit von jeder Hektik. Sollte es an dieser Stelle zu warm sein – ein schattiges Plätzchen am Waldrand ist nicht weit.

An der Eulenbank knicken wir ab auf die **Römerstraße** **3** und folgen der Schinderhannes-Raubroute in den Wald. Dort halten wir uns rechts und gehen

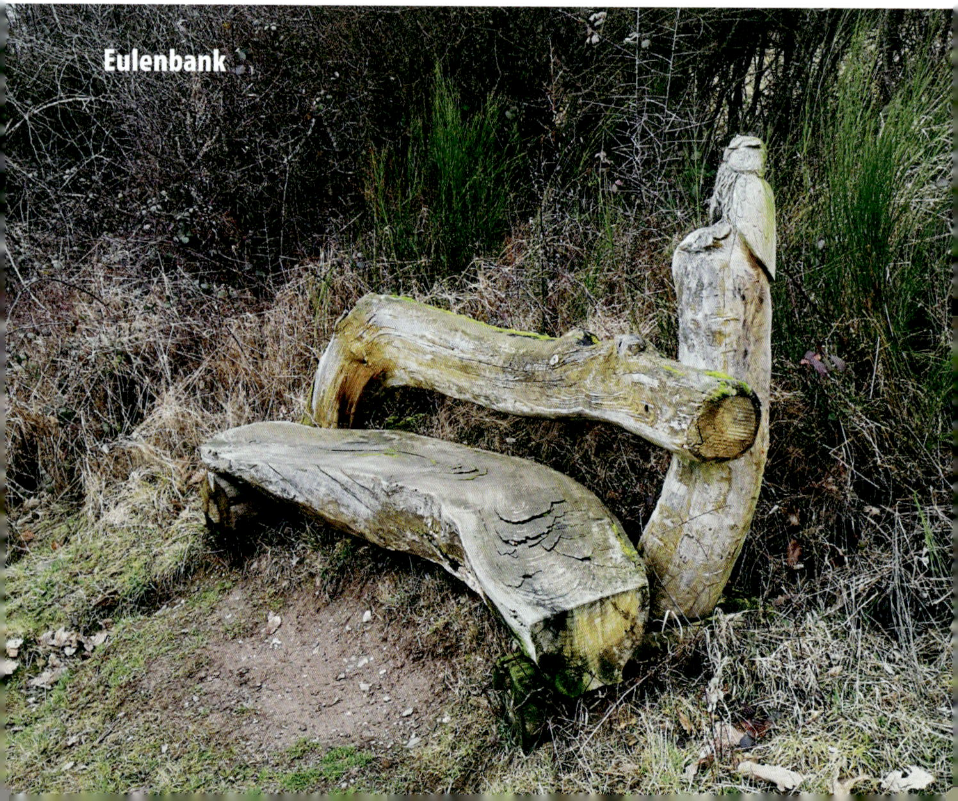

Eulenbank

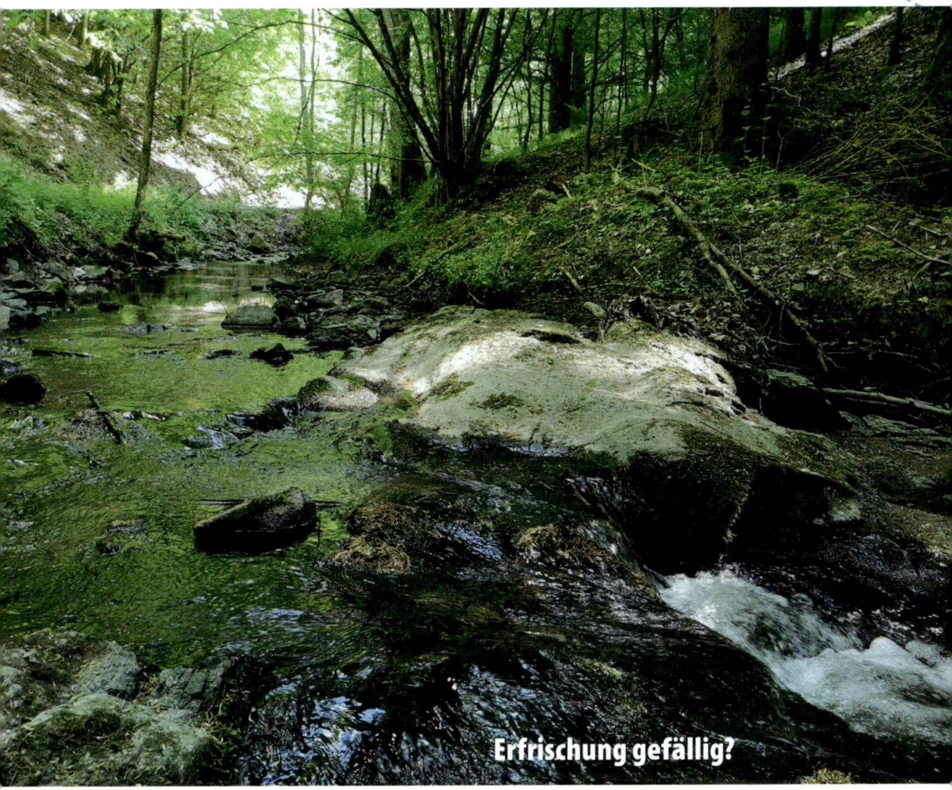
Erfrischung gefällig?

700 Meter durch den Wald, bis wir links über Felder sehen. Jetzt müssen wir ein wenig aufpassen – etwa 100 Meter weiter führt rechts ein Weg in den Wald. Eine Beschilderung gibt es hier nicht – aber es ist einfach eine sehr gute Abkürzung zur nächsten Erfrischung. Zunächst ist es noch flach, wir halten uns an einer Gabelung links, dann folgen zwei etwas steilere Passagen, und nach 500 Metern sind wir unten im Tal an einem orange gestrichenen ehemaligen **Forsthaus** angekommen.

Am Forsthaus biegen wir rechts ab, sind wieder auf der markierten Runde und können dem Weg bis zum Parkplatz folgen. Viele Möglichkeiten zur Erfrischung sind garantiert, noch dazu wird uns auf Informations-

*Die **Römer** durchzogen das Gebiet westlich des Rheins mit einem dichten Wegenetz. Wir betreten auf unseren Touren immer wieder einen seit römischer Zeit genutzten Weg, der von Mainz über Bingen vorbei an Bad Kreuznach, dem Lemberg, Bärenbach, Schmidthachenbach, Obermoschel, Meisenheim bis nach Metz führte.*

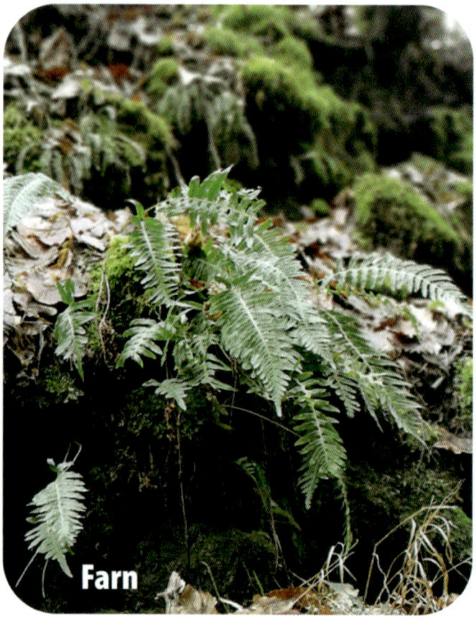
Farn

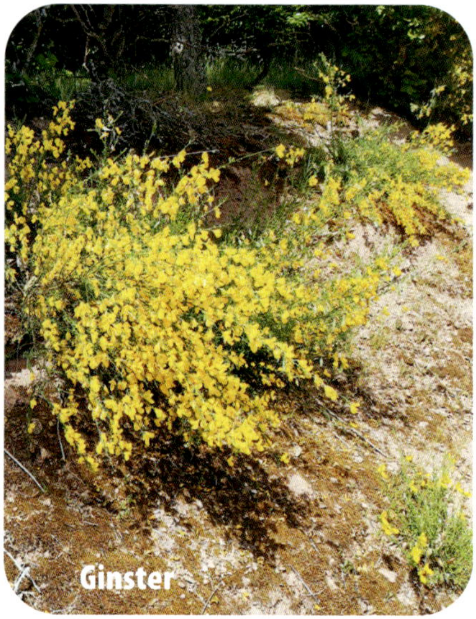
Ginster

*Lange gab es keinen richtigen Weg durch das **Antestal.** Deshalb mussten die Erzeugnisse der Mühlen auf Eseln aus dem Tal getragen werden. Die Eselsbrücke und der Eselspfad zeugen noch von dieser beschwerlichen Methode.*

tafeln einiges zu den Mühlen im Tal erläutert. Den Anfang macht die **Speiersmühle** ④, heute augenscheinlich ein wunderschön im Tal gelegenes Wohnhaus, das ein wenig träumen lässt. Es geht vorbei am ehemaligen Standort der **Schinderhannesmühle,** bis wir die Kreuzung erreichen, an der vor uns die **Antesmühle** ⑤ liegt. Sollten wir es bisher noch nicht gemacht haben, können wir, so es warm genug ist, die Füße in den Bach hängen, dem Rauschen lauschen und Energie tanken. Die Wiesen, der ehemalige Mühlgraben und Schatten spendende Bäume sind der ideale Ort für eine verträumte Auszeit.

Kommen wir hier samstags am späten Nachmittag oder sonntags zur Mittagszeit vorbei und haben kräftig Hunger, dann können wir kurz durch den Wald bergauf und dann über die Felder gehen, bis wir Oberreidenbach sehen. Dort liegt neben der Kirche das **Gasthaus Henn** ⑥. Unsere Tour würde sich hierdurch um etwa 4 Kilometer verlagern. Hin- und Rückweg sind identisch – als Belohnung warten große Portionen typischer Regionalküche mit Schnitzel & Co.

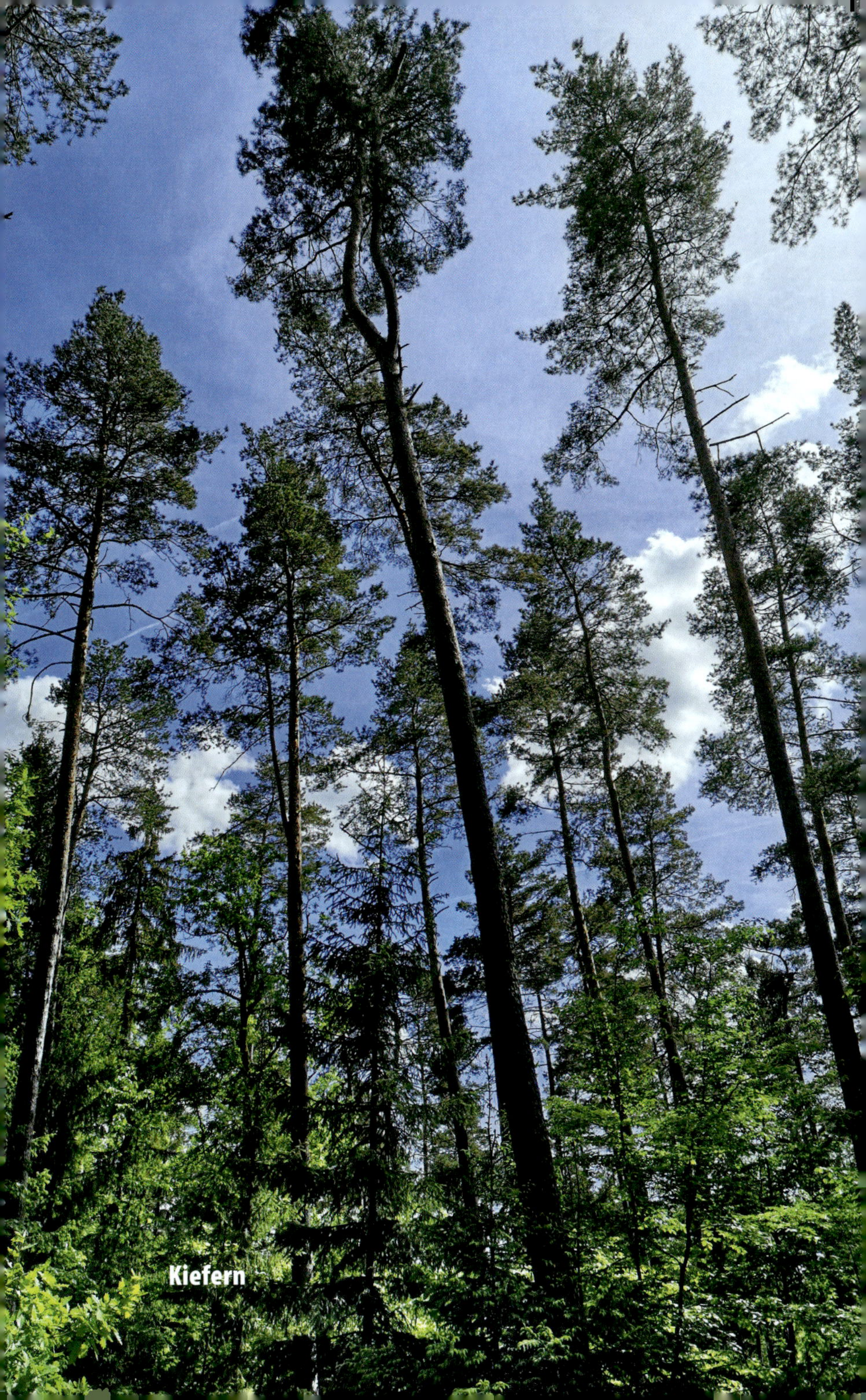
Kiefern

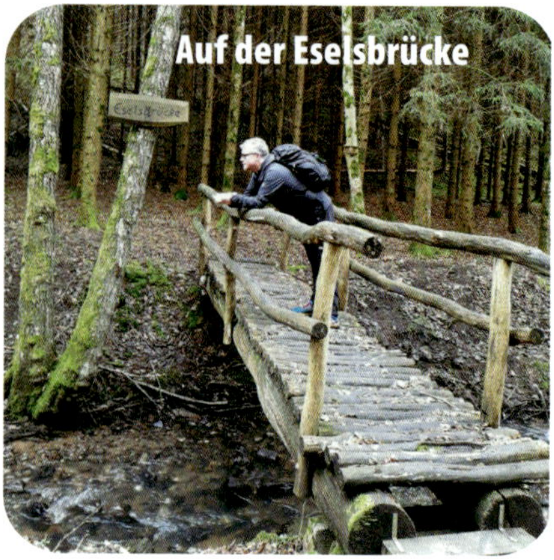

Weiter talabwärts kommen wir am ehemaligen Standort der **Schirragsmühle** vorbei, bis wir eine kleine Brücke erreichen – die **Eselsbrücke 7.** Nach der Eselsbrücke erreichen wir die **Schutzhütte Antestal 8.** Nun ist es nicht mehr weit zurück bis zum Parkplatz, wir kommen noch am kleinen **Röderbrünnchen** vorbei, einigen kleinen Attraktionen am Wegesrand und – ganz, ganz kurz vor unserem Ziel – an einer **Baumelbank 9.** Hier können wir, bevor wir uns auf den Nachhauseweg machen, Beine und Seele baumeln lassen.

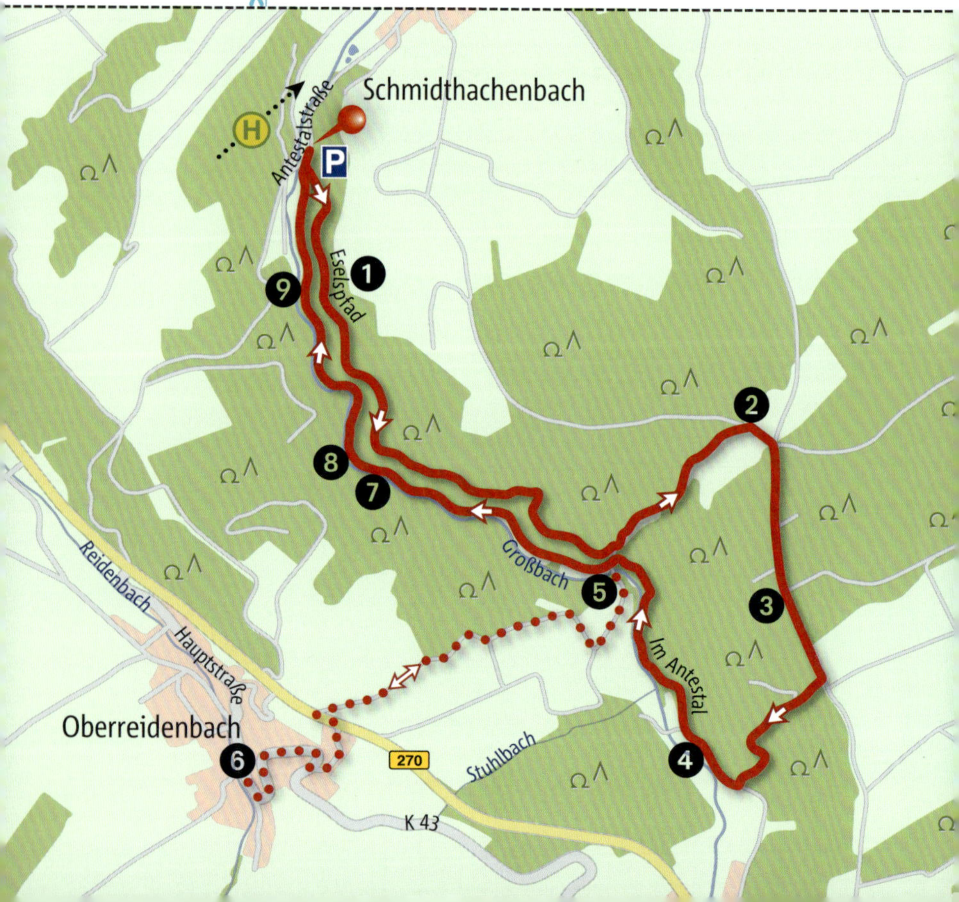

Alles auf einen Blick

WIE & WANN:
Pfad durch den schattigen Wald, Wirtschafts- und Waldwege. Mit Leichtwander- oder Joggingschuhen gut begehbar. Am schönsten ist die Tour an warmen Tagen zwischen Mai und Oktober. Es gibt viel Schatten und genügend Gelegenheit zur Erfrischung.

HIN & WEG:
Auto: Wanderparkplatz Antestal, Antestalstraße, 55758 Schmidthachenbach (GPS: 49.724945, 7.464005)
ÖPNV: Schmidthachenbach wird von der Buslinie 362, die zwischen Idar-Oberstein und Kirn verkehrt, angefahren. Am Wochenende schwer erreichbar.

ESSEN & ENTSPANNEN:
Unbedingt an Picknickutensilien denken. Direkt am Weg gibt es keine Gastronomie.

Abseits der Route empfehlenswert:
Gasthaus Henn ❻ Hauptstraße 57, 55758 Oberreidenbach, Tel. (0 67 88) 71 16

ENTDECKEN & ERLEBEN:
Aussichtspunkt Junkerwaldblick ❶
Eulenbank ❷
Römerstraße ❸
Speiersmühle ❹
Antesmühle ❺
Eselsbrücke ❼
Schutzhütte Antestal ❽
Baumelbank ❾

Entspannung ★★★★★
Genuss ★★★★☆
Romantik ★★★★★

Die GPS-Daten zu jeder Tour gibt es auf
www.droste-verlag.de

Konzeption: Droste Verlag, Düsseldorf
Satz: Droste Verlag, Düsseldorf
Einbandgestaltung: Britta Rungwerth, Düsseldorf, unter Verwendung von Bildern von © Fotolia.com: Andrey Kuzmin, undrey, dabost, niroworld; © stock.adobe.com: Leah-Anne Thompson
Fotos: Andreas Werner, außer: S. 108: Lilian Lahdo; S. 190: Heike Baumbauer
Textlektorat: Christoph Nettersheim, Nürnberg
Karten: Thorsten David, Bochum
Druck und Bindung: LUC GmbH, Greven

MIX
Papier aus verantwortungsvollen Quellen
FSC® C011279
FSC www.fsc.org

ISBN 978-3-7700-2388-2
www.droste-verlag.de